编辑委员会

主　　任　郝　平
副 主 任　龚旗煌
委　　员　（按姓氏笔画排序）
　　　　　卞　江　孙飞宇　朱守华　刘建波　李　猛
　　　　　杨立华　吴国武　张旭东　陆俊林　周飞舟
　　　　　昝　涛　高峰枫　傅绥燕　强世功

主　　编　"通识联播"编辑部
编辑部主任　强世功
编辑部副主任　冯雪松　曹　宇
成　　员　（按姓氏笔画排序）
　　　　　王东宇　肖明矣　张欣洁　张钰涵　韩思岐

北大通识核心课

现代社会
及其问题

M odern Society
and Its Problems

"通识联播"编辑部◎编

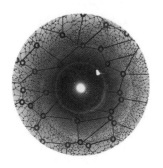

图书在版编目（CIP）数据

现代社会及其问题 / "通识联播"编辑部编. — 北京：北京大学出版社，2021.10
（北大通识核心课）
ISBN 978-7-301-32607-7

Ⅰ.①现… Ⅱ.①通… Ⅲ.①社会学—研究 ②社会问题—研究 Ⅳ.①C91

中国版本图书馆CIP数据核字（2021）第204550号

书　　名	现代社会及其问题 XIANDAI SHEHUI JIQI WENTI
著作责任者	"通识联播"编辑部　编
责任编辑	周志刚
标准书号	ISBN 978-7-301-32607-7
出版发行	北京大学出版社
地　　址	北京市海淀区成府路205号　100871
网　　址	http://www.pup.cn　新浪微博：@北京大学出版社
微信公众号	通识书苑（微信号：sartspku）
电子信箱	zyl@pup.pku.edu.cn
电　　话	邮购部 010-62752015　发行部 010-62750672 编辑部 010-62753056
印　刷　者	三河市北燕印装有限公司
经　销　者	新华书店
	650毫米×980毫米　16开本　18.75印张　298千字 2021年12月第1版　2021年12月第1次印刷
定　　价	68.00元

未经许可，不得以任何方式复制或抄袭本书之部分或全部内容。
版权所有，侵权必究
举报电话：010-62752024　电子信箱：fd@pup.pku.edu.cn
图书如有印装质量问题，请与出版部联系，电话：010-62756370

序言一

北京大学校长 郝平

近年来,高等教育界一直在探讨通识教育在人才培养方面的重要作用,不断探索、深化通识教育改革。通识教育,首义是"通",要求教育通达不同学问之识,使学生在广泛了解人类文明深厚积淀的基础上,增强跨界融通的能力,更好地适应不断变化的时代环境,发挥推动时代进步的作用。

当前,以智能化、信息化为核心,融合人工智能、大数据、云计算等新技术的新一轮科技革命方兴未艾,给各行各业带来系统性、颠覆性影响。科技创新、产业变革的"跨界""跨国"程度显著提升,社会对知识的需求呈现出综合化趋势,迫切需要能够站在促进全人类发展与进步的高度去思考并具有解决问题能力的复合型人才。

同时,我国高等教育已经进入普及化阶段,国家和人民希望拥有更加优质的教育资源。高等教育改革作为一项社会改革,能否在遵循教育规律的前提下办好人民满意的教育,实现内涵式发展,成为社会的重要关注点。为此,党的十八大以来,党和国家对新时代人才培养提出了新要求,特别强调要努力培养德智体美劳全面发展的社会主义建设者和接班人。

在这样的时代背景下,当代大学生要成为担当民族复兴大任的时代新人,不仅要成为某一领域的"专才",还应具备国际视野和探索精神。时代在进步,随着对人才素质要求的日益提高,传统的专业教育模式已经不能充分适应教育改革创新和经济社会发展的需要,而通识教育致力于培养"宽口径、厚基础"的人才,则有利于形成与专业教育各扬所长、相得益彰、共筑合力的育人模式，培养更多符合时代需要的优秀人才。

多年来，北大一直致力于创新通识教育理念与实践探索。早在20世纪80年代，北大就确立了"加强基础、淡化专业"的教学目标，并率先推出了公共通选课。进入21世纪，以元培教学改革为抓手，北大开始探索通识教育的管理体制，并从2010年起开设通识教育核心课程，构建起"人类文明及其传统""现代社会及其问题""人文与艺术""自然与科技"等四大通识教育核心课程体系，受到学生的广泛欢迎。2016年，北大发布本科教育综合改革方案，提出坚持以"立德树人"为根本，坚持以学生成长为中心和"加强基础、促进交叉、尊重选择、卓越教学"的教育理念，探索建立"通识教育与专业教育相结合"的本科教育体系，努力为学生提供更好的学习和成长体验，引导学生树立正确的世界观、人生观、价值观。

随着教育改革的推进，今年已经是北大通识核心课推出的第十个年头。在对课程成果汇总凝练的基础上，六十余位亲自参与课程教学的学者详述了通识课程教学的探索历程，三十余位悉心求知的学生回忆了自己探究学问的学习心得，集结成"北大通识核心课"丛书，包括《中华文明及其传统》《西方文明及其传统》《现代社会及其问题》《人文与艺术》及《自然与科技》。

这套丛书有两个最鲜明的特点。

第一，将经典阅读和思考作为通识教育培养体系的重要环节。"工欲善其事，必先利其器。"从实践来看，若要通过通识教育培养更多全面发展的人才，就必须掌握并运用有效的教育方法。阅读经典著作能够帮助青年重温人类文明和智慧，许多国际知名高校都十分重视经典阅读，明确将其作为通识教育的重要内容以及培养大学生文化底蕴的重要途径。北大的通识核心课也是在凝聚"经典阅读、批判反思""大班授课、小班讨论"等基本共识的基础上展开的，强调对经典文本的阅读和对根本问题的研讨，通过对专业知识、经典著作的学习和思考来提升学生的人生境界和思想品质，培育学生的人文精神、历史观念与科学素养。

第二，不仅诠释了通识教育的时代意义和价值内涵，也总结、凝练了北大十年来通识核心课的教学成果，真实记述了新时期北大本科教育的改革历程和实践探索。不断培养心系人类命运、志在社会发展的栋梁之材，是大学的首要使命，也是大学推进通识教育的力量之源。北大将继续从探索和积累中汲取智慧，努力开辟出一条"中国特色、世界一流"的通识教育之路。

"同心而共济，终始如一。"中国的每一所大学都承担着为中华民族伟大复兴培养时代新人的神圣职责。我们衷心期盼通过这套丛书，与高等教育的同仁交流教育思想、探讨改革路径，在通识教育领域进一步实现"知行合一"，更好地履行大学的根本任务，为国家和民族培养出更多理想远大、信念坚定、视野宽广、能力突出、人格健全、身心健康的优秀人才。

2020 年 10 月 20 日

序言二

北京大学教务部部长 傅绥燕

通识教育是近些年来一个非常流行的词,但可能还没有一个所有人都认可的准确明晰的定义。通识教育也在以各种形式开展着,但无论哪种形式的教育,其实都有着共同的目标,那就是:给予学生创造生活的能力并获得生命丰满的机会。简单来讲,"学以成人"大约可以涵盖通识教育最为核心的部分。

作为中国最为优秀的大学之一,北京大学肩负国家人才培养重任。引领未来的人,不仅要有优秀的专业能力,更要有人文的情怀、历史的观念和全球的视野。在中国内地高校中,北京大学最早提出要将"通识与专业相融合",并将通识教育的目标确定为"懂自己、懂社会、懂中国、懂世界"。作为一个自然人,社会人,有情感、有理性的人,今天的大学生,只有去了解、去认识、去理解,才能真正地"懂"。人是不断成长的,通识教育很难说能在哪一个特定的时间内完成,理解"自我、社会、中国与世界"大约应该是持续一生的过程。当然,大学是最好的提升阶段。

通识核心课是北京大学为实现通识教育的目标而建设的系列课程。希望学生在北大读书期间,通过对人类文明发展历程及现代社会问题的学习和认识,一定程度上了解自己、了解人和自然的关系、了解人和人的关系、了解现代社会的秩序以及这一切的来龙去脉。只有这样,才能跟自然和谐相处,才能跟其他人和谐相处,才能实现国和国之间的和谐相处。我们希望,通过几门课程的学习、几本书的阅读,教师可以将最基本的方法教给学生,教会他(她)如何读书、如何思考;给他(她)

开一扇窗，使之看到一片天地的存在。在这样的学习过程中，一些基本的能力自然而然地就能够培养起来，例如阅读、思考、交流、合作等。在未来的成长之路上，学生可以将这样一种经验、体悟扩展到或迁移到其他方面，进行自我塑造，并逐步走向成熟。

自2010年起，北京大学开始推动通识教育核心课程试点工作，在课程的选择、老师的选择、课程的讲法以及如何去契合通识目标上都非常谨慎。我们特别强调经典阅读以及对根本问题的思考和研讨，希望借此奠定北大本科生共同的理念、知识和问题意识。至2020年，北京大学共组织建设了89门"通识教育核心课程"。"北大通识核心课"丛书共分为5本，涵盖中华文明及其传统、西方文明及其传统、现代社会及其问题、人文与艺术、自然与科技等主题，将过去几年来北大老师在建设通识核心课中的宝贵经验和实践成果进行凝练和整理，希望借此深化中国大学对通识教育的理解，对营造大学育人文化起到积极的作用。

2020 年 10 月 21 日

目 录

一、探问通识教育

通识经典｜探索"精英博学教育"，奠定全链条精英教育体系基础 …… 许宁生 2
博雅GE微访谈｜探索"自由之道"的通识教育 ……………… 强世功 5
博雅GE微访谈｜如何通过法律思考生活 ………………………… 彭 錞 19
博雅GE微访谈｜现代中国的建立与儒家的制度化 ……………… 干春松 26
博雅GE微访谈｜经典阅读与生命体验 …………………………… 渠敬东 37
博雅GE微访谈｜在电影内外寻获看见世界的目光 ……………… 戴锦华 45
博雅GE微访谈｜互联网时代的视觉文化 ………………………… 吴 靖 56
博雅GE微访谈｜经济学与当下中国 ……………………………… 姚 洋 65
博雅GE微访谈｜人文与科学之间的社会学 ……………………… 周飞舟 71
博雅GE微访谈｜现代化进程中的"伊斯兰"文明 ……………… 昝 涛 78
博雅GE微访谈｜经济学的视界 …………………………………… 张维迎 85
博雅GE微访谈｜从博弈论出发分析和思考社会 ………………… 陶 林 95
博雅GE微访谈｜思考死亡是为了更好地活着 …………………… 陆杰华 100
博雅GE微访谈｜中国工业体系与中国经济的未来 ……………… 路 风 108
博雅GE微访谈｜学习历史学看问题、解决问题的方法 ………… 郭润涛 113
博雅GE微访谈｜社会学不能脱离当下的社会 …………………… 邱泽奇 119

二、课程大纲

课程大纲｜中国当代法律与社会 ………………………………… 彭 錞 136
课程大纲｜现代中国的建立：制度、思潮与人物 ……………… 干春松 141
课程大纲｜现代西方社会思想 …………………………………… 渠敬东 145
课程大纲｜影片精读 ……………………………………………… 戴锦华 149
课程大纲｜影像与社会 …………………………………………… 吴 靖 153
课程大纲｜中国经济改革与发展 ………………………………… 姚 洋 160

| 课程大纲 | 中国社会：结构与变迁 ……………………… 周飞舟 164
| 课程大纲 | 全球视野下的中国工业与经济发展 ………… 路　风 167
| 课程大纲 | 伊斯兰教与现代社会 ………………………… 昝　涛 173
| 课程大纲 | 经济学原理 …………………………………… 张维迎 179
| 课程大纲 | 社会科学方法导论 ………… 邱泽奇　严　洁　王洪喆　李晓明 190
| 课程大纲 | 社会研究：经典与方法 ……………………… 渠敬东 196

三、通识教与学

| 助教心得 | 从电影打开经验的空间和深度 ……………… 王　昕 202
| 助教心得 | 追寻历史深处的那些身影 …………………… 宫志翀 205
| 学生感言 | 历史的层累 …………………………………… 房　幸 209
| 助教心得 | "育人"而非"教学" ………………………… 沈仲凯 212
| 助教心得 | 通识之"通" ………………………………… 左雯敏 215
| 学生感言 | 社会学分析问题的两个维度 ………………… 张昆贤 219
| 助教心得 | 走进伊斯兰——了解熟悉的陌生人 ………… 董　雨 221
| 助教心得 | 注重引导交流，驱动内在因果 ……………… 庞嘉伟 224
| 助教心得 | 课程的结束恰恰是开始 ……………………… 解鸿宇 226

四、优秀作业

| 优秀作业 | 矛盾的并置与被唤醒的"民族"史——《赛德克·巴莱》重构历史的意义 …………………………………………………… 冯子涵 232
| 优秀作业 | 当代中国的法治和礼治 ……………………… 邱昱程 237
| 优秀作业 | 摄影、绘画与真实世界——读苏珊·桑塔格的《论摄影》有感
　　　　　　………………………………………… 古力纳扎·阿尔斯兰 242
| 优秀作业 | 吸南烟就是不讲纪律？——论烟草业地方政府保护主义 …… 张晓华 249
| 优秀作业 | 《东方学》读书报告 ………………………… 马金元 254
| 优秀作业 | 治理与抗争的博弈——读《大河移民上访的故事》有感 …… 张昆贤 262
| 优秀作业 | 《金翼》读书报告 …………………………… 秦　沅 272
| 优秀作业 | 实验思维在研究中的应用——以水稻和小麦产区的文化差异研究为例 …………………………………………………… 刘赞辉 278

编后记 …………………………………………………………… 强世功 282

一、探问通识教育

通识经典
探索"精英博学教育",奠定全链条精英教育体系基础

许宁生[①]

越来越多的高校正认识到大学教育的真正使命是回归本源、注重人的全面发展。

"博雅教育"在西方有悠久的历史,其有关人的培养的理念直到今天都对大学有着很强的影响。19世纪后,针对高等教育越来越专业化的趋势,以哈佛大学为代表的一批大学开始了通识教育的探索,传统的博雅教育理念被赋予新的涵义。博雅教育或通识教育都强调知识的全面教育,解决人的全面发展与专业培养之间的平衡问题,并在此基础上提升学生的见识和品位,以及对不同学科有所认识乃至融会贯通的能力。中国教育历来强调对人的全面教育,为人类的教育进步不断作出贡献。

中国教育传统一直强调受教育者博学而品优

博雅教育或通识教育在欧洲和美国有不同的表现形式。欧洲国家将博雅教育作为一种理念贯穿于专业教育中,强调整个教学过程的教育性;以牛津大学、剑桥大学为代表的英国大学还特别注重通过书院、导师等途径对本科生进行综合培养。美国大学则强调建立多领域的、共同的通识课程体系。以麻省理工学院为代表的专业性更强的高校,通识教育着重加强人文和艺术教育;以哈佛大学、耶鲁大学为代表的综合性大学,通识教育则更注重广博知识基础上的精深。

---

① 本文首刊于《文汇报》2017年04月21日,作者为复旦大学校长。

中国教育传统强调受教育者既有广博的知识又有优良的素质，而中国高校的校训为大学延续这一优良传统奠定了坚实的基础，复旦大学校训"博学而笃志，切问而近思"和中山大学校训"博学、审问、慎思、明辨、笃行"都是典型的例证。中国大学的通识教育借鉴了西方先进的教育理念，其源头可以追溯到中国古代深厚的古典人文教育传统。在实践上也有诸多探索。20世纪90年代，为解决由文理分科、过分专业化所造成的诸多问题，我国一批研究型大学开始了人才培养模式改革的初步探索。复旦大学一直非常重视培养学生的综合素质。1994年，学校提出了"宽口径、厚基础、重能力、求创新"的本科教育理念。1999年，又构建"综合教育、文理基础课程、专业教育"三大教育板块，为建立通识教育体系创造了条件。2005年，百年校庆之时，学校成立复旦学院，以课程为载体、以书院为依托，率先在国内实质性地推进通识教育，探索具有复旦特色的通识教育模式。

扎根中国大地办大学，要坚定地走出中国大学发展之路，吸收世界先进经验，也要消化、发展为中国大学自己的内涵。基于此，复旦大学多年来积极推动发展中国本土化通识教育，为中国大学通识教育提供了一种范式。

复旦大学的探索之路也是中国大学通识教育的探索之路。近年来，通识教育在全国高校发展较快，学校类型逐渐增多，课程质量稳步提升，专门管理机构先后建立，形成了多种类型的通识教育实践模式。2015年11月，在复旦大学通识教育十周年之际，复旦与北京大学、清华大学、中山大学共同发起成立"大学通识教育联盟"；2016年，联盟高校扩展至十所。

探索从通识教育迈向精英博学教育

中国已经进入新的历史发展时期，国家对人才培养提出了新的更高的要求。中国大学正在深刻领会新思想新理念，积极行动起来。对照这一要求，我们需要重新审视现有的教育理念、办学模式等，包括现有的通识教育，解决如何按照新要求办好大学的问题。

2016年，通识教育写入了我国的"十三五规划纲要"。本科阶段如何更好地夯实通识教育的基础，如何实现通识教育与专业教育的有效结合，如何进一步提高大学生的创新创业意识与能力，已成为国家发展战略的组成部分。

复旦大学正在加快建设中国特色世界一流大学，一流的人才培养质量是学校追求的最主要的目标之一，培养行业领袖、社会精英、国家栋梁是复旦大学的使命和责任。

要想办成一流的本科教育，必须重视学生的个人发展，在培养健全人格的基础上使学生有越来越多的自主选择权，为他们成长为德才兼备、全面发展的人才奠定坚实的基础。

复旦的一流本科教育必须面向学生学业发展的新要求，加强本科教育与研究生教育（含研究生专业学位教育）的紧密连接。复旦大学本科毕业生每年国内外继续深造比例超过百分之六十。学校当努力以跨学科的培养模式、更全面的知识体系、更多的选择机会，为学生进一步学习深造打下良好的基础。

基于以上认识，复旦大学把通识教育作为建设一流本科教育的一大抓手，在实践中不断升级、完善通识教育。

近期，学校通过完善七大模块核心课程体系以及本科书院制度，提升学生对中国传统文化和世界文明的认识，强化对现代社会的理解，着力培养学生的综合素养；通过开展以"学"为中心的核心课程改革，注重学生的学习成效，着力提升通识教育课程质量；通过构建完善的通识与多元选择有机结合的本科"2+X"培养体系，着力为学生创设内涵更加丰富、选择更加自由的学习、发展机会。

中国高校"双一流"建设给予了高校新的发展机遇，也对我们的发展目标、定位提出了新的要求。

目前，复旦正在重新审视学校本科教育的新的目标定位，提出了要"引领世界"的努力方向，以现代精英教育为主线，探索构建"精英博学教育""精英专业基础教育""精英专业教育"和"精英研究生教育"全链条的教育体系，以精英教育主导本科、研究生等各层次教育。按照这一要求，复旦有必要探索如何从"通识教育"迈向"精英博学教育"。

人才成就未来，教育成就梦想。中国高校应该深入研讨人才培养的核心问题，探索基于中国国情和校情的培养路径，培养全面发展的未来社会的栋梁之材！

博雅 GE 微访谈
探索"自由之道"的通识教育[①]

强世功

通识教育的缘起：无形学院和法律教育

Q：您何时开始关注通识教育问题？

A：在1999年我博士毕业留校做老师的时候，我并没有思考过做老师意味着什么，当时是因为喜欢学术研究而留校当老师的。在我自己的法律社会学研究中，我也关注法律共同体的问题，自然也关注法律知识、法律教育和法律职业的内在关联。可以说，在这个阶段我对教育的关注集中在法律教育领域，关注法律作为一种职业化的特殊知识的含义所在。换句话说，我关注的是专业教育。

然而，非常幸运的是，我们是在一个共同体中成长起来的。这里所说的"我们"，就是赵晓力老师所说的"无形学院"，大家是一起在北大的读书小组（福柯小组）中成长起来的。大约2000年之后，我们的阅读从福柯转向了施特劳斯，当然这有一个更大的学术共同体的建构背景。我注意到是李猛最先提出"公民教育"这个讲法。这个提法对我们学法律的可能有特别的意义。法律就奠基在"公民"概念上，但法律假定"公民"是天然的、给定的，而且是完全均值化、普遍化的。但我们没有考虑过"公民"是可以教育的、培养的，因而是不同的。如果公民不同，国家自然也就不同，好公民会构成好国家，坏公民就会构成坏国家。这应该是一个自然而言的道理。

[①] 受访者所在院系：法学院；访谈时间：2016年12月30日。

但法学界普遍认为，宪法好才能国家好。宪政体制设计好国家才能好。这当然是一个现代实证法的理念。可是如果大家熟悉柏拉图的《理想国》，应该知道好的宪法、好的政体恰恰是从社会风气中产生出来的，而社会风气的培养恰恰和教育直接关联。就像我们过去三十年，宪法文本的修改变化远远比不上社会风气的变化。由此，我对法律问题的思考，也就自然带入了对通识教育问题的思考。

Q：作为法学教授，法学院的职业教育对您思考通识教育是否有所帮助？

A：法学院的教学活动恰恰给我思考通识教育提供了最直接的经验。

通常来说，本科生18岁左右进入大学，这是怎样一个对未来充满理想、对人生充满渴望、对意义充满疑惑的年龄！然而，我们的大学并没有提供文学和艺术的想象，历史的广阔天地，科学、哲学和宗教对无限的探索以及对经济、社会、政治复杂性的理解。一句话，法学院的教育并没有提供多少伟大的、超越的、精神的东西，而是在职业、工作、薪水和地位等功利性目标的直接诱导下，让他们开始背诵法条。

他们对政治、社会、经济问题可能一无所知，但却要理解法理、宪法、刑法、民法、公司法，金融法等问题。而且他们很快就面临司法考试的压力，大多数法学院的学生很快就变成"刷书""刷题"的机器，很少思考这些法条背后的政治、经济和社会问题是什么，道理是什么，这些东西和历史、文化、哲学等有着怎样的关联。

大家可以平心静气想一想。一个人18岁就开始技术化、职业化的培养，22岁大学毕业就通过司法考试进入法律职场，开始从事律师工作。这难道不是一个职业技术专科学校吗？怎么配得上"大学"的称谓呢？他们在这四年中究竟学了哪些可以配得上称为"大学"的知识呢？

无论中文中的"大学"，还是英文中的university，其含义就在区别于职业技术培训学校。遗憾的是，我们不能不承认，我们的法学院就是这样一所职业技术专科学校。正是我这些年在法学院从事法律教育的体验，让我对推动通识教育具有特别的感受。

通识教育的理念：自由之道与文明传统

Q：那么您理解的通识教育是什么？

通识教育今天面临着许多不同的理解。有人理解为道德素质教育，有人理解为培养批判性思维，有人理解为拓展知识视野的广博教育。我希望取一个最大公约数，让这些不同主张之间寻找到最基本的共识。

通识教育的核心就在于启发人们探索"自由之道"。我之所以用"自由之道"而不是"自由"这个概念，是因为"自由"是一个非常容易引起分歧的概念。我们的法律往往强调保护"自由"，包括财产自由和言论自由等，但这种"自由"和通识教育所说的"自由之道"有非常大的差异。

"自由之道"所说的"自由"，是一个人对生命有限性的思考，从而摆脱有限性的限制而进入无限领域。由此，自由之道就在于意识到生命的有限性所包含的不自由，从而探索如何摆脱这种必然性的限制而进入自由领域。而通识教育之所以强调"教育"，就意味着对这种迈向无限性的"自由之道"的探索不是通过宗教信仰的方式，也不是通过社会革命的方式，而是通过语言、对话、学习、交流、探索的方式，共同逼近这种自由之道。

我们所谓的"道德"，其最深的根基就来自自由之道。所谓批判性思维恰恰是依凭这种自由之道来批判流俗的意见，否则批判性思维就变成无所凭借的"反对思维"。而对自由之道的探索必须是在一个有限性的空间中，政治、经济和社会等都是围绕有限性生活展开的，因此对自由之道的探索不可能脱离广博而具体的专业知识。

Q：如果通识教育在于探索自由之道，那么通识教育从哪里开始呢？

A： 既然是通过"教育"来探索自由之道，那首先就要尊重教育自身的规律。教育就意味着有传授者和继承者。通识教育就意味着我们对自由之道的探索不可能是在一张白纸上进行。这恰恰与我们现代人所理解的"自由"有根本的不同。

人类从古至今都在经历着对自由之道的探索，由此形成了一系列伟大的经典著作。之所以用"伟大""经典"这两个词，就在于这些著作对自由之道的探索到达了一个非常的高度，我们需要站在巨人的肩膀上开始思考这个问题。而在不同的历史空间中，人们通过不同的方式来探索这些自由之道，从而在轴心时代形成了不同的经典表达，并围绕这种经典表达形成了一整套的文化行为模式，就形成了我们今天所说的"文明"。因此，通识教育必须从理解"文明"开始。

"文明"之所以区别于"野蛮"，就在于文明包含了超越有限性的无限性思考和探索，而"野蛮"就意味着局限在有限性的生命之中，缺乏对意义的探索。这种区别往往被人类比于人与动物的区别，主人和奴隶的区别，君子和小人的区别，等等。在这个意义上，我们可以说，只有在探索自由之道的进程中形成伟大的经典著作，并按照这种经典塑造了人们的生活方式和行为方式的国家，我们才能称为"文明国家"，否则就是野蛮国家。

今天，我们之所以说西方文明，就在于从柏拉图、亚里士多德一直到当代，不断在传承和革新对自由之道的探索并形成了一系列伟大的经典作品。没有这些经典作品，西方世界也就不能称为"文明"。历史上有许多伟大的帝国，甚至伟大的国家，但他们并没有形成探索自由之道的经典作品，也没有按照这些经典作品来塑造自己的生活方式，因此不能在这个意义上称为"文明"。这就是为什么今天世界上有一百多个国家，但提到"文明"这个概念，屈指可数。

Q：如果从文明入手，我们面临着西方文明和中国古典文明，那么在通识教育课程中怎么体现出来呢？

A：这个问题非常好。这正是中国大学思考通识教育的关键。通识教育首先就要从认识文明问题入手，这就体现在课程划分的模块上。

目前，不同的大学有不同的划分，但大多是从知识的专业性质和功能意义上来划分。而我主张要从文明的角度来划分。因为"中国"这个概念不仅仅是现代意义上的民族国家或者主权国家，而且是文明意义上的"文明国家"。"中国"之所以成为"中国"，就因为从古至今围绕探索自由之道形成了伟大的经典传统。而这些伟大经典不但塑造了我们中国人的生活方式，而且也塑造了整个东亚人的生活方式。日本、韩国、东南亚国家如果要在这个意义上称为文明国家，其文明的来源就在于中国文明。

所以，中国文明不是我们中国人的，而是全体东亚人的，甚至是整个世界的。中国古人讲的"中国"和"夷狄"的划分，不是民族或种族身份的划分，而是文明的划分。我们在民族上是中国人，但我们是不是文明意义上的中国人？关键在于看我们对自由之道的思考和实践多大程度上受到了中国文明经典的熏陶和影响，在多大程度上认同并践行中国文明探索自由之道的生活和行为方式。

近代以来，中国文明受到了西方文明的巨大冲击，我们中国人对自由之道的理解和探索经历了巨大的转折，从中国古典文明的自由之道转向了西方现代文明的自由之道，以至于慢慢渗入西方古典文明的自由之道。今天许多中国学生对柏拉图的和亚里士多德的熟悉和认同程度，可能会超过对孔子和老子的熟悉和认同程度。面对中国古典文明和西方现代文明这两种对自由之道的思考传统，今天的中国人就需要深切地体会到我们生活的复杂性，今天中国人的生活实际上是这两种文明传统混合的产物，如果我们对这两种文明传统缺乏深入的思考，实际上就无法理解我们中国人的现代和未来。

因此，我在通识教育核心课程的设计上，首先就划分两类知识体系：中国文明及其传统和西方文明及其传统。这两个划分就试图打破目前对知识专业的划分，不是按照哲学类、人文类或社科类来划分，不是把中国哲学课程和西方哲学课程放在一个模块中让学生理解什么是"哲学"，而是把中国古典诗歌、中国古代历史、中国古代哲学之类课程放在一个"中国文明及其传统"的模块中，虽然这些课程包含了不同的专业和知识传承，但我希望都指向两个问题：中国人是如何生活的？中国人是如何理解自己的人生和世界的？这些不同的专业、学科都围绕三个共同的问题展开：中国人的生活方式究竟是什么？中国人的精神究竟是什么？我们今天应当如何做一个中国人？

通识教育的关键："核心课程+"

Q：教务部目前（2015年底）一共建设了20多门通识教育核心课程，为什么要建设这样的课程？

A：我们的通识教育不是在一张白纸上进行的。北大有很好的传统，早在20世纪80年代就率先在专业课之外建设通选课，就是希望学生在专业课程的知识之外多选一些专业外的知识。后来，教务部明确规定了学生在专业课程之外必须选修其他专业的通选课程。北大目前已经建设了200多门这样的课程。这些通选课为今天我们开展通识教育奠定了良好的基础。

这些课程中有非常优秀的课程，我们现在推出的一些核心课程主要就是从这些课程中选出来的。但就总体而言，这些课程存在两个问题。

其一，教的问题，就是老师的上课心态。由于老师都有自己的专业，并要面对专业院系的学生。他们会认为，专业院系的学生是他们自己的学生，而且是对专业具有持久热情的学生，因此他们对专业课非常重视，要求也非常严格，以体现他们的专业水准。可一旦这门课程变成了通选课，让他们面对非专业的学生。他们就觉得这些学生对课程仅仅是业余兴趣，或者完全没有兴趣，只是为了拿到学分，因此不需要很认真，讲一点常识性的东西就够了，如果有专业难度学生就听不懂。久而久之，这样的课程就变成了同学们说的"水课"。

其二，学的问题，就是学生的上课心态。学生一进大学就有专业划分，这样专业课程就变成了他们必须认真对待的课程，专业课学不好会影响他们将来找工作，影响他们在老师和同学心目中的形象。一个学生专业课没有学好，大家都会说他是"差学生"，可一门人人认同的通选课没有学好，没有人说他是"差学生"。在这种背景下，学生自然愿意在专业课程上花精力。一个法学院的学生即使将来不从事法律职业，也要学好这些用不上的知识，因为他希望要一个好成绩，至少表明他是一个好学生。但对于通选课，尽管可能有兴趣，他也不愿意投入更多的时间和精力去阅读和思考，因为他的时间被专业课或双学位占用了。即使认真学了一门课，可是通选课的课程缺乏体系性，就像杂货店一样，选了一门哲学类的，马上就要选一门自然科学的，由此他们的兴趣投入不可能通过课程获得持久的鼓励。结果，学生更多把通选课程看作是休息、放松、不需要严肃思考的兴趣课，甚至为了提高成绩的绩点，专门选一些没有知识难度的"水课"，或者给分非常高的"厚道"的课程。

教育就是教师和学生之间的互动过程。教学相长，但也会教学相损。这两种心态放在一起，长久下来就导致"通识教育"变成了"通俗教育"，甚至"劣币驱逐良币"。"水课"成了普遍受欢迎的课程；而如果课程有专业要求和阅读要求，选课的人数就大大下降。要摆脱这种结果，我们不能从要求学生开始，学生的心态实际上是我们老师，包括课程和大学文化导致的。因此，我认为，通识教育首先面临的问题就是必须让通选课摆脱"通俗教育"的现状。

最近这些年，全国不少大学都在开设通识教育课程。有不同的改革模式，有的建了独立的博雅学院，有的把院系打破，推倒重来，有的提出改革课程体系和学分结构等。而我在教务部负责通识教育之后，我提出的观点就是不喊口号，不搞虚的理念，不搞机构改革，不增加编制和人员。一句话，不折腾，从课程入手，一门一门建设核心课程。

大学的核心就是老师和课程，没有好的老师和好的课程，怎么折腾都没有用。建设世界一流大学就要从教师、课程和研究入手。通识教育的关键就在于核心课程建设。如果用目前流行的"互联网+"这个口号，通识教育的关键就在于"核心课程+"。

核心课程是根本，有了这个根本，其他的机构改革、学分改革等等都是配套性的。如果没有好的核心课程，改来改去都是"换汤不换药"的折腾。在这一点上，北大的领导，从校长、副校长到教务部部长，都非常认同和支持。所以这几年来，其他高校都在大搞通识教育，但是我们北大一直很低调。我们之所以在通识教育上沉得住气，就是因为我们有一流的老师，能够开出一流的核心课程。

核心课程：专业基础上超越专业的教育

Q：通识教育核心课程和通选课有什么不同？为什么称之为"核心课程"？这些课程是怎么建立起来的？

A："核心课程"在性质上依然是通选课，不是专业必修课。但称之为"核心课程"包含了两层含义。

其一，就是要解决前面通选课面临的问题，改变教和学的态度。差不多每门课程我都和任课老师有各种形式的沟通，就是让老师们认识到目前的问题，改变教学态度。因此，你们从我们手边这13门课程的教学大纲就可以看出来，教师们对课程的准备非常认真，不是当作业余的通俗课程，而是当作和专业课程一样严格要求的课程。我对教学大纲都有硬性的要求，比如必须列出必读书目，而且要求具体到章节、页码，不能随随便便列一些参考书。打分必须有30%左右的成绩来自课程读书报告或者小论文，这就意味着必须要求学生读书、写作而不是简单听一下。这些看起来是细节，但恰恰是通过这些细节让老师和学生对该课程有不同的态度和理解。

其二，涉及对通识教育本身的理解和构想。在专业课程之外，哪些知识或课程是大学生探索自由之道时应该学习和掌握的呢？因此，核心课程无疑要围绕自由之道这个问题展开。如果你的课程非常好，讲得好，也很受学生欢迎，但与思考和探索自由之道无关或者关系太远，那么也无法进入核心课程之中。这样一来，许多知识性、专业性的导论课程就被排除在外。而我们原来通选课的建设主要是从知识专业的角度，是为了弥补本专业的不足，拓宽知识视野，增加其他领域的专业知识而设计的各种导论性课程。因此，通识教育不是专业外的跨专业教育，而是专业基础之上的超越专业的教育。

正是按照这两个标准，我在几年前就开始探索和实验，目前这几十门课程，许多都是在长期实验基础上形成的，包括经典阅读、大班授课、小班讨论这些基本的模式，都是在实验中摸索出来的。这首先就要一批志同道合的老师，大家共同推动通识教育。

事实上，北大早就有一大批优秀教师在探索通识教育，元培学院就是通识教育实验的产物，我要做的就是为大家提供各种便利和服务。应该说，我们这几年一直在低调地进行探索，我们也关注其他高校的改革进展，也不断探索北大的通识教育模式。直到今年（2016年），在林建华校长的大力支持下，我们才正式把通识教育核心课程建设变成北大通识教育的核心工作，从而形成通识教育和专业教育相结合的北大模式。

Q：你不断强调专业课程和通识课程之间的区别，那么是不是意味着通识课程不具有专业性？

A：目前人们往往倾向于将通识教育和专业教育对立起来，其实这是一种偏见。现代社会是建立在专业之上的，所有的老师都要从专业训练中产生出来。脱离专业教育的通识教育就会变成我们所说的业余的通俗教育。好的通识教育必须从专业入手，但要在专业的基础上超越专业，通过专业的门径而进入对自由之道的探索。

比如说，进入自由之道有不同的文明，有不同的路径，柏拉图和孔子可能思考同样的问题，但他们的路径有根本的不同。如果一个老师缺乏对西方文明的系统训练，他甚至无法进入理解柏拉图的门径，又怎么可以通过教授柏拉图引导你进入柏拉图所开辟的探索自由之道呢？

因此，自由之道一开始看起来简单，孔子的话我们每个人都懂一些，一些人在媒体上讲的孔子很有影响力。但是，当我们从一些简单问题不断深入下去，进入精微之处，就发现这些细微的差异和精妙的地方才展现出其真正的精神，才是真正高深的地方。而大学作为专门研究高深学问的地方，就是要展现这种精微高深之处，而不能变成社会上的常识教育。

因此，"大学教育"必须区别于"大众教育"，后者要的是一些简单的常识，而只有前者才需要提供支撑这些常识的真正精微高深的知识。我们许多老师在社会上、在媒体上很流行，很有名，但在通识教育核心课上可能就是另外一副样子了。因此，我希望通识教育核心课程的老师首先是专业院系中非常好的老师。一个专业领域非常出色的老师不一定能够成为核心课程的老师，但在专业中缺乏相应的学术水准（注意不是学术成果）而自认为能够成为合格的通识课程老师，我持谨慎的怀疑态度。

目前不少大学中"思政课""大英课"面临的问题就源于体制上将这些老师与专业院系相隔离，形成公共课程教研室，这很容易放松对相关老师严格的专业水准要求。这些老师缺乏学术成长的环境，也逐渐丧失了专业学术的要求和尊严，课程也就逐渐丧失了学术研究的滋养和支撑。

核心课程的教学法：经典阅读与问题思考

Q：现在通识教育的开展主要集中在人文学科方面，为什么在这些领域强调阅读经典文本呢？

A：在中国文明传统系列和西方文明传统系列中，我们强调阅读经典文本，通过经典文本的阅读和思考，领悟不同文明传统对自由之道的理解和探索，从而激励年轻的一代人思考探索中国未来的自由之道。这实际上也是在中国文明和西方文明相结合的基础上，探索中国文明的未来之道。因此，通识教育不仅意味着文明的传承，而且包含了文明的创造和文明的更新。中华民族的伟大复兴归根结底是中国文明的伟大复兴。

换句话说，历史并没有"终结"，中国人应当探索如何为人类提供新的自由生存之道。我们中国人今天在核心价值问题上存在着模糊，不知道我们中国人生存的核心价值究竟是什么，其根本原因就是在中国传统文明和西方现代文明的冲突中找不到自己的方向和出路。学术界、思想界和意识形态领域的分歧和辩论，其根源还在于我们如何从自由之道这个文明的根基去思考中国人的现实处境和我们的生存意义。

因此，文明传统系列的课程主要集中在文史哲这些领域，这三个专业对同一个问题有不同的专业理解路径和专业门槛的要求，但我希望在这些专业知识和专业路径之上，引导大家共同思考文明问题：古代的中国人究竟是如何理解其生存处境、生存方式和生存意义的？从而引导我们现代人进入古人的精神世界，理解他们对自由之道的思考。也许能让同学们意识到他们的世界和我们今天的世界格格不入，但依然能够保持同情之理解；或许能让同学们体会到自己在心灵深处是一个古人，从而找到生活的知音和生存的榜样。

Q：那么，对于社会科学领域的核心课程，有什么不同的要求呢？

A：现代社会及其问题这个系列，主要依赖社会科学各专业，因为这些专业就是现代社会发展出来的，要理解现代社会包括现代社会的自由之道，必须从这些专业入手。而要理解这些专业，也要借助经典阅读，因为这些专业是通过经典著作形成其基本的思考逻辑和脉络的。

但是，我希望这些课程不是专业院系中最专业的课程，因为专业院系中的这种专业课程是镶嵌在整个专业知识体系中的，而希望专业院系能提供本专业中最基础的课程。换句话说，要从这些专业的基础课程入手，让学生理解这门专业是如何理解世界的，它的思维方式、逻辑假定和推理过程。但是，作为好的通识课程，这种专业基础课应当能够对这门知识本身提出批判，恰恰让学生看到这门知识只是专业分工中的一部分,而不是世界的全部真相。通过这门专业来把握整个世界的时候,一定有其专业本身的限度。专业和知识的假定就意味着这门知识本身的局限性。

因此,我希望社会科学专业的核心课程老师既要能进入专业,又要能超出专业,从专业内部的问题出发对专业限度进行批判,而不是完全无视专业的外行批判。这才是社会科学作为通识教育课程的关键点。遗憾的是,我们目前不少专业课老师都有意无意持一种"专业帝国主义"的立场,认为只有自己的专业才称得上科学,才是真理,其他专业(尤其是人文学科)都是非科学的迷信。从而把社会纷乱的根源归结为专业不够或者专业不彻底,就像今天经济学很容易主张彻底的市场化,法学很容易主张不断累加的法条主义或形成司法无限扩张的迷信。

这种专业主义的僭妄本身就是缺乏通识教育的体现。我相信,一个系统接受通识教育的人在进入专业之后,都会对专业本身的限度持一种警惕和反思的态度。这也就是我刚才所说的,只有专业领域中的优秀学者才能真正理解专业本身的限度,对专业持批判的、超越的态度,从而进行跨专业的思考和探索。

如果要跨出专业,就需要从问题入手,而不是像专业课程那样从知识传承入手。比如一门关于民主问题的课程,在哲学专业往往从政治哲学来思考,在政治学专业也要有政治科学的思考,而在法学专业可能变成了关于选举技术的制度设计。如果作为通识教育核心课,恰恰是要跨出这些专业,让不同的专业之间进行对话,从而激活对原初问题的思考和想象:人类究竟为什么要民主?而这恰恰是批判性思考的出发点。再比如,一门宪法课,在法律专业中就是法条分析和判例分析,而在政治学专业就是宪政体制的分析,而在历史系可能就是宪法史的探讨。因此,作为通识教育的核心课程,就是要让这些不同知识传统进行对话,从而不断展现这些专业知识本身的路径及其限度,建构一个相对整全的知识和理解。

通识联播:"传道授业的友爱共同体"

Q:前些天我们"通识联播"专门采访了今年(2016年)罗德奖学

金的获得者法学院的张婉愉同学，她特别提到受您的法理学课程影响很大。您在法理学课程中是否采用了通识教育方法呢？

A：法理学课程虽然是我们法学院的专业基础课，但我这些年是按照通识教育理念来讲授的。重要的不在于具体知识的传授，而在于努力打开思考的视野，激发灵魂的觉醒，让同学们思考法律如何回应现实生活提出的挑战，从而激发法律人追求卓越的精神动力。

这个课堂上有很多优秀学生，张婉愉同学可以说是其中的代表。这种优秀就体现在她思考的问题不局限于具体专业知识、不局限于未来的职业和工作，而是思考如何成就自己的人生。用她的话来说，课堂上阅读这些伟大的法理学著作有助于她思考"自己与自己的关系"和"自己和他人的关系"。其实，这就是通识教育的意义所在。

不少同学也很喜欢这些经典作品，但他们往往是从专业的角度来阅读经典，阅读经典意味着他掌握了一些看起来"高大上"的知识。换句话说，经典阅读仅仅让他们掌握了一些以前不知道的知识。在这个意义上，经典知识和部门法中的专业知识没有层次的不同，只有种类的不同。而通识教育的意义就在于这些经典有助于引导大家共同思考自由之道，思考人生意义，思考自己将来要成为什么样的人，过什么样的生活。而选择什么样的职业反而变成了一个技术性的方便法门而已，无可无不可，所有的职业和工作不过是附着在人生上面的外衣。

当然，大学的国际化对通识教育有很大的冲击。我特别想提醒的是，大家不要关注这个奖学金在国际化背景下的"光鲜外表"，而要关注这个奖学金所推动的内在价值，即鼓励一个人服务于社会。罗德奖学金不是鼓励赚钱的，如果你想赚钱，大可不必关注这个奖学金。其实，一个人只要有服务社会大众的意愿，并以此作为人生的志向和生活方式，一辈子身体力行去做，那么，无论在哪个岗位上，实际上都是罗德奖学金的获得者，只不过颁奖的不是罗德奖学金这个机构。天道酬勤，所有的努力都会有所奖赏。希望所有的同学和张婉愉同学一样，在自己的有限人生中追求上天更高的奖赏。

Q：在推动通识教育中，您推动创办"通识联播"公众号的初衷是什么？

A：通识教育不仅需要课程，更需要一种能够改变教师和学生态度的大学文化。我前面说了,"大学"不同于"专科院校"的地方就在于,前者只需注重专业训练,而后者必须有通识教育作为支持。这不一定意味着专科院校不如大学,只是大家的定位不同。比如美国的麻省理工就是专科技术学院,而且是世界一流的。

而大学要营造的文化就是围绕经典阅读和思考展开的通识教育文化。换句话说,这个校园中最重要的不是培养政治家、企业家,而是培养思想家、科学家,这才是真正衡量大学是不是世界一流大学的标准所在。因为政治家和企业家不是大学培养的,是由国家培养出来的,在统计学上每个国家的大学都可以产生自己的国家领导人和企业家,但不一定能培养出思想家和科学家。中国大学就是如此,我们产生了世界一流的政治家和企业家,但还没有培养出一流的思想家和科学家。

要培养思想家和科学家,就需要大学校园文化,崇尚读书、思考,热爱自由,探求真理。而我们目前的校园文化崇尚的不是读书和思考,而是各种各样的职场规划,热爱的不是自由,而是早早变成职场的打工仔,甚至金钱的奴隶。从专业知识到社团活动,北大的商业气味很浓,学术风气不够。

因此,创办"通识联播"就是通过现代互联网传播手段,推广核心课程,通过课程、沙龙、讲座等系列学术活动让大家记得,大学中最重要的人物不是我们在电视上、媒体上看到的公共知识分子,而是课堂上与你进行交流、对话,共同探索真理,思考人生意义的老师。因此,"通识联播"的主人不是"学者",不是"专家",也不是"知识分子",而是"老师"。通过这个平台,我希望在老师和学生之间建构一个"读书共同体""思考共同体"和"传道授业的友爱共同体"。

Q:您对"通识联播"公众号的未来有何期待?想对我们编辑和关注公众号的公众说些什么?

A:在创办通识联播的时候,我确立了两个原则。

第一就是学生主导。从主编到编辑,都是学生,而且编发什么样的文章,组织什么样的活动,我只给出目标要求,具体都由你们学生来办。

第二就是要体现通识教育的品味。从内容、活动、版式、配图等等,都要体现你们在接受通识教育之后形成的阅读旨趣和心灵品味。

应该说，我的想法都实现了，而且效果完全超出了我的预期。之所以确立这样两个原则，就是基于我对北大学生的了解和信任。这个校园无与伦比的地方就是永远不缺乏热爱自由的学生，不缺乏有创造力的学生，缺乏的可能是我们的大学能不能把他们的心灵引导向一个超拔的高度。这应该是我们通识教育的方向和使命。

我相信"通识联播"会越办越好。我不仅期待老师和学生来阅读，更期待学生的家长来阅读。因为在学生的培养过程中，学校更期待家长的支持和配合。不要急功近利地强迫孩子们选择看起来好就业的专业，要相信自己的孩子们能够做出正确的选择，而且最终能够成就自己的事业。让我们为这个目标共同努力！

博雅 GE 微访谈
如何通过法律思考生活

彭 錞

Q：请问您理解的通识教育是什么？您是如何在"中国当代法律与社会"这门课程中贯彻通识教育的思路并设计这门课程的？您是如何筛选出每节课的专题的？

A：我理解的通识教育是帮助同学们学会阅读、学会思考、学会写作，从而成为一个对世界有好奇、对社会有观察、对自己有反思的人。所以，在这门课程中，我没有以法学专业教育的方式，即以宪法、行政法、民法、刑法、经济法等各部门法为主线来设计，而是挑选出我所认为的在当代中国社会中引人关注或富有影响的一些法律话题来串联课程。我试图通过这些专题式的讲授和讨论打破法学内部的专业划分，帮助大家从具体问题出发，学习在社会情景中理解法律，用法律的视角去把握现实的社会问题。

Q：上课的过程中，您面临的主要问题是什么？课程既要保证专业的水平，但面对的又是非专业的学生，如何平衡二者的关系？

A：这是我第一次给非法学专业的同学上课，面临的问题主要有两个：第一，法学本身内部分工细、涉及面宽，在有限的教学时间内以何种标准选取哪些话题跟同学们分享，需要取舍；第二，法学的思维方式多层次，既有技术面向，也有理念导向，是偏向规则、制度的介绍，还是注重原理、价值的传递，需要选择。

本学期，我的尝试是：以一个个值得思辨甚至富有争议的话题贯穿

---

① 课程名称：中国当代法律与社会；受访者所在院系：法学院；访谈时间：2018年12月30日。

全课，每一个专题都牵涉当代中国法律与社会中的一个重大问题。这个问题既包含技术面向，即规则、制度的流变与现状，也具有理念导向，蕴藏着现代法治的一系列基本原理和价值。比如在"法律是道德的底线？"这堂课中，我试图让同学们重新审视法律和道德之间的关系。一种非常流行的看法是：法律是道德的底线。但其实没这么简单。法律很多时候应当是道德的底线，但并不总是如此，因为道德可以区分为低线道德和高线道德，前者是不做坏人的道德，后者是做好人甚至做圣人的道德。现代社会的一个基本特点是善（good）与公平（fairness）的分离，国家很大程度上退出私人生活，法律不再强迫甚至逼迫人们做好人或圣人。因此，现代社会的法律不应该为高线道德兜底。我国《刑法》中曾有的"流氓罪"就被用于惩罚一些今天看来稀松平常的活动，比如聚众跳交谊舞等。今天这个罪名已经取消了，这既是法律规则的变化，背后也体现了社会文化的变迁。同时，这也提醒我们，法律跟道德尽管有重合，但也应该保持适当的距离。

除了法律与道德的关系，我在课程中还处理了人治与法治、权利的勃兴与"过剩"、歧视与区别的界分、私有财产的保障和限制、个人信息的维护和利用、无罪推定原则的制度内涵与适用范围、信访与信法之间的纠结以及司法独立与审判独立的关系等问题。这些问题，每一个都切中当代中国法律和社会的某个重要侧面，既涉及法学专业知识和技术，又直指我们生活其间的当代社会所面临的一些困境和挑战。在我的理解中，通识教育实际上就是启蒙教育，让人对于自己生活的世界和时代进行有根据、守逻辑的反思甚至是批判，最终达至对人生社会更加深入的认识，捍卫某些值得捍卫的现代性价值。在这个意义上，对于非法学专业的同学们来说，法学正可以作为一种切入人生社会的工具——即便你可能从来没有亲身体验过司法过程或遭遇到法律纠纷，但你仍然可以通过法学的视角获得更为宏阔的知识乃至智慧。

Q：选课生普遍反馈，这门课知识性和趣味性很强，老师颇有人格魅力，风趣幽默，条理清楚，从社会热点入手讨论中国当代的一些深刻、重要的法律问题。那么，对于这门新开的课程，从老师的角度来看，上课时最大的体会是什么？

A：我最大的感觉就是如履薄冰。由于是第一次开这个课，我本人又有自己的部门法背景,并非一个法学专业的"全科医生",所以我最大的担心是受学养经验所限,不能把也许是法学中最精彩、最重要的部分分享给同学们。同时,因为学期时间有限,还有很多中国当代法律与社会的重大话题无法触及。但我想,这是第一次开课,万事开头难,我会在以后的备课、教学的过程中不断地作出调整、完善,特别是会适当、及时地反映我们这个社会正在发生的变化。

Q:这学期课程已经进行了大半,就目前的课堂情况来看,您觉得同学们对哪些专题特别有兴趣?

A:大家对于权利问题比较感兴趣。权利是法学的独门武功,因为别的学科,比如社会学、政治学等,都不主要处理权利这个问题。当然,我讲的是法律权利,不是道德或伦理意义上的权利。因此,我花了两次课的时间专门讨论这个问题。第一次讨论的是古今中西的权利观念,从一个概念史、思想史的角度来探讨当代中国的权利观念,以此来解释为何中西方至今在人权问题上存在很大分歧,以及为何我们在日常用语中还会使用诸如"非法权利"这种西方人无法理解的词汇。第二次课上我试图描绘当代中国社会的一个深刻变化,借用一个美国学者的说法,是"从螺丝钉到钉子户"。这当然是一句略带戏谑的话,但我觉得很值得品味。从一个外来者的角度观察,中国人从之前的螺丝钉变到今天的钉子户,背后指向的正是国家、社会、个人三者之间关系的深刻变迁。这样的变化在法学上也有所表述,即从义务本位走向权利本位。我认为,这当然是历史的巨大进步。但我同时也提醒大家注意,中国当代社会中存在的许多问题,恰恰又是无责任的权利或无义务的自由所导致的。那么,如何在权利与义务、自由与责任之间寻求平衡,正是我们每一个人都需要思考的问题。

Q:通识教育,尤其是哲学方面的一些培养,对老师的研究有什么帮助?比如我在法学院听了一些法理学的课,会更喜欢将来比如说去从事哲学,然后关注它更本质的问题。我想问老师,了解了这些哲学知识,怎么才能把它应用到法律上?

A:跟法学最接近的可能是政治哲学和道德哲学。去英国留学之前,我设想未来这几年会变成我价值观的 formative years(性格形成时期),有种取经式的心态。但我最终发现,无论是政治哲学还是道德哲学，都不可能告诉你对与错、善与恶的标准答案，那更多是信仰的功能。但在祛魅了的现代社会，这些终极问题的答案都在风中飘荡了，我们要为自己提供标尺和判准。此时，政治哲学和道德哲学的功用是帮助你清理自己的看法，揭示自己具有的或流行或独特的观念之根源到底何在、有没有正当性依据等。这便是一个自我发现、自我成长的过程，特别是当你用哲学思辨发现甚至冲刷自己长期习以为常的偏见时，那种精神成长的快乐是无与伦比的。通过这种成长，可以获得更加健全的判断力和思辨力，容易一下子抓住纷繁复杂的法律规则、制度背后的价值基础。哲学不能给你答案，但能给你工具，非授人以鱼，而是授人以渔。所以，我非常鼓励同学们学习哲学。

Q：您的课鼓励选课生大胆思考，就思维方式而言，如何避免长期以来形成的"正着也对，反着也对，结合起来看也对"的定式？

A： 我个人感觉，这样的一种思维定式非常流行，甚至常常被冠以一个好听的名字——辩证法。但我以为，这是一种庸俗的辩证法。它的最大问题在于压抑我们思想的锐利（sharpness）。一旦进入庸俗辩证法的套路，就会把一些本身极富张力、在张力中极有思想火花生发点的那些问题和稀泥式地处理掉了。这就是胡适先生当年所批评的，国人有一种"差不多先生"的思维习惯和生活态度。当然，今天的年轻人也许更熟悉热狗写的那首 rap 歌曲。为什么会形成这种惯习？我个人理解，还是跟我们的教育长期不太鼓励深刻的片面，而去赞许浅薄的平衡。这正是 critical thinking 的天敌。我认为，通识教育所要求的学会阅读、思考、写作，所指向的现代理性价值，都离不开 critical thinking。这个词一般翻译为"批判性思维"，负面意味有点太多，或许不太利于在当下推广。所以，我建议应该翻译为"评鉴性思维"或"评价性思维"，因为思想不是为了批判而批判，在思想之后得出一个积极正面的评价，这完全不成问题。但在得出评价性结论前，一定需要有这个 critical process（评价过程）。所以，所谓"正着也对，反着也对，结合起来看也对"的思维方式就是非评鉴性的，是思想上的撤退甚至投降主义，是"差不多先生"的防身武器。那么，接下来的问题是如何避免，特别是长期深陷这种思维方式的人如何挣脱出来。我推荐一个技术性的办法，那就是先选择那种自己直觉上不那么赞成的立场，然后迫使自己就该观点展开论证。这自然不是在鼓吹智识上的任意或轻率，而是说从一个思维训练的角度出发，这样的方法更适于突破庸俗的辩证法。

Q：老师曾经提到自己因为一张"最牛钉子户"照片走上法学研究的道路，在课上也提到了自己对拆迁问题进行了很长时间的研究，并最终出版了自己的英文专著。请问您选择公法方向是否也与此有关？

A：选择宪法、行政法当然与此有关。我大三于新加坡交换时在网上看到这张图片，就很朴素地觉得这是个重要的社会问题。当时要写一个课程论文，就选择了这个题目。之后又做本科毕业论文，继续研究这个题目。然后一直做到博士学位论文，很大程度上是一种偶然。

但是，从2007年到2017年，我研究这个话题并最终选择以学术来安身立命，回头想一想，偶然当中其实是有必然性的，并非只是因为一张照片。我从小就是个很爱想事情的人，总是问自己：我为什么这样活？我想要怎样活？这显然不仅是我个人的问题，而且必然牵扯到我们为什么这样活、我们想怎样活的问题。比如说我们今天小到穿的衣服、喜欢吃的东西、爱听的歌，大到遵守的法律、实行的制度等等，于你我一个个个体而言，很大程度上是给定的。在此意义上，我们是被决定的，是被抛入这个世界并嵌入其中的。因此，要知道自己为什么是现在这个样子，就需要理解这个社会。我选择"中国当代法律与社会"就是出于这样的想法。举个例子，在讲"从螺丝钉到钉子户？"这堂课时，我举过一个例子：在我念小学时，有一位家喻户晓的少年英雄赖宁。当年，十几岁的他冲进大火保卫国家财产，最终献出了生命。他的画像挂在我的小学楼道里，被认为是和牛顿、爱因斯坦、达尔文一样的人物。然而，今天年轻的同学们听到这个名字没有一点反应了。原因或许很简单。《中华人民共和国未成年人保护法》第六条规定："国家、社会、学校和家庭应当教育和帮助未成年人维护自己的合法权益，增强自我保护的意识和能力。"第四十条规定："学校、幼儿园、托儿所和公共场所发生突发事件时，应当优先救护未成年人。"这两条法律规则背后其实是一个有关生命价值判断的巨大社会变迁，这同时也意味着曾经深深铭刻于我脑海中的一种活法，在如今的同学们心中，恐怕就不再构成一个选项。

此外，我也时常思考如何可以活得更好。我想，每个人都在考虑这个问题。当然，这不仅仅是指择业求职、养家糊口，而是指如何可以活得自由而负责任、富足但更有尊严。这无疑不光取决于"个人的奋斗"，还要考虑"历史的进程"，即我们的社会、制度和法律究竟能不能给我们每一个人提供一个既有底线保障，又有高线激励，既鼓励自由竞争，又维护公平平等的背景环境。因此，我几乎所有的思考起点都在于以下两个问题：为何如此生活？如何活得更好？我个人认为，在法学的诸种门类当中，公法最能帮助自己去理解这些问题。原因有二：第一，公法，特别是宪法所涉范围非常广，可以跟各个部门法相连通，而且也应当为各部门法提供规范基础与价值指引。第二，除了范围广以外，公法直接处理国家和公民、社会同个人之间的关系，而这正是当代中国政治、经济、文化领域变迁的根底。从某种意义上讲，四十年改革开放本质上就是这些关系的深刻变革。我试图用公法的视角去体察、理解这种变革，偶有一得，非常快乐，觉得对自己和世界又多了新认识，又长进了一点。

Q：最近基因编辑婴儿的新闻引起热议。请问您，在伦理共识被打破、新的底线亟待建立的当下和未来，法律或者说法律人可以充当怎样的角色？

A：这个问题很精彩，我最近也在思考这个问题。我想，在这方面，法律和法律人的角色仍然应当是其一贯充当的角色，那就是保守者。当代中国，在改革开放的语境下，"保守"这个词往往被视为一个贬义词。这是因为高速发展的社会存在一种进化主义倾向，以为一切保守的东西都需要被打破。但我个人认为，改革开放四十年至今，我们对于某些关键结论或者说改革成果，已经到了该保守的时候，比如已写入宪法的对人的尊严的保护。因此，法律和法律人理应在这个技术狂飙的时代去保守这些基本价值。

基因编辑技术让人类扮演上帝。麦迪逊在《联邦党人文集》里有一句名言："如果人都是天使，就不需要任何政府了；如果是天使统治人，就不需要对政府有外来的或内在的控制了。"当人可以扮演上帝，特别是当一部分人可以对另一部分人行使近乎上帝的权力，而人又并非天使时，我们就需要用法律去遏制、规范人性当中最恶的那一部分。

很多人，特别是技术专家，或许会将这种保守归结为对未知的恐惧。人对未知当然会有恐惧，但我这里讲的不是条件反射式的恐惧，而是"忧虑"（concern）或者"敬畏"。忧虑和敬畏是有价值基础的，不是生理反应。所以，作为保守力量的法律和法律人还是多一点忧虑和敬畏为好。

Q：请问老师如何看待文史哲这样的人文学科？虽然老师刚刚提到要把思考落在现实语境中，但人文学科可能和现实语境尚有一定距离。老师是怎么看待人文学科与现实之间的关系的？

A：我恰恰认为人文学科是最"现实"的。这是因为我想，我们对"现实"的理解不应太局限。以通常被认为距离现实最远的文学为例，文学以想象为翅膀，而想象本身就是一种现实。王尔德有一句名言：不是生活模仿艺术，而是艺术模仿生活。

举个例子，美国最高法院大法官布雷耶（Stephen Breyer）曾经在2013年《纽约书评》的一篇访谈中，谈到自己学习法语，热爱《追忆似水年华》的故事。他特别强调学法律的人要看小说，因为这可以极大地培养人的同理心和想象力。在我的理解中，同理心回答为何这样活，想象力回答应当如何活——如果没有《动物农庄》《1984》，就很难想象一种可能的未来是什么样子；而正是因为有了这样一种想象，我们才会反过来观察身处其间的现实，对一些变化保持警觉。文学因此具有了巨大的现实力量。看一次《西部世界》，难道不比重复一百遍"人工智能发展要尊重人的尊严"更能刺入你的内心？

博雅 GE 微访谈
现代中国的建立与儒家的制度化[①]

干春松

对话通识教育

Q：干春松老师，请问您理解的通识教育是什么？

A：通识教育的定义有很多种，其核心的关切就是突破学科的界限，来进行价值观培育和思考方法的训练。

我们会遇到一些重大的问题，这些问题可能不是某一个学科所能处理的，"大问题"的理解和思考需要从多种角度进入，那么这就需要调动多方面的知识。我觉得，在这个意义上来讲，通识教育是对现有的学科化的研究问题方式的一种补充。因为许多复杂的问题并不是按照学科化的方式展开的，如果按照以往我们习惯的从自己的学科出发去思考，那样就只能理解它的一部分。

从另外的角度来说，通识教育希望学生接受专业训练的同时，有一个超越专业学习的视野。因此，通识教育的内容就可以理解为两个方面：一方面是跨学科的问题，一方面则是历史上重要的作品。如果用两个"大"字来解释就是：一个是"读大书"，另一个是"面对大问题"。

Q：请问您是如何根据通识教育的理念来设计"现代中国的建立：制度、思潮与人物"这门课程的呢？

A：这门课我们说的是现代国家的建立的问题。我自己原初的设想是，对于现代中国的认识我们有太多的"固定的说法"，其中蕴含着许

---

① 课程名称：现代中国的建立：制度、思潮与人物；受访者所在院系：哲学系；访谈时间：2016年5月12日。

多似是而非的结论。这里有政治的歧见，也有历史观念的错置。比如，当我们谈论一百多年来的历史的时候，会下意识用近代、现代、当代这些表征"时代"的词，但是这些我们用以定义时代的词汇，其背后的所指，我们其实不会认真地去思考的。这个背后的设定就是，以现实的状况来理解我们走过的路。

如何理解现代中国的问题，或者说如何理解现代中国的国家建构的问题，其实是要处理如何理解现代中国和传统中国关系的问题。固然我们面对的是三千年未有之大变局，固然1911年的辛亥革命是完成了由帝制向现代国家的转变，但是生活在这块土地上的人没变，疆域也延续了清朝。这就意味着，传统中国和现代中国之间有断裂，也有连续。政治制度当然可以通过革命而发生根本性的变化。但文化却未必。它也不是靠一次革命就能改变的。试图提供现代中国的建立的复杂图景，是我开设这门课的初衷。

其实，无论是辛亥革命之前，还是1949年之前，不同的人、不同的政治团体会提出不同的建国方案。比方说，在民国建立之前，康有为和章太炎等学者有不同方案，而张之洞、袁世凯、孙中山或黄兴等政治家有他们的方案，但是最后落实的只能有一种方案。辛亥革命的成功意味着革命派的方案成功了，在这个成功的过程中，那些不成功的方案或者被吸纳到成功的方案中，或者被我们在某种叙述中视为错误的、反动的。这种判断往往带有价值评判的因素在里面。但如果你回过头去看，这些历史人物所设计的不同的国家建设方案，都有他们独特的考虑，他们的目标或许是一样的，都希望人民富足、国家富强、生活自由。但在主流的历史叙述中，这些方案只需要贴上对错的标签，然后被归拢到历史的"角落"里，甚至被成功者用作其成功的衬托。但历史的认识或许需要更长的时段作为参照。其实，我们如果回想孙中山"革命尚未成功"，或毛泽东对"继续革命"的坚持，我们或许可以知道，成功者自身亦并未将现实的中国作为他们理想的现实版。这也表明，他们的方案是有可以讨论的空间的。我们现在也在说"深化改革"，"深化改革"就说明无论是政治形态还是文化形态，都还没有定。在不断探索新的形态的时候，如果我们以一种比较心平气和的方式去看一下那时候所呈现的不同的方案，那么那些已经实现和未实现的方案会给我们走向未来提供更为立体的视野。

我的一个想法是，即使历史上的那些人物或他们的方案是错的，它也能给我们提供一个思考的空间，并不能因为他们的方案没有现实化，就说他们是错的、是不足观的。如果有一个更深层次的考虑，有些人的观念在以前被视为毫无价值的，或者被判定为是反动的、错误的，可能到了一百年后，他们的思考、他们所关注的问题会以一种新的方式呈现出来，你有时候可能还会赞叹这些人的先见之明。这就是我在思考这些问题时候的考虑。

Q：上课的过程中，您面临的主要问题是什么？课程既要保证学术的水平，但面对的又是非专业的学生，如何平衡二者的关系？

A：我自己感觉可能最大的一个问题就是，我自己觉得很重要的东西，学生并不觉得很重要。这并不是一个知识性的问题，而是认识问题的角度的问题。造成这种不一致的原因很多样，其中之一就是，我所关心的问题的解释目前已定型化。比如说中国近代史，这一个时段它有一套标准的讲法，这套标准的讲法在大家心中潜移默化地觉得就是这样。比方说你应该去想一想为什么近代是1840年到1919年这五六十年，许多同学就说教科书上不就是这么说的吗，有啥要分析的呢？对这些问题的重要性和复杂性的考虑不一致，这是我觉得比较困扰的。类似的体会，对我而言，不仅仅是体现在课堂上，而且在课堂外也依然会面临。比如说我关心的这个时段，关心的这个时段的人，比如康有为，大家对这个人已经有各种各样的先入之见，而且还有很多新的先入之见会进入，各种娱乐化的因素也会进入，这种娱乐性的说法或影视作品可能比认真的研究更有传播力。这都会增加课堂教学的难度。

我可能是理想很远大，但是能力不一定匹配。我试图改变或者重新建立对于现代中国理解的框架。我所关心的并不仅仅是对具体某个人的评价。看起来我在课堂上是在说要重新评价孙中山、章太炎、康有为，其实更为看重的并不是这个，而是对近代以来所提出的各种国家发展方案的重估。重估当然首先要建立一套新的坐标系。那个旧的坐标系实在是太过于强大，所以新的坐标系的建立会是相当困难的。有时候感觉有点像在一块坚硬的石头上凿，凿半天你可能很累，但它只是留下很浅的痕迹，冒出一些白烟什么的。我想，可能大家就觉得这事并不那么重要，甚至认为这本身就是错误的。但思考的乐趣就会让你觉得，哪怕孤独你也愿意前行，况且目前还不是那么孤独。

课堂效果我也并不太满意。你不能哗众取宠讲这些问题，因为这些问题是比较严肃的，不能过于猎奇。要保证专业的水平和学生的兴趣，这对我是一个艰难的平衡。如果从学生的兴趣方面看，这些人身上都可能有无穷多的故事，但我又担心讲这些内容会冲淡他们对问题本身的认识。

我今年是第一次上这个课，我自己也认为可能在这两者的平衡上掌握得不太好。说实在的，很多重要的内容可能是没那么有趣的。

Q：您上这门课最大的经验体会是什么？

A：现在还谈不上经验，体会就是很难。我自己最大的体会就是，我自己对大多数人物的著作和故事都读过，一开始以为我对这些人或者说对他们的方案已经有很多了解，但是为了上这门课，在重新备课的时候才发现，很多事情比原来我想象的还要复杂一些。随着我自己对更多材料和更多问题的深入思考，我觉得最大的体会，如果用两个字来说就是"艰难"。

这个艰难可从两方面去看：一个是中国人自己在探索迈向现代中国过程中的艰难，第二是作为我个人去了解那个艰难的路径的艰难性。每个历史人物，如果你力图从更同情的角度去理解他的方案，那还是很难。孙中山就特别喜欢用"艰难"两个字来表达他的探索。我经常想，那些能在历史上留下一笔的人，比我们这些读他们故事的人，分析他们的设想的人，何止要聪明多少倍。他们或许设想过更多的可能性，但他做那样的选择，虽然不排除欠缺思考的周密性，但更多的还有现实环境的逼迫——他只能这么做。这当然比做"事后诸葛亮"难度大多了。

学术历程

Q：干老师，您能否简要叙述一下您的学术历程，特别是您如何开启制度化儒家及其解体的研究，这又与您对近代思想中的康有为、章太炎、严复乃至梁漱溟的研究有何内在的联系？

A：制度化儒家及其解体的研究是我十几年前的研究主题，当时在读书的时候，我可能是生性愚钝吧，觉得中国哲学现有的研究模式，在分析儒家的时候，总是不够完整、透彻。它只解释了其中的一部分内容，或者说它不太能解释儒学在传统生活的政治制度和民众生活中到底是以一种什么样的方式存在的。当时就用了一个词来概括，就是所谓的"制度化儒家"。我自己用了一个很简单的"制度的儒家化"和"儒家的制度化"来概括这种双向互动。所谓"双向互动"，简单地说就是，中国进入大一统社会后，儒家不断以一种制度化的方式存在，比方说经学、太学、选官制度等等，这可以成为"儒家的制度化"。而"制度的儒家化"是说原有社会有很多制度，原先可能是以法家的原则或者其他家的原则建立起来的，但随着儒家思想影响的扩大，那些制度会逐渐以儒家价值观念来指导、来建构。这个，我认为是传统中国的儒学在政治生活和社会生活中运行的一个特征。它一直在持续儒家的制度化和制度的儒家化这样一种互动的过程。

　　这个过程到了晚清就产生了一个根本性的问题。儒家之所以能制度化，是因为大家认为儒家的价值是天理，当然要学习。但是等到它遇到西方思想冲击的时候，发现它会出现所谓的"失灵"的现象，现在大家都比较喜欢用这个词——"制度失灵"，就是制度突然应对不了这个问题。当然，制度失灵必然会带来"价值失灵"。当这个价值被大家普遍怀疑的时候，你不再相信这个价值的时候，这个价值就不再能规范你的生活了。"制度失灵"和"价值失灵"的双重打压，会导致大家坚信，中国要摆脱困境，就必须建构一种跟儒学价值指导下的社会秩序和政治秩序不同的新秩序。这样一个新秩序的建立，就是我当时用的一个词——儒家价值从制度里"剥离"的过程，儒家逐渐被"洗"出去了。比方说科举被废除了，说明儒学不再是选择官员、社会流动的一个途径，北京大学的建立，就是制度变革的一个结果。北大就是最典型的新式教育机构——它的前身叫"京师大学堂"，所谓"大学堂"是作为跟原来的教育体制不同的新的教育体制。它培养人才的原则也有了根本的变化，主要是技术性人才的培养，而原先的教育方针是培养君子。现在上大学主要是学门手艺，更高的追求是你自己的事，大学发给你的文凭是你进入某一个行业的执照而已。经济学院毕业的人，可以去财经类公司求职，这个文凭是你求职时很重要的东西。但是古人学经典，其秉持的教育的目的是另外一套。"京师大学堂"是一种新的教育体制，之所以后来的研究延伸到康有为、章太炎等人，因为有些人直接就是儒家制度"解体"的推动者，像康有为的变法和章太炎的革命，基本上都是。严复，也是这个解体的关键性冲击——进化论的传入，到中国很快就变成了社会达尔文主义。我们所信奉的那套两极化的思维：进步/落后，生存/灭亡，严复是一个很重要的提倡者。

他们都知道解体是不可阻挡的，但是身处其中的人都在想如何建立新的制度。这些人会考虑，在新的格局、新的国家、新的秩序里面，被他们排除出去的那些观念怎么办，未来的文化怎么走？很显然，如果讨论解体的问题，你必然会考虑相应的重组问题。就像公司拆了，那些资产怎么办？那他们会想。不像后面的人那么简单，不像很多人那么简单，拆了变卖了就行。他不是那么简单，他知道这些东西是要重构的。打一个最简单的比方，这个房子拆了，你要重建。现在我们当然会想我要另外去买一堆材料。当你没有材料买的时候，你还是得靠现有的这堆材料来重新搭这个房子。所以这堆材料怎么办，他们会想得比较多的。

康有为、经学与儒家重新制度化的可能

Q：您近年来一直着力于康有为的研究。但康有为及其背后的公羊学传统一直与中国哲学的语境有距离。比如，哲学系的同学会认为他的"孔子改制"等说与我们在《论语》中看到的孔子形象差异很大。您会如何看待这种距离？对公羊学与康有为思想的关注，能否为中国哲学的开展提供新的契机？

A：我觉得《论语》当然是我们理解孔子特别重要的一个文本，目前我们的思想界或者学术界认为《论语》可能是了解孔子思想唯一可信的文本，这当然是有理由的。但仅从《论语》来了解儒学或者了解孔子就不太够了。北大是一个比较注重文本训练的学校，但在许多哲学系的教育体系中，其他的文本可能都不太被看重。

如果只是从《论语》去了解孔子，那你跟历史上的人对于孔子的了解差别就太大了。目前的中国哲学，我们也知道，这个学科就是北

大创立的，从早期的陈黻宸到后来的胡适、冯友兰先生。这个传统的一个优点呢，陈来老师的一个说法我觉得可以借用一下。他说，20世纪的儒学研究，如果从哲学的角度来讲还是有很大进步的，取得了很大的成就。但是从实践层面和社会生活层面的研究来看，那就有所欠缺。

从对儒学的研究而言，中国哲学学科从建立开始，就比较侧重于关注儒学里面跟西方哲学比较靠近的那些观念，所以我们上学的时候就集中关注孔子的"天""性"，即所谓人性论、认识论、伦理观这样的一些问题，这样的讨论模式至今依然是中国哲学研究里对儒学，尤其是研究宋明理学的基本方案。但是我自己认为，如果站在中国哲学的角度研究孔子和儒学的话，《论语》就给你提供了一种理解孔子的角度。但是你如果以为那就是儒学，那就是孔子，显然是不够的。因为就儒学而言，除《论语》外，还有很多的经典。

当然我最近看很多网上批评儒学的文章说，"孔子改制"历史上根本就没有发生过，是一些人的臆断。但是如果你不能理解儒学的历史，就像刚才我们说的，不研究儒学制度化的过程，就不能理解汉代儒生为何会主张孔子为汉制法、为万世制法这个说法的意义。这个"制法者"，或者用西方的词"立法者"，其实就是要将孔子所提倡的价值变成政治和社会生活的准则。杨立华写过一篇很有趣的文章，讨论"西狩获麟"这样的一个事件对儒学史的意义。对于这个事件的不同解释，对于我们了解儒学发展极其重要。有人还建议以"西狩获麟"的时间来作为祭孔的时间。为什么？因为这对于理解作为"制法者"的孔子而言太重要了。因为只有西狩获麟这个事发生以后，制法的身份才确定下来。但是在中哲史的课本里面你会看见西狩获麟这样一个故事吗？你当然不会看见。但是如果你不知道这样一个事件，在我看来起码你根本不能理解孔子在中国传统社会中发生的那些作用。我只是举个例子。那你更不用说，历史上讨论六经或五经皆为孔子所作的问题，或者"述而不作"的问题。这样的经典和儒学的关系，经典和孔子的关系，都是历史上特别重要的问题。但是我们中国哲学的教育里面，我们讨论《春秋公羊传》吗？我们讨论《尚书》吗？我们讨论《诗经》吗？如果不讨论这些经典的话，有一个人敢说他知道儒家吗？

我认为，我们要对"儒学界"这个词做重新认识。原来我们所说的儒学界就天然地存在于中国哲学的研究里面。那我说，现在要认识到的是，中国哲学界研究儒学的人并非天然地就是儒学界，他只是儒学界的一部分。当然，我这样说又会被很多人批评为太注重制度。但是你研究传统的儒学，却不注重儒学在政治、秩序这些领域中的作用，不注重经学，不注重经典在传统学术体系里面的特殊地位，拿一本《论语》就说是做儒学，这就有些说不过去了。《论语》肯定是特别重要的文本，但你要知道，儒学文本原来是六经或五经，《论语》成为定本、《孟子》列入经典都不早。

对儒学这样的一个问题而言，学科化对它是一个灾难，它就是被割裂的对象。所以很多人对蔡元培先生将经典学科化有这样那样的评价，就是从这个角度来讲的。他把《诗经》分到中文系，把《春秋》分到历史系，把《周易》分到哲学系。这样的分法，在当时有他的理由，理由就是大学不是宣传价值观的，大学就是做公平客观的研究的。但如果对象就是充满了价值的，你对它进行公平客观的研究，反而是"不客观"。

我当然同意陈来老师说的，20世纪就儒家哲学研究来讲是有很大推进的，但是在实践层面、在秩序层面有欠缺。前几周我去曲阜讨论今年秋天孔子释奠礼该如何进行的问题，说实在的，现在我们连如何礼敬孔子都不会了。这就是一个现实啊。这个不能怪中国哲学学科，学科化是一个趋势，这个是全球性的趋势，但是一定要认识到学科化的局限，我觉得北大教务部推行通识教育可能就有这个考虑。

Q：我们注意到，您一方面在对康有为、章太炎的研究中强调其较之后的学者更多地得到了经典的浸润，一方面也主编了《经学研究》辑刊。我们想知道，您为何在思想研究的同时，也会强调经学研究的重要性？而对于康、章等人的经典解释，您又如何评价呢？

A：只有研究了近代的人物才会更深刻地知道经学的重要性，因为这些人处于经学和科学冲突的关键时期。对于儒学研究而言，或者说对于思想而言，是你怎么看待那些经典。对待经典的态度是现在儒学研究的特别大的问题。这或者可以把问题分成两部分。一部分是说，对儒学进行对象化的研究也没有问题，就像宗教哲学家对神学的研究一样。但另外一种是说，有一部分人是相信的，他们认为经典就不是对象性的，它讲的就是常道。这是完全不同的态度。

对于康、章这些人的研究，对他们那个时候来讲，比方说《新学伪经考》《孔子改制考》这些著作是必然会有的。社会变革的时候，寻求合法性的依据的时候，他会从经典中去寻找。现在要做一个变革的时候，我们除了现实的需要以外，依然会寻求经典的支持。当然了，这里面不纯是儒家经典。

不过，康有为也好，章太炎也好，经典当然是他们的一个问题。所以他俩的争论，比方说我经常会讲的《驳康有为论革命书》，你看他背后的依据，如果不了解他的经学问题，你根本不知道他们是怎么争论为什么要革命，为什么要反对革命的。对他们而言，争论背后的依据都是经典，是不同经学立场之间的争议。这就是言必有据，言之才能成理。我自己比较多的是研究儒学，研究儒学的人如果对经学不了解，那他很快就会失去对儒家问题思考的基础。对经学的了解，是思考儒学问题的基础。

那么很多人可能会说，要去理解古代的儒学可能会这样，那么研究现代的儒学是否还需要经学的依据呢？这个就是目前所要面对的问题。现在的确有个争议很大的问题：活在当下，我们对经典应该怎么看？这就是比较复杂的问题了。首先，这个社会里面，如果有一群人自称是儒家，自称继承了儒家的精神脉络往下走，但是这群人又是没有读过经的，你会认可他们的身份吗？

《经学研究》主要是陈壁生老师在编。不过，我们一起编这个杂志，是有一个共同的想法，其实还是考虑到了现代人要重新思考经典对于我们现代中国的意义，认为经典的问题就是摆在儒学面前的一个根本性的问题。

Q：您认为，在当下的中国语境中，儒家能否重新展开制度化的进程？如果能够，这一进程需要坚持何种真正儒家性的内容？这一进程会面临什么困难？

A：最大的困难，是这个社会了解儒家的人太少了。看上去儒学的声音似乎很多，但认真了解儒学，真正拿儒学当回事的人没那么多。多的是哗众取宠的人。我觉得这是这一进程中最大的困难。

儒学制度化的解体，一个原因可能就是西方制度和西方价值的传入。我们一度确信儒学是中国发展的障碍。

梳理一下，可以从两方面来讲。原先我们有一个比较极端的认识，用以前领导人喜欢说的一句话就是"打扫干净屋子再请客"——我们把西方也好，把苏联也好，都当做客人。如果我们一定要从这个比喻出发的话，扫清屋子只是扫这个屋子里的灰尘，但事实上我们是把桌椅板凳茶杯都扫掉了才请客人的，是拿一个空屋子来请客，儒家和其他传统文化的内容就是这些被扫掉的内容。因为我们认为要扫清屋子再请客，但结果是我们的客人也没有真正安顿下来。因为你没有自己的桌椅板凳，那客人坐哪？这个比喻我觉得还是可以用的。原先最大的问题是，在扫灰尘的时候，把桌椅板凳都扫掉了，以至于那些外来的思想找不着在中国的思想土壤中待的地方。

张岱年先生有一个比喻，我有时也喜欢用，他说栽花的时候要有自己的土，不能直接就把花摘来了，因为你是不可能把外国的土和花都直接移过来的。既然是文化的交流，它必然要栽到你的土里。所以张岱年先生说，只有花盆越大，土越肥，花才能长得更好。在理论上也好，价值上也好，我们现在已经明白，外来的文化要建立在中国自身的传统、自身的价值的基础上。

对于儒家能否重新展开制度化的进程，我是这样看的：现在我们不是在主张要走中国道路吗？那中国道路中的"中国"两个字怎么定义呢？任何一种定义"中国"的方式都必须有儒家这个因素在里面。那么走中国道路，就是要建立有中国特色的制度、政治、社会的体系。中国道路的提出就意味着儒家制度化的一种方式的重新展开。

具体地讲，我认为现在有很多好的苗头，比方说乡村儒学、乡贤文化，这不就是儒家在基层文化里重新制度化的表现么？高层建设现在暂时还说不上，但是我觉得种种国家礼仪的建设难道不是一种吗？比方说，国家承认的祭孔仪式。或者像孔子学院，孔子符号作为一个文化资本在推行，这个自然也是儒学的制度化。孔子说"必也正名乎"，我们有了名才会发现名里面缺东西，有了孔子学院以后才会把许多内容灌输进去。

Q：在现代中国，儒家的制度化进程是否会面临困难？在政治安排上，王道政治与现实中国的制度是否冲突？在生活秩序上，儒家亲亲尊尊的思想与现代个人主义的人人平等思想是否兼容？

A：困难确实有，也很大。但是在制度安排上，王道政治和现实制度并不冲突。王道政治就是"仁政"，是关心民本、民意的政治。我们现实的政治制度当中应该有这种精神，所以根本上就是不冲突的。另外，在生活秩序上，其实很多人错误地理解了人人平等。从儒家整体的政治观念来讲，当然我们比较多讨论"差等"的秩序，但是儒家也讲"亲亲、仁民、爱物"。人格的平等，是权利上的平等；亲亲是讨论另一个角度，比方说你在家里，或者你在具体的社群里面，你有你的角色、你的身份。

传统社会可能比较多地强调了由角色所带来的差异，也引申出了因角色差异所导致的权力不平等。我之所以认为它的冲突不是那么强，原因就在于，儒学传统里面也处理门内、门外的问题。在公共空间里面可以有一种更强的平等观念或价值，但人又不是一直生活在公共空间或环境里，人是生活在具体的环境中的，儒家会教育我们如何处理跟周边人的关系，如何处理好自己的角色，如何处理好自己的责任。

现在的问题是，现代儒家学者有没有能力来让儒学和现代社会兼容，而不能把责任推到孔孟荀身上。世界上各大思想都在发展，儒学当然也面临发展的问题。我特别喜欢一句话，我还是愿意拿出来作结尾：我们现在是一个"需要巨人而遍地侏儒"的时代。从现实的三千年大变局的历史处境来讲，我们特别需要出现一个思想的巨人，但巨人并没有出现，他或者是被环境压制的，或者是被物欲冲刷的。所以采用一个比较儒学化的表述的话，我期待一个新的董仲舒或者朱熹出现。

博雅 GE 微访谈
经典阅读与生命体验[①]

渠敬东

对话通识教育

Q：这学期您的"现代西方社会思想"课程是北大通识教育核心课之一，那么您理解的通识教育是怎样的呢？

A：通识教育吧，你要是熟悉西方教育史，就知道它其实是一个非常普通的事情，不是非常了不起的一件事。简单来讲，对西方而言，我知道从加洛林王朝、文艺复兴的时候就开始有 liberal arts 的萌芽了。Liberal arts 不能完全等同于通识教育，但是它的基本构型还是这个。那么通识教育是什么意思呢？就是在现代意义上怎么能够培养一个比较成熟的人。这个人不完全是身体的，还有他对于自己生活的认识、对自己的认识、对整个世界的认识，当然整个世界不是那么虚的，而是说包括我们对整个世界的感受，特别是对我们共同生活的这些人，共同构成的各种共同体的认识。这些都是我们每个人的生活离不开的，所以通识教育简单来讲就是这样。我一直觉得通识教育的目的不是学习高深知识，因为如果你熟悉爱弥尔·涂尔干（Emile Durkheim）写的那本书，你就能明白，其实通识教育就是中等教育，不是高深知识的学问。

那么一个人怎么样能进到完整生活的面貌中去呢？这当然就有好多面向。比如说怎么认识自己，这就有各种方式，比如在中国传统社会里边"身体发肤受之父母"，认识自己就是要认识在整个家庭，或者说宗

[①] 课程名称：现代西方社会思想；受访者所在院系：社会学系；访谈时间：2017 年 3 月 11 日。

法中自己的位置，所以人伦就特别重要。对西方而言，这在不同时期也不一样，比如说在基督教比较标准的时期，他就要回答：我最终的归宿在哪里，我该怎么理解，通过什么途径？这个在不同时代都不一样。到了近代，无论是笛卡尔还是霍布斯，关注的都是：在新的处境中人们怎么理解自己，人们在返回到自己感受性的理解之后，怎么一层层理解构成我们生活的内容？我觉得，简单来说这就是通识教育的目标。

怎么能做到这一点呢？首先，我们要有思考的习惯，这也不是说自己瞎琢磨，而是无论中西它都一直有一些脉络能让你不断思考，去获得这样的基础。所以我们要阅读经典嘛。思考也分好几种，比如说，我们可以基于我们的人性从感觉出发，在感受这个世界的过程中一层一层地思考。我们从感受一直到理解、分析、判断，所以我们就要读这些书，训练我们思考的书。

其次，我们还要知道生活中那些东西的来龙去脉，它是怎么一步一步变成今天的样子，它们以前是什么样子的。我们自己也如此，比如我经常跟女同学说，在几百年前你们连念书的机会都没有，更别谈通识教育。我们今天遇到的各种制度，甚至在学校念书，这也不是自古以来就有啊。所以我说，生活里周遭世界的来龙去脉也非常重要，也就是说，历史很重要。

最后，光知道来龙去脉也不行，你还要知道现实生活中我们怎么感受、怎么了解。比如师生关系也不能纯粹用某个时代的定义来规定，还得基于当下生活的感受。所以我们用社会科学的方式来理解当下生活也变得非常重要。你对现实生活有感受、有体会，知道发生了什么、正在发生什么也很重要。换句话说，经验也很重要。我们今天很多学生读了一大堆圣贤书，最后到生活世界里面一点儿经验都没有，觉得自己高高在上，其实什么也不是。所以我认为通识教育要培养大体上完整的人，这三个层面是不可缺少的。

我们现在的学科设置也有这些问题，比如说，有的学科让我们仅仅陷于琐碎的学问里的时候，我们就不知道思考；有的学科却只教你怎么思考，但是不让你知道所有的 reality 里这些实在的东西；而有的时候纯社会科学只知道现实的东西，但是根本不知道它的来源和它的基础在哪里。所以我认为，在这个意义上通识教育是有意义的。

但是有意义的事情也必然有危险，我认为这三个维度缺一不可。我们今天的很多通识教育在我理解中也都是有欠缺有偏颇的。比如我举个例子，我认为只读经典就不是一个好的通识教育。

Q：您刚刚提到，只读经典并不是一个好的通识教育，而您这学期的这门课要求阅读《爱弥儿》《道德情感论》《资本论（第一卷）》和《职业伦理与公民道德》这四本"大书"。这四本书本身都并不好读，而如此大的阅读量对于文本的精细理解也是一个挑战，您这样的课程设计是出于什么样的考虑呢？

A：我觉得你刚才提的这个问题对我起码产生了两点质疑。第一个是，刚才说只读经典不行，那为啥上经典课呀？第二个是经典要好好读，那为啥要四本啊？

第一点，经典课是必须要上的，我没说不上经典。比如说，要是按我理解的通识教育，我们就第一要加大历史的内容，第二要加大研究社会的内容。我们一方面要读圣贤书，另一方面做一做调查也没有什么不好的。我大概的意思还是，经典只是一部分，这门课要求上经典，那么我们就讲经典。

第二点呢，这四本书其实也不完整，千万不要认为读完这四本书你就了解了西方社会思想啦。这四本书也就是四扇窗户。如果读一本书呢，这扇窗户就全打开了，要是读四本书呢，窗户就都半掩着。所以我的理解，这门课读四本书也就是开了四扇半掩着的窗户，真正完全打开还是要靠你们自己。通识教育不能总指望课程。

但是为什么要读这四本书呢？第一，让－雅克·卢梭（Jean-Jacques Rousseau）是一个开端。其实上学期吴飞老师也讲了，但是我和吴老师的面向可能不一样。其实我和吴老师也有一个内在的配合，就是一本书有各种不同的读法，所以经典不会给你答案。

有人读了柏拉图《理想国》就觉得政治事业是最伟大的，有人读了托马斯·霍布斯（Thomas Hobbes）就觉得这是天底下最了不起的人，这样的理解当然是成问题的。我的意思是，通识教育的目的是让人更朴素地理解自己的生活，不是拽着头发把自己拔起来，最后摔得可惨啦。通识教育的危险也在这里。我的意思也很简单，就是我们念书要念出我们的感受和经验来。我们的感受和经验从哪里来呢？还是来自我们对历史和经验的了解，所以这是相辅相成的。

　　这门课就读这四本书，我坦率地讲这四本书我也讲不好，各方面都有限制。所以书要大家慢慢读，人一辈子一本经典要读五六遍呢，慢慢来呗。但是五六遍是不一样的，人生阅历不一样，读出来的东西也不一样。所以我的意思就是，对经典要有敬畏感，同时也要有亲切感。否则的话，你会来一句："哟，卢梭说得好，读书是害人的！"

　　我这门课选的文本还是偏人的感受性的东西，比如《爱弥儿》是卢梭写的内容中不那么抽象的；亚当·斯密，我们一般来讲都从经济的面向理解他，但是我们要从人心的面向理解他，这是我们选择《道德情感论》的考虑。马克思呢，是因为到了工业社会和科学时代之后，人发生了一个结构性的变化，所以人的结构的压抑感特别强，用马克思的话说就是剥夺感特别强。这和亚当·斯密的时代，和卢梭的时代都不一样。就像你们，我上大学的时候，我没觉得多压抑啊，也没有想将来找什么工作，很多同学都天天晃啊晃；可你们不一样，你们得考虑绩点，绩点决定你们的命运啊，你们就面临巨大无比的压抑和剥夺。所以我们选择马克思的《资本论》，我们就是要看一看这个体系是什么样的。涂尔干呢，也同样面对这个问题，只不过他走出了另外一条道路。在同样的处境里面，其实不同的思想家的感受和想找的出路也不一样。所以我说思考都是自然的，两个人面对一件事儿不一定有一样的感受。感受可以不一样，但是感受的丰厚度却是需要培养的。所以我觉得大学主要的目标还是培养一个人，到了研究生阶段就培养他这个人将来能够吃饭挣钱的能力或者他能为事业奋斗的能力。

　　Q：您在课上一直批评当下的绩点制度，认为学生不该为此奔忙，应当沉下心来读书，但是另一方面大家的确面临绩点的困惑。该如何平衡？您一直说本科生写论文是早熟的表现，那么对现在的学生来说，一个正确的学术次第是什么？怎么做到和外在的种种要求平衡？

　　A：这个问题特别容易回答。你想，如果取消绩点，这样你不就有自己的空间可以读书了，也不用再和别人比较了吗？那你说，取消了绩点我们还怎么保研呀？我觉得，申请保送的话你可以写一个sample，我们几个老师看看你的学习能力、感受能力、研究能力，这还不是一样可以评判你吗？至于你问像现在在有绩点的情况下该怎么办，你们别太在乎绩点就可以嘛。我和你们说一句话，记住：越在乎绩点的学生越没有出息。因为这注定了他一辈子都需要用外在的方式来要求自己。人一辈子就活这一回，何不潇洒一点呢？

至于写论文，像我说的，本科主要是为了培养人，不是以研究为目标的。像本科生写 sample 是说什么呢，就是你用文字探讨一个历史上的、理论上的或者现实中的问题，但是这个问题却特别有伸展的空间，而你通过本科的训练一点点去理解它，这就是一个 sample。这不是论文，论文是要用一套证据来说出一个结论的，但是我觉得这不是对本科生的要求。这个结论是没意义的，这个过程才是有意义的。一个人长得那么快干什么呢？慢一点才有乐趣嘛。你们都太急了。你们现在大多数人刚入校想的是 45 岁以后的事，比如说职业规划啊，怎么结婚啊，按揭怎么还啊，这样你就交代给社会了。现在你们有绩点，绩点就如同按揭。什么意思呢？你现在按揭了，一辈子的理想就是 20 年之后把钱还了，你没啥别的理想了。这个时候你也不敢跳槽，换个工作，也不敢出去游览，连念书也觉得耽误时间，就怕被开除了怎么办。所以我的意思是说，按揭决定你们的命运，绩点也决定你们的命运。大学时候看着绩点，一毕业以后就按揭，那么人生就完了。

这个东西，它的确是外在必然性的限制，这是一个时代的问题，也是一个世界的问题。你永远跳不出这个时代。人永远都是受制于外在必然性的，但是那些特别有创造力的人，活得很有乐趣的人不也面临外在的必然性吗？费孝通在战乱之中，书都不太好读；陈寅恪开始写的书稿都丢了。他们面临的外在必然性大还是你面临的外在必然性大呀？外在必然性不是解释的理由，外在必然性并不能代表你。

经典阅读与社会思想

Q：此一系列通识课程被称作"西方政治哲学系列"，而您所讲授的则是"社会思想"，您认为社会思想与政治哲学之间的一致性与差异性表现在哪里呢？这种差异在具体的阅读与分析中又体现为怎样的不同呢？

A：我认为就对西方文明的理解来讲没什么差异性，因为这是这个文明系统一直发育出来的,这方面我觉得没有什么差异性。某种意义上,我们课程的四段构成了西方文明发展的一个内在的线索。在这点上没有差异性,是前后有关联的。但是也是有差异的,因为就像不同的历史时代有着不同的逻辑一样,不同的时代,无论是世道的变化、人们的感情、人心,还是我们对它们的思考和理解,都有可能有不一样的地方。这样来说社会的理解确实是晚近发展出来的一种理解方式。就这方面而言确实是不一样的,因为社会的理解不能完全等同于政治的理解,但是问题是一以贯之的,只是在不同的时代里我们的依据,或者所找到的路向是不一样的。

在这一点上我觉得通识教育就是要打破学科之间的划分。所以说这四门课,如果一开始你就说李猛的课是古典学,吴飞的课是神学,吴增定的课是政治哲学,我这门课是社会学,这么说也没错,但是不中要害。这并不能帮助我们理解这件事。相反,我觉得也许我们从社会的角度理解倒是有些神学的味道,而政治的理解倒有可能有些重新利用古典的味道。我想,在这方面恐怕我们要跳出刻板的理解方式,我们其实是完全相关的,只是刻画了文明发育不同时期的不同方式。

Q:您这门课所处理的第一个文本是《爱弥儿》,它所直接言说的是教育的问题。而您也一直在从事教育思想的研究,您认为教育理论这样一个特殊的领域在政治或者社会思想中处于一个什么位置呢?它对于我们理解世界与社会又有怎样的意义?

A:跟我刚才说的一样,教育的问题完全可以替换成政治或者社会,我一直以来想问题的方式就是总想去理解一些总的问题的处境。比如我理解教育,一定不能只在教育学的意义上来理解,就像你理解政治也不能只在政治学的意义上来理解一样,所以在这个意义上《爱弥儿》中的教育或者我们关心的教育不是和别的并立或者分割、附属的范畴,它就是一个总范畴。我一直觉得,不同的学问就是理解整体的方式不同而已,而不是整体分割的不同单元。所以你可以说《爱弥儿》是一部教育学著作,也可以认为它是一部社会学著作、一部政治学著作,还可以把它看作一部神学著作。

Q:您在课上提到,我们现阶段读书不应该一味地追求阅读那些所谓厉害的作品,而要阅读那些真正和我们有着关联,我们有所经验、体

悟的作品。可是如果不进入学问自身的理路，打开理论的视野，很多问题我们似乎是很难通过经验体会到的，而且可能会在自己不恰当的经验牵涉中误解了理论。您怎样看待这个问题呢？

A：首先，你看人的历史上，无论中西或者其他不同文明，书是怎么写出来的？比如说，这些最重要的人文的或者讲人的、讲社会政治的作品，一般都不是人特别年轻的时候写出来的，这就意味着无论是时代还是个人经历都有起伏、变化、危机，它是历练无数才凝结出的作品。比如《论法的精神》，孟德斯鸠用了多久才写出来的呢？我反问你，你20岁年纪轻轻读得懂吗？你说读得懂，我也不相信。我一直说，经典不是只为年轻人准备的，如果一个民族有好的阅读习惯的话，经典往往是为各个年龄段的人准备的。所以我现在觉得特别莫名其妙，好像是大学读了这本经典，就好像找到了人生的支柱，以后就不用读了似的。所以我说，你的人生如果没有体会和历练，读那些用心血凝结出来的作品的时候，要保持谦虚敬畏的态度，它好不好不是你来评价的。

所以我认为，在人的不同成长期读不同的书是重要的，这是一个学问，而不是好像北大要做通识教育，然后就把世界上最好的书都砸给你。读得越多越残废。往往是心气高了，手脚都跟不上，心力也跟不上。

Q：所以我们在没有人生的体会和历练的时候，该怎么读这些书呢？

A：选书特别重要，比如柏拉图的《理想国》就很好，《理想国》就是慢慢进入讨论的方式，《爱弥儿》也挺好的。我的意思是说，你到了一定时候总能感受到生活的实质问题。这时候，能调动你的书才是好的。我一直不相信为了什么崇高的理想去较劲。哪有那么多天才呀。大家都是正常人，就按照正常人的节奏来学习就好。

我也没有觉得我课上讲的都特别匹配，比如涂尔干的书并不是特别匹配。但是有了马克思的准备，涂尔干会更容易进入。你们现在应该读的书，最好是既能调动你的经验，同时又能往前走一步，能勾出你的想象的。也就是说，离你很近但又稍微远一点，然而也不能太远。我一直觉得，绝对不能拔苗助长。

个人经历

Q：在这学期讲授的这些思想家中，您最喜欢哪一个呢？原因是什么呢？

A：我都喜欢。

读书有很多目的，总的目的我刚才说了，通识教育是培养人的目的。但是培养人有好多，第一要调动你的生活经验，第二你要知道思考的脉络，第三要扩展你的眼界。比如你一个人，如果只关心生活周遭的小事，跟你讲讲政治，你的眼界就调开了。此外还要关心更多的人，如果读神学的著作，你就知道整个世界跟我是有关系的。所以读书是这样，三方面都很重要：自己的经验，历史的脉络，另外一个就是我说的理论——我们对于完整世界的把握和想象。

这些书都是如此。比如《爱弥儿》，爱弥儿从婴儿到结婚、成为公民、离婚、被人抓为奴隶，是一个特别完整的经验过程，虽然离婚、出轨、被当成奴隶都是极端的人生体验，但是我们可以调动处于极端状态的视野来进行思考。同样，亚当·斯密的书也是一个非常自然的方式，比如它的起点是，我们作为一个社会中的人怎么跟别人有一种情感连带？比如别人受苦、陷入忧愁，我就会同情他，同情会带给我一种更舒服的感受，它会一层一层地从身边的人达到更远的我想象中的人。所以它是一层一层的，这个就特别容易引起你的同感。马克思也讲身边的事，我上课也会讲，比如你今天去工厂，特别是制造业，你一下就知道马克思在讲什么。所以它一定在某种意义上会反射你自己的生活经验和经历，只是他们各自用的概念、语言和思维方式不太一样而已。涂尔干也差不多，我就不一个个回答了。所以最好的书就是讲你的书，就是把你讲开，讲开到你和同一个时代的人能同情共感。

Q：您能和我们分享一下您的治学经历吗？比如您本科读的是社会学，为什么硕士选择读哲学，而读博士时又回到了社会学呢？

A：这个问题没有意义。本质上来说，我在读社会学的时候读的是哲学，读哲学的时候读的又是社会学。其实这在于我一直关心身边的这些问题——就是让我学经济学，我也还是想这些事，虽然会有影响，但是大体不会变。

博雅 GE 微访谈
在电影内外寻获看见世界的目光①

戴锦华

关于通识教育

Q：您开设的"影片精读"课程是北大通识教育核心课之一，那么您理解的通识教育是怎样的？您今年（2016年秋季）的课程设计是否特意考虑了通识教育的思路呢？

A：我认为通识教育不在于传授专门的知识，而在于培养大家独立思考的精神，同时尝试传授一种人文传统。也就是说，我们的中心是作为乌托邦理念和冲动的自由精神与独立思考，面对复杂的社会现实做出自己的选择的能力。对我来说，这大概就是通识教育的关键。

Q：在上课过程中，学生的多元专业背景对您构成挑战了吗，您如何平衡学术水准与非专业学生这两者的关系？

A：事实上，正是第一次在北大开设"影片精读"通选课后，我恢复了对本科生教学的热情。吸引我的是本科生的可塑性和学科的多元背景，他们正处在思想的形成时期，和他们进行思想的交流和互动，我可以清楚地体验到自己工作的意义。当然，我也会遭到"抵制"，但这抵制自身最有趣，它帮我理解今天的青年和今天的世界。所谓专业化，我始终认为它利弊同大。

Q：您的"影片精读"课不是每年都开设，那么不同时间开设这门课，您是否会对这门课进行调整？长时间开设这门课，您最深的体会是什么？

A：不论是我多么熟悉的课，我重开时都会大幅调整：会调整影片

---

① 课程名称：影片精读；受访者所在院系：中国语言文学系；访谈时间：2016年10月21日。

的选目，但更多是调整阐释与分享的重点。这样做，一是希望放进我最新的思考，同时，也是把电影文本置于我们的时代，和大家分享我对时代的思考。所以，我最喜欢这个课的原因是，很多同学通过这门课开始热爱电影，或者更爱电影；更重要的是，大家不再单纯是为了娱乐而看电影，而是能通过电影了解世界、了解这个时代。

Q：您认为当代中国的电影教育，尤其是大学阶段的电影教育问题是什么？通识教育对解决这些问题能否有所贡献？

A：这是一个非常难回答的问题。总体看来，高度专业化是今天全球大学都面临的严重问题，某种意义上说，我们已远远背离、至少是搁置了我们曾拥有的大学理念和教育精神。我们已经不再讨论大学何为，而是基本上以培养各类的专业人士为目的。但我理解的大学精神不应该是这样的。所以我觉得过度专业化不只是电影教育自身面临的问题，而是整个大学教育的问题。

具体到电影，有几个特别突出的例子。譬如法国电影新浪潮中，有大量的非专业者的参与，新浪潮的"三个火枪手"当中至少有两个影评人是完全没有受过专业教育的，而只是爱电影的人。另一个突出的例子是新好莱坞，其主讲基本都是大学人文学科而非电影专业的学生，完全打破了好莱坞专业化的、师徒相继的历史。他们刷新了好莱坞，也挽救了好莱坞，今天他们当中好多人都成了好莱坞产业的支柱性的导演。弗朗索瓦·特吕弗（Francois Truffaut）有一个好玩的说法："要学会当一个电影导演需要多长时间？三天。"费德里科·费里尼（Federico Fellini）说得更有趣："当你拿起导演话筒开始说粗话时，你就是电影导演了。"当然，这些都是调侃的说法。对电影来说，虽然专业教育是必须的，但我们更需要人文的准备、思想的准备，因为说到底，电影是艺术，而非单纯的工业制品和商业制品。

电影教育与文化研究

Q：您曾说过，我们生活在一个"被扁平化、被取消和压缩了历史空间"的时代。中国现代电影的主流叙事对新中国成立后历史的书写与近几十年来中国经济社会的发展一同造成了我们与过去的某种断裂。黑白电影与那段历史大多只留存于中老年观众的记忆里,年轻一代却少有人了解中国早期电影,中国电影史教育似乎也长期处于边缘,但事实上,那段历史的重要性不可小觑。您如何看待这一现象?这是否意味着中国电影史教育是需要重视的?

A:我认同这个观点。在世界范围内,电影都是民族记忆的重要组成部分。电影不仅讲述故事,它还是我们的生活史、文化史、影像史,是一种迷人的记忆载体。而我们对我们自己电影历史的无知和缺残,正是我们自己历史记忆断裂残缺的表征。美国自不必说——可以说,好莱坞电影创造了美国历史,制造了美国梦乃至美国精神。而法国人不仅视电影为民族骄傲,而且法国文化部门数十年来不断将法国电影史上的重要影片不断包装、全球发行,那无疑也正是对其民族记忆的一次次唤醒。不久前我重访长春电影制片厂(应该说遗址),尽管图片展始料未及地触动了我童年、少年时代尘封的记忆,然而我同时发现集团的电影主题公园里放映的竟是迪士尼卡通主题。真的很悲哀。不用说早期中国电影记述的是中国文化现代化的曲折印记,20世纪30年代中国电影第一个高峰直接标举了中国历史转折:在20年代中国社会性的大讨论之后,思想界整体"向左转";并且它还在电影中确立了某种社会视野和道德表述。其中的苦难与受苦人被赋予道德高度,由此展露了社会中的多数人,在情感上,进而在认知层面上改写昔日依据政治精英意识做出的社会选择。而战后的40年代,电影事实上成了抉择未来新中国代表权的战场。不错,被断裂的历史从不会消失,它还是你呼吸的空气,你喝下去的水,你身体里携带的无憾铭文。但如果你不能获得自觉的认知,那么它就只能在遗忘中沉睡。

Q:现在的微信公众号、知乎、豆瓣等社交平台上有相当多关于电影的讨论。您认为,作为观众,我们是否应该具备某些电影素养?

A:电影没有门槛。最烂的玩笑是,猫都会看电影,何况人乎?但我也会采用"非观众"的说法。调查显示,现在大多数人是以度假、"kill time"的态度、以进入商城那样的空间的状态去看电影。在这种情况下,电影成了浩如烟海的消费形式中的一种,就像是在"买一盒哈根达斯冰激凌和看一场电影"中的偶然选择。观众不是对电影怀有某种预期和期待,不是想从商业电影中得到某种娱乐、快感,更不是想追寻某个导演、某个作家,也就是说,不是追求电影的内部因素,看电影只是与其他多元的消费行为平行的偶然选择。而这种观众的选择本身就是假象。因为这些观众没有任何电影积累,也没有任何关于电影本身、不管是多么朴素的愿望,所以他们其实没有选择,而是被电影选择的,只有那些排片量最高的、影院热映的、一抬头就看见的影片最可能成为他们的选项。

当然,我也不担心。这些观众只要继续看下去,他们慢慢会成为"电影观众"。所以我不会要求观众。只要有一个多元选择的环境,观众能够做出选择,他们相对于电影市场的正面力量就会表现出来。我非常不喜欢一个说法,是某些制片人说:"只有'90后'看电影,我只为'90后'拍片。"这样的说法在商业意义上也是愚蠢的,因为他们必须真的要为大多数人拍电影,才可能有更大的市场、更高的票房、更高的收益。况且那些声称自己为"90后"拍摄的人也不一定真的能捕捉"90后",因为中国社会在城乡、东西部等方面都面临着很大的分化,所以你不可能用"90后""80后"这种标签来把握中国土地上的人群——你以为自己取悦了这些观众,但我想,没有人会轻易地被一种取悦他的公式完全覆盖。所以这是中国电影业不成熟的标志。如果中国电影业够成熟,我们可以分众,为不同的观众拍摄不同的电影,但是现在有些导演是事先想象了一个观众的主体,这说明中国电影在商业和工业上都不成熟。

Q:当代文学对中国古典资源的运用现在被作为一个重要文化现象提出。比如,贺桂梅老师认为,毛泽东时代的文学作品就强调对中国古典资源的运用;而研究网络文学的邵燕君老师认为,我国文学作品对古典资源的运用在经历了20世纪40年代到80年代的被压抑后,才在今天通过网络井喷,在网络文学中迸发出来了。那么在电影领域,创作者可否运用中国古典资源去形成电影的井喷?对电影的古典阐释对我们是否有正面的影响?

A:这其实是个复杂问题。如果我猜得对,贺老师和邵老师的命题已然形成了有趣的对话。尽管她们都在谈古典资源,但这同一名词指称着极为不同的时代与文化现象,有着极为不同的对话对象。我猜,贺老师的对话对象是80年代以来的社会主流话语与历史想象。而邵老师着眼的则是勾勒网络写作中的新类型涌现，诸如修仙、仙侠、玄幻、武侠，其中充满了古典文学与文化的素材或曰表象；诸如《山海经》蓦然成为某种意义上的核心文本，甚至是流行文本。这在50年代到80年代的文学写作中曾全无踪迹。问题是，她们所讨论的、提请的是何种中国古典资源？或者何为中国古典资源和文化传统？我以为我们应当细查和区分。

当我们说中国历史、文化传统或资源时，我们应该意识到，中国是具有数千年连续的文明历史的国家，我们的历史和文化经历过不断的蜕变和发展。比如，儒释道是否代表了传统文化的全部？（且不论其自身及相对位置和关系也经历过剧变。）或诸子百家的意义与位置何在？或50年代到70年代凸显出的、潜在而绵长的另类文化传统："王侯将相宁有种乎？""待到秋来九月八，我花开后百花杀。"——反抗、造反的历史文化传统。在我看来，充满在50年代到70年代中国文化中的，正是类似经历革命文化凸显和改写的另类传统和资源。当然，毛泽东原本便是跨越在"五四"文化裂谷上的那一代人，他们和传统与现代有着血缘、身体性的连接和撕扯。而在我看来，网络写作更直接的源头其实是现代中国转型和过渡时期出现的通俗类型。比如谈到武侠小说，我们一定会追溯到金庸、古龙、梁羽生，再到平江不肖生，当然一定可以再上溯到《三侠五义》《七剑十三侠》……进而一步步追索到唐传奇，乃至《史记》《左传》《春秋》。然而，类似回溯更多是某种学术话语的建构，一种弥合或遮掩文化断裂的努力。今日武侠写作的源头显然是平江不肖生，而非《三侠五义》或《聂隐娘》们；因为在清末民初，武侠写作已是"新派"，是某种标准的现代通俗文类。因为这一文类率先处理个人，书写成长故事，书写个人与社群/社会的关系。所以郭靖、杨过才"深得我心"。金庸的典型意味，在于他的男主人公都是不同意义上的孤儿，我也曾开玩笑说是"认贼作父，指父为贼"的孤儿，父子关系与个人成长指涉的正是在文化现代化过程中的新人/个人。再比如，今日网络类型——修仙/仙侠/玄幻中的世界设定其实来自游戏，而不是道教传统。所以这的确是为工农兵文艺所否决的通俗文类及其写作的井喷。确实，90年代后期开始，在网络上写作或通过网络进入文学视野的作家，相对于前代有着突出的古典文化修养。然而，在我的观察中，这一差异更多地出自具体的历史情境。80、90年代之交，中国社会的震荡，一度造成了某种社会文化"真空"。对于在这份"真空"中成长的一代人，古典文化（及后来成为小资经典的序列）一度成了重要的"填充材料"。因此这份传统文化的良好修养与充盈，同时伴随着中国当代文化逻辑与记忆的缺失或变形。这也许是网络写作主流中不可动摇的现实与秩序的铁律的由来。

今天我们谈中国传统文化资源，必须意识到百年文化现代化的成功与失败，意识到不同知识型间的转换与隔绝，意识到这一传统和资源的多元、多样和杂芜。所谓文化自觉，是重新确认现代中国文化主体的自觉。伴随着中国的崛起，每一个当代中国人开始自觉去反观、去体认中国文化。当我们不再简单地以西方现代主义解释中国文化的特殊或普遍，我们要发掘的则是在多元的中国文化中能为人类所共享的、提供新的可能性的资源；同时，这不是一次粗暴的换位游戏：当我们不再言必称希腊、莎士比亚，而代之以言必称孔子、《红楼梦》，我们便事实上陷落于西方式文明等级论的陷阱之中。真正重要的问题在于，我们的文明曾经被摧毁、被压抑，现在，我们获得了新的高度。如何在文化的反思中重新认识我们的古典资源？我认为"五四"的最伟大的文化遗产是我们敢于自我否定、自我批评的精神，这是我们讨论文化传统与中国资源的前提。

中国电影如果要与好莱坞竞争、分享国际市场，这份文化自觉与主体是充分必要的内涵。达成这一点，我们需要时间，我们需要空间，也需要自觉参与推进的文化进程。

Q：您一直关注对20世纪60年代这段历史的重新理解。鲍勃·迪伦（Bob Dylan）是那个时代对主流文化反抗的一个象征，如今他获得了诺贝尔奖，是否意味着现时代对60年代的反思和重新定位呢？电影改写了我们对艺术的认识，他作为音乐人获得文学奖，这又会如何改变我们对文学、对艺术的认识呢？

A：不用高估诺贝尔奖。我喜爱鲍勃·迪伦，他获得任何奖项我都很高兴。但这个问题对我来说不好回答。有几个层面：首先，20世纪中期有一个很大的问题："文学是什么？"对电影的讨论也始终伴随着这个本体论的问题。如果这个问题本身成了问题，那么迪伦获奖就不是问题。认为他获奖是问题的人其实认为存在一个本体。从另外一个意义上看,迪伦获奖并不意味着我们重新触摸60年代,刚好相反,我认为这是对他的安全封存,通过把反经典的60年代经典化,把反文化的60年代放到文化制高点上,以让它完全无害化。让迪伦和他那一代人,这些至今还具有颠覆力和威胁力的人不再有力量。如果有人说迪伦不配得诺贝尔奖,那么我要说是诺贝尔奖不配迪伦。诺贝尔奖在各个文学奖中的突出,也不是因为它对于文学的权威意义,主要是因为它的高额奖金。而且近些年来诺贝尔奖的布局——什么时候要一个亚洲人,什么时候要女人,什么时候要有色人种——这本身就是人类共同拥有的文学自身陷入困境的表达,迪伦的获奖也是一个困境的表达。所以我认为,迪伦的获奖是一种阴谋,是去驯服从未被驯服的那一代人的方式。

老师与电影的故事

Q:与文学创作相比,您自己也说,学术研究会枯燥一些,您为何选择走上学术的道路,而非艺术创作的道路?

A:我当时考入北大中文系是因为我想成为作家或者是诗人,尽管当时的中文系鼓励的是文学史研究,而不是培养作家。不过,我还是一直有我的文学梦想。我一直在做两件事,一个是大概从十一二岁开始一直在写诗,另外,我一直按着契诃夫的建议,每天写两三百字,描述一个情景或者人物或者对白,而且一定要有"原创感"。后来又发生了两个变化。第一件事是,23岁那一年——我已经到电影学院当了老师,有一天早上我发现我一行诗也写不出来,而且所有写诗的愿望都消失了。当时我看到一个诗人就问,你多大了?人家说26,我就开玩笑说他是真诗人。23岁以前,人人都是诗人,23岁以后还能写出诗的才是真诗人。我虽然写了很多年,但我始终没有写出过我心目中的诗。我明白自己没有特殊的诗歌创作才能,不论付出多少热爱和努力也无济于事。不介入电影创作的原因是,我不擅长做管理者,而电影导演一定是一个管理者,但我不喜欢管理别人。至于放弃文学创作,始于我认识到理论写作本身便是一种表意实践,它并不再按照19世纪的那种等级想象,仅仅是创作的附庸。相反,20世纪被人阅读最多的恰恰是福柯、拉康。理论写作对我而言可能是一种具有创造性的书写方式，也是我所擅长的写作方式。我也从未恪守所谓的学术写作规范，而是使得它对我来说成为一种创造性的书写路径。我对这个选择从未后悔。

Q：您的学术领域相当广泛，除电影研究外，还有性别研究、大众传媒研究，它们和您的电影研究间是如何相互影响的？您学术生涯中的错落与交汇，和什么样的生命经验有关？

A：某种意义上说，它们的联系是非常内在的，只是学科把它们分开了而已。1993年，我最后决定并且接受从电影学院来北大，本身包含了某种选择和放弃。当时，最困难的是我舍不下电影，舍不下电影学院。最终选择舍下，本身就一个原因。那个时候，我本来就不打算把电影当作专业性的终身事业，我不打算在电影专业领域成为一代宗师，这种可能性对我来说从来不是诱惑。但这种放弃对我而言本身还是很痛的，不是说我放弃了电影研究，而是放弃了在某个特定位置上可能具有的前景、资源。那个时候，文学研究中的性别研究对我来说只是一种过渡，是我的一种业余爱好，但我也希望通过研究女作家去谈性别、谈社会。

我也经常说，性别研究是我更内在的思考。总有人问我为什么搞性别研究，为什么我是个女性主义者，我说就是因为我长得太高了。这个不是不严肃，而是很内在的生命体验——我长得比一般男生都高，这个就使我从一般的性别秩序中被扔出去了。所以女性主义对我而言不是主义，这个对我而言是千千万万的女性共同面对的问题，是这个性别结构让我、让我们面临着这些问题。所以女性主义帮了我，帮我找到了自我生命的自信、确认。我的毕业论文写的是舒婷。写作的时候，我不是想研究女作家，而就是想要通过他们的诗歌分享个人的经验，来面对自己。对我来说，这就是一个内在的东西。所以《涉渡之舟》就成了让我自己的生命能够过渡的作品。

之后，我就重新面对自己当年在电影研究中的困境。我发现把电影作为文本、作为艺术，把导演作为作者，没办法理解后来的电影的文本。所以是为了面对电影的困境，我把自己打开，去面对大众生产。因此，如果从专业的角度而言，其实我没有专业性地专注电影，但电影一直是我研究的动力和我视野当中的一个重要部分。

而在文化研究中，我遭到了思想的、现实的、文化的困顿，我感觉从任何一个地方出发的努力都会回到最初的困境。那个时候，我也开始比较多地在社会和全球的意义上思考，但也走不通。非常偶然地，2003年我在日本访问，他们认定我是个电影专家，迫使我重新在专家的意义上讲授电影。我当时觉得大量的走不通的努力，其实已经内在地改变了我，当我再次面对电影的时候，便有了新的可能性。电影重新将我带出了低谷和困顿。但是我发现我的研究不是当年的文化研究的继续，我就大量投入到第三世界研究，这个是我收获特别直接的东西。不光是重新看到亚非拉，而且是行走在亚非拉的土地上。和亚非拉的底层人民接触的时候，我就敢说我真正拥有了世界视野。因为我们那么刻苦地学习西方几十年之后，我们都不了解第三世界，当第三世界内在于我的时候，我更有底气在世界视野的层面上面对中国问题，所以电影也是帮我进入现代史、殖民史、中国现代化历史的非常好的门槛。

Q：学术是一种需要价值中立的理性分析和阐释，对文学艺术的理解却与个人生命体验密切相连。电影研究需要观看海量的片子，在进入或离开一部电影的时候，您如何做到在这些不同的经验之间快速切换，怎么面对自身的体验可能带来的影响呢？如何衡量对电影的某种解释是确切的还是过度的？

A：首先，我并不相信学术是中立的。学术中立是一种神话。所谓学术中立是建立在西方的古典学术立场、自由主义上的研究标准。当我们明白它的谱系的时候就会明白，它并不中立。我个人强调的东西是"历史化"，它会让我们看到它的乌托邦理想的层面，也会看到它的神话之下遮蔽的一面。但同时它也不意味着，当我们意识到这一点的时候就可以听凭某一种立场把我们裹挟而去。这个就涉及"反思性"。具体到某一部影片、某一个现象的时候，我最基本的方法是，我会选择那些感动了我的，触动了我的，惊吓了我的，让我心怀厌恶的影片作为我的研究对象，我的切入点就是我的个人经验，但我的个人经验和那部影片一样，都是我的分析对象，而不是依凭。当我想要对此进行分析的时候，就是要进入文本细读的阶段，有时候这种自我反思会带来令我惊讶的部分，我会惊讶于我被某些东西感动了。

今天的电影，都是《超能陆战队》式的，"大白"这样一个真实的科学设计是又迷人又可怕的。作为科学设计而言是迷人的,我们谁不想要一个"大白"呀?我也想要一个"大白"。但是,如果建构"大白"的依据变为建构电影的依据,那么电影就变成了完全操作的、感官的。我根据大数据知晓什么东西会让你哭、让你笑,直接作用于你的感官,这个东西完全为大数据、被脑科学所支持,那么这就非常可怕,就直接是《美丽新世界》中所说的精神操控的装置。但是,我说的反思不仅仅是一种对身体经验上的反思。它同时提醒我社会共同的情感结构、社会共同的历史记忆,同时提醒我社会的文化渴求和匮乏。我尽可能忠实于我的观影经验,这种忠实本身是作为进入的开始,最后我会在对自己经验的分析当中做出一种充满诚意的批判。我非常反感为了批判而批判,也非常反感立场决定一切,非常反感所有的表达都是为了昭示一种立场、完成一种"道德自恋"。我觉得,用最大的坦诚去面对自己,就是用最大的坦诚来面对世界。

至于过度解释的问题,我认为如果是我做电影研究,我就要警惕过度阐释,因为过度阐释的时候我们就丧失了"诚意",只不过是"借他人酒杯,浇自己块垒"。但是在另外一个意义上,可能每一种阐释都可能是一次增补。比如我们今天说在莎士比亚中读到了永恒,而几百年前的人们在其中可能仅仅享有了"污言秽语"的快感。也许正是几百年当中的不断阐释、再阐释,为莎士比亚的文本赋予了永恒。所以说这个是双向的过程,我们接受文本的约束,但是也在不断拓宽文本的疆界和内涵。

Q:在课上您讲《钢的琴》,谈到许多东北下岗工人的孩子对这部电影很有感触,但我身边有很多同学都不太喜欢这部电影,这是否是因为这部片子的内容离他们的生活经验太远,所以没能打动他们?电影是只对处在特定语境的人说话吗?

A:针对第一个问题,我觉得可能是。但这个背后的问题在于,我们社会中真实发生的、非常惨烈的历程是完全发生在主流视野之外的。我觉得造成这个现象有两方面的原因。一个是我们今天已经成功抹除了90年代社会大转轨之前的历史记忆和它的价值系统。我们必须看到20世纪后半叶整个世界处在一个非常特殊的历史状态,但是我们今天把这样的一种历史状态抹去了,连同它的历史逻辑也抹除了。这样的一种巨大的隔膜，是大家可能接受《钢的琴》时候的一个困难。另外一个困难是，我在知乎上看到了一个问题："中国有穷人吗？在哪儿？我为什么没看见？"直接把我吓到了。中国在今天，没有成功完成"北京折叠"。"北京折叠"是把阶级彻底分化隔离了，但今天不同阶层、不同的人群都还在你身边，问题是你却视而不见。但在网络世界中，这开放空间里发生的却并非异质性生命的遭遇，相反是同质性的聚集和对异质性的排斥。因此，在一个高度同质的文化视域中，我们很难认知、体会不同社会阶层、不同社会群体的体验。比如说，我看还有些人赞美《钢的琴》，说它"怀旧"，但是他没有意识到这个他所认为的"怀旧"的场景，就是某些人的"当下"。这个时间与空间的多重错位、多重隔绝产生了这个问题。

这个跟20世纪30年代的电影是一样的。30年代的好莱坞有非常多幼稚可笑的东西，但是仍然被很多人热爱。但是，50年代到70年代的中国电影就很难被那些热爱电影的人热爱。他们总说这些是"非电影"，太浅薄、低劣。但其实，这些就是我们的昨天，是你的爷爷奶奶、爸爸妈妈的真切的生命。但它们都不再被体认和感知。这样的东西可能被指认为代沟，但是远远超过了代沟。这原本是中国的历史认知中重要的一步。如果我们对我们的昨天都那么茫然无知、蔑视，那么我们怎么可能贯穿起中国历史的长河，体认在每一个历史时刻的选择，包括那些残酷的、错误的选择？恰恰是所有的这一切形成了我们的今天。

当然，另外一个因素是见仁见智，任何作品都可能成为一个人的杰作和另一个人的垃圾。

博雅 GE 微访谈
互联网时代的视觉文化[①]

吴　靖

关于通识教育

Q：吴老师，您好！请问您是怎样理解通识教育的？

A：我所理解的通识教育是跨学科的自由教育。这可能和"通识"的字面意思有一些出入。"通识"，我们听上去好像是什么都学，各个学科都涉猎一点的意思。我觉得"自由教育"含有这个意思，就是说要跨学科，多视角，从文科、理科不同的视角来了解这个社会。但另一方面，通识教育的一个更深层面的含义是通过一种自由艺术的教育来确立人的主体性。你作为社会中的一分子，你观察社会的价值观的落脚点是什么？你是在什么样的立场上和角色上同这个社会发生联系？通识教育不是知识的灌输，而是要促成自我认同和身份认同的形成。

Q：今年是"影像与社会"这门课第一次被列入通识教育系列课程。您在教学内容上有没有做一些调整？

A：我在阅读量上进行了一些调整。之前考虑到是通选课，要照顾不同学科背景的同学，所以对阅读的要求并不多，主要是以课堂讲授为主。列入通识课之后，我觉得更重要的可能是要让学生形成自己的思维方式，获得综合信息、分析事情的能力。这就需要学生去阅读经典文本并尝试与这些文本进行对话，在阅读的基础之上，去增进自己理解和批判性分析世界文化的能力。

[①] 课程名称：影像与社会；受访者所在院系：新闻与传播学院；访谈时间：2017年12月25日。

Q：您讲授这门课的整体思路是什么？

A：我这门课主要分为三个部分，第一部分是关于视觉文化理论，如何通过视觉文化的理论视角，去重新理解我们日常消费的视觉材料。在第二部分中，我介绍了几种视觉媒介的技术史和它的社会使用，主要是摄影、电影、电视、新媒体这四种现代视觉媒介的历史。最后一部分涉及我们当代社会的一些重要文化议题，包括我们怎样以视觉文化的视角去理解和分析它们。针对不同的主题，我会布置相应的阅读材料。

Q：从最开始设计这门课，到正式讲授这门课，整个过程中您有没有遇到什么问题？

A：对我来说可能有两个问题。一个是我使用的视觉材料相对欧美化，分析流行文化材料时所采用的理论也以西方社会理论居多。同学们对这些材料的熟悉程度是不一样的。最理想的状态当然是大家都比较熟悉这些材料，在这个基础上，我们可以分享不同的分析方法和视角。但这些材料本身对于大家是非常陌生的。这对于文化研究来说也确实是需要面对的一个问题。现在的文化市场也非常多元化，大家肯定不是共享同样的文化，即便是流行文化和通俗文化也不一定都是共享的。这是第一个层面。

另一个问题是代际方面的，这两年我有一个越来越深的感受，就是我与学生之间形成了一种文化代沟。我熟悉的文化记忆和流行文化的材料，可能对当代的学生来说是非常不熟悉的。当代学生经常谈论的一些事件和视觉文化的东西，又是我所不熟悉的。这既是一个障碍，也是一件好事，因为文化本身就是流动的。我觉得这门课可以吸引学生去接触一下我熟悉的、他们不熟悉的那些视觉材料。在讲课的过程中，我也能从学生那里学到一些新的东西。

关于媒介研究与当代文化现象

Q：您的学术领域相当广泛，除视觉文化研究外，还有批判媒体与文化研究、传播与媒介技术的社会理论、新媒体与创意产业等。您为什么要专门开设一门视觉文化研究方面的课？

A：我博士做的是媒介研究。媒介研究其实是一个很新的学科，它的对象是以电视为中心的现代大众传媒。传统上,任何一个媒介被发明出来之后,都有一种进入艺术领域的渴望,摄影、电影都是如此。但电视并不是这样,电视从诞生时起就是作为大众传媒发挥影响的。不同于传统上以不同媒介划分学科,媒介研究是一个跨学科的领域。我们关注更多的是电视作为一种大众传媒在社会中发挥的作用。我们看到电视实际上是一种综合的媒介,它不仅诉诸视觉,吸纳了很多语言层面的、技术层面的、美学层面的东西,同时也融合了不同的影像类型:新闻、纪录片、电视剧、戏剧、虚构、非虚构。此外,电视还创造出了新的艺术形式,比如综艺、真人秀等等,其影响力还延展到新媒体。所以,媒介研究的传统给我的启示就是,不要把大众传媒看作一个孤立的媒介,而是一个综合性的社会机构。

Q:媒介研究看待影像,比如说看待电影的角度,相比其他学科有什么特殊之处?

A:我觉得电影研究现在也在变化。传统上的电影研究可能和艺术和文学的研究比较接近,都以文本——对于电影来说就是镜头和剪辑——为中心。但我觉得随着这些年来的文化和社会理论转型,艺术研究和文学研究都开始倾向于把文本和历史、文本和社会结合起来进行分析。也就是说,电影研究也在逐渐向文化研究的角度靠拢。

如果说有不同,我觉得至少有两点。第一点,视觉文化研究不是在关注美学问题,它更多的是从表意的角度进行分析。这部电影表达了什么样的社会意义?它所选取的角度和时代有什么关系?在特定的语境下,它在表征什么东西?第二点,视觉文化研究并不单纯以文本为中心,而是更多从产业、制度、生产者群体的角度来理解一个作品的产生,以及从观众消费者的角度,来理解为什么某个特定的群体喜欢看特定的节目。它想要回答的问题是:生产者在何种政治经济结构、产业环境和职业共同体的美学与业务追求中生产了特定的文化文本,对一个社会的主流观念和时代情绪进行表征、回应和评价?观众和这个节目产生了什么样的关系?他们对于节目内容的理解是什么?他们通过对流行文化符号的使用和理解,形成了什么样的文化和认识?

Q:您曾说过:"我会努力做批判的公众,也选择公开唤醒批判的公众。"您认为,作为一名普通观众,拥有"批判意识"意味着什么?成为"批判的公众"需要具备哪些素养?

A:今天的视觉媒介已经变成一种奇观。它在技术上以及机构上的强势,给公众带来的误导性暗示就是,觉得媒体说的都是对的,媒体宣传的就是现实。我觉得今天的公众最需要的批判意识,就在于能够超越由视觉媒体所制造的商业奇观对这个世界进行的单一描述,从不同角度看待社会现实,对于社会中的一些现象能够形成自己的独立意见。这个独立意见应该建立在充分的信息与处理信息的能力的基础之上,而不该建立在视觉媒体所提供的单一的信息来源和叙事成规之上。这就是我所理解的批判意识。

Q:近些年涌现出大量新媒体形式,比如说短视频、直播、微信推文。这些新媒体平台为公众提供了一个重要的发声渠道,让公众从信息的被动接受者转变成信息的生产者和发布者。这种全民参与的内容生产模式,在某种程度上打破了传统媒体对话语的垄断。您觉得新媒体的兴起,对传统媒体所建构的观念和社会心态造成了哪些冲击?

A:经过这些年的观察,我对新媒体的看法也发生了变化。你刚才说的确实是新媒体刚刚出现的时候,我们对新媒体的普遍期待和共识。从新媒体的技术特征出发,我们想当然地认为,新媒体的门槛更低,会对普通人更有亲和力,每个人自己拍摄的信息可以直接传到网络上跟别人分享,不需要经过专业媒体组织的过滤和组织。在新媒体诞生之初,情况也确实是这样的。那时候涌现出大量的业余报道员或者业余段子手,他们在主流媒体之外提供了大量新的视野和观点。但随着新媒体产业的发展,我们会发现,近些年在网络平台的所谓技术多元化的背后,实际上逐渐形成了一种垄断机制。就拿视频产业来说,各大视频网站逐渐发现,相比普通人上传的视频,往往是专业机构制作的东西能吸引更大流量。普通民众上传的视频,其实并不具备长期稳定的流量担当。新的网络资本也开始越来越多地进入传统视频类型(比如大电影、电视剧、综艺)的投资中。制作商利用自己的网络传播平台,去推广他们自制的节目,产生的流量和影响力在近些年已经远远大于传统的主流媒体了。而主流媒体如果希望获得影响力,似乎都要学习网络制造爆款的某些技巧。所以一个总的趋势就是,新媒体在主流媒体化、垄断化,并不是相比于传统的媒体更加多元化。这是新媒体与传统媒体相似的地方。

新媒体相对于传统媒体的一个最主要的差别在于它的碎片化。微博是140个字，短视频也只有几十秒到几分钟的长度。新媒体想用这些短的东西迅速创造流量、引爆话题，结果就是产生出的内容往往没有纵深。我们现在对于效果的追求越来越急，没有耐心等到把一件事情充分吸收、讨论清楚，就想得到一个结果。这是市场对效果的需求，但不是公共领域或者意义共同体的需求。然而新媒体带来的这种新的社会心态，蔓延到了社会生活的方方面面。我觉得这种社会心态不够理性，不够成熟，所以我反而觉得大众传媒的某些传统是需要回归的。比如说新闻要有客观多样的信息源；要有不同的视角以及比较完整的叙事；允许公众以多样性的方式进行回应，进而形成共识。至于新媒体这一现象是不是对传统的媒体政治经济学，对于媒体运作规律的经典理论造成了冲击，到目前为止，我认为还没有。

Q：您觉得在最理想的状态下，新媒体应该扮演什么样的社会文化角色，承担什么样的社会功能？

A：我觉得理想状态下，新媒体应该为传统的视觉文化提供一个互文性的场所。这些年出现了网络这样一个新的平台，但是你很难说它提供了新的叙事手段或者产生了自己的类型。电影产生出了它独特的美学风格和视觉语言，摄影有它自己的视觉语言和展示场所，电视长期的发展也产生了它自己的类型，就是和电视相关联的深度报道、真人秀、综艺、电视剧等等。就我的观察，网络媒体总的来说并没有形成只属于自己的视觉文化类型。所以它最主要的功能，我觉得是提供了一个公共领域。媒体消费从来都不是一个单一的、一次性的过程，它往往伴随着持续的社会话语，比如公众的相互讨论以及其他媒体的评论。现在，这样一些互文性的社会话语越来越多地集中到网络这个平台上，它们相互之间的跨越性也更强了。网络可以形成一个更加具有包容性的、更广泛的公共领域。我觉得这是它最重要的功能。

Q：您觉得papi酱的脱口秀和网络直播算不算是互联网独有的文化类型？

A：这种应该算是新兴起的一种网络文化类型，因为这样的直播肯定不可能在电视这种主流媒体上出现。但我还是觉得，它是对主流文化的一种补充，而没有办法变成一种主流文化。脱口秀本来就是电视节目的一种，papi酱本人也是戏剧专业出身的，她的创新是把电视脱口秀变得更加灵活短小，这体现了网络的一些特点，比如说没有那么正规，比较个人化。电视脱口秀也有个人风格，但总的来说还是一个机构的产品。而网络相对来说更加灵活，它会表达一些很即兴的想法，这就跟我们使用社交媒体有点相似。在社交媒体上，我们的表达更加随意和随性，不需要经过那么多深思熟虑，这是与我们为报纸写文章或者做一档电视节目不同的。

另一方面，你会觉得这类脱口秀更多依赖戏剧的元素，比如声音和话语，而更少依赖画面。实际上，脱口秀视频的画面质量远远比不上电影和电视的大屏幕画面，所以叫它"说话的视频"可能更妥当，而传统的影像是画面和声音兼备的。我认为只有高质量高清晰度的影像，才能成为公共视觉文化最核心的部分。

Q：现在，一些致力于调和不同观众口味的节目反而不如一些类型化的节目那样受欢迎。您是怎么看待这个现象的？

A：我觉得一个共同体是需要集体记忆的。一方面，传统的影像文化一定要能提供集体记忆，要跨越不同群体的边界。其实任何新媒体兴起之初，都需要找到和它更契合的那个团体，所以一开始走的都是分众这个路数。比如有线电视当初走的就是专业化的路数，有体育频道、女性频道、旅游频道这样的划分。另一方面，我觉得大众和分众两方面都需要有。商业社会的特征就是市场越来越细分，产品越来越具有针对性。对于生产者来说，他们自然希望能够更精准地定位某个群体。但是作为一个社会成员来说，人需要有成长。在一生不同的时期，人的品位和兴趣是在变化的。一个人想要成长，就要去理解不同的群体，接触不同的人，去到不同的地方，这就需要有跨群体、跨文化、跨领域的视角。单纯的商业媒体可以做到只为你一个人服务，但这样一种定制化的媒体环境，并不一定对人的成长和社会的相互理解有很大帮助。所以还是需要有一个追求公共性的媒体平台存在。

其实这两者间也不是相互隔离的。最近我稍稍了解了一些B站的情况，我觉得弹幕是B站里一个最有意思的功能。我最近在B站看《国家宝藏》，非常感慨。弹幕完全不低级，许多弹幕的质量是非常高的。里面充满了各种各样的知识和互文性。比如在第二集里,王刚出来介绍编钟,他和张国立进行了一些互动,这时弹幕里就充满了许多关于和珅和纪晓岚的互文性指涉。还有一些人发弹幕介绍关于音乐和古代文物的知识,有人指出了节目在史实上的一些错误。再比如节目里介绍秦简的时候,就有一些人在弹幕上就儒家和法家的优劣展开了辩论。弹幕让交流变得跨时段、跨时间、跨群体,它把不同的文本杂糅在一起。这让我觉得所谓分众和大众其实没有那么明显的界限。

Q:如何看待传媒审查?政府的介入和规制在媒体市场化中发挥了怎样的作用?

A:首先,审查在我们的社会中是普遍存在的。广义来说,我们自己写一篇文章或者做一个研究,肯定要经过一个修改取舍的过程。对于媒体来说,它也需要按照一定的标准进行取舍。我觉得我们更应该关注的是审查行为的主体是谁。其实审查的主体并不是单一的。我们现在一提到审查就认为政府是主体,媒体是客体,但实际发生的审查行为的主体并不一定是政府,市场也会对你的产品进行审查。假如你的产品不符合市场,市场是没办法给你提供资本、渠道或生产条件的。在一个品位共同体内部也存在审查。比如说你自己写了一篇文章,你的朋友或者同事来进行评价的时候,就是在对你的作品进行审查,只不过我们不用censorship这个词。所以,如果我们把审查理解为对文化生产的选择、编辑、过滤,它其实是很普遍的一种行为。关键在于,我们应该由公共讨论来决定谁是审查的主体,确立审查的标准,而不是由一个任意设立的审查机构里面的个体来对产品进行非常主观化的审查。

我觉得现在审查最主要的问题就是它的主观化和逻辑不清。我们要就审查标准形成一个共识,尤其是生产者本人要参与到审查标准的制定中,因为生产者受审查的影响其实是最大的。当然,现在媒体机构也会觉得自己受到审查的影响很大。因为在传统的非市场条件下,就算审查没通过也不会有太多损失,但在市场化的条件下,你的制作成本已经付出了,如果没通过审查而造成产品没法流通的话,这个经济损失是要你自己担负的。这是一个很严重的问题。所以,我觉得审查机构应该多听取媒体机构、生产者群体和消费者群体的意见,因为审查机构不应该代表抽象的审查机构中的个人,而应该代表社会公众的利益。比如说,一部分公众关心儿童色情和暴力的问题，他们希望媒体能为儿童过滤不良信息。另一些公众关心谣言和虚假信息会造成社会恐慌的问题，他们希望媒体能对新闻的真实性进行更严格的审查，还有涉及违法和国家安全的内容，等等。审查机构应该把媒体机构、媒体生产者和不同社会群体的诉求和关切集中起来，经由一个具有合法性的程序，制定出一套基于社会共识的审查标准。这样形成的标准是大家需要去自发服从的。时代变化了，审查标准的修改也需要经过一个合法的程序。所以，我觉得审查本身不是问题，每个社会都在选择和过滤自己的符号生产，推出自己的主流文化。关键是审查标准的制定是否符合程序正义。

每年开人大会议或者政协会议，都会有中国的导演和内容生产群体公开表达自己对于电影分级制度和电影审查的意见，一些电视的主持人和记者也在这样一些场合表达过类似的诉求。但除此之外，我感觉其他团体都没有意愿和积极性去推动这件事。比如说像记者协会这样一些团体，按理说应该是比较主动来提这样一个议题的，但是并没有。官方，就是宣传部门和广电、新闻、网络的管理部门，在这个议题上也是比较沉默的。没有机构站出来说，我们在我们社会的主流价值观的基础上，大家讨论出一套能够获得广泛共识的、具有可行性的、大多数人可以主动去实践的一些原则性的东西。这是我觉得很令人失望的地方。

关于老师的个人治学经历

Q：您为何选择学术研究的道路？您毕业于清华英文系，为什么选择去美国艾奥瓦大学传媒研究系读书？

A：本科毕业时，我对于未来其实没有一个特别明确的设计，是在一个相当懵懂的状态下申请出国的。我在清华学的专业是英语，我们阅读的一些英文材料已经涉及西方的社会理论和社会科学的一些东西，这让我能更容易地接受社会科学的思维方式。我当时申请的都是社会科学的项目，其中就有艾奥瓦大学的传媒研究。艾奥瓦大学的传媒研究系有三个方向，一个是修辞学，一个是媒介研究，还有一个叫跨文化和组织传播。我本来报的是第三个方向，因为我觉得和我的专业更契合些，但我在PS（personal statement，个人简介）里写了一堆关于媒体和社会学的内容。当时审核我材料的教授比较认真,也许是那时候没有什么中国学生申请吧,他们对我说:我们看你的兴趣更像是在媒介研究这一块,我们就把你转到媒介研究那个方向去吧。所以我就去学媒体了。

Q:您是如何选择自己的研究对象的?您会尝试用您的研究来回应一些当下的文化现象吗?

A:我的研究主要关心社会变迁对时代精神的影响,以及时代精神在大众媒体中的表达,这是文化研究的训练带给我的问题意识。大众文化的一些材料和话题会给我的研究提供一些新的案例。但我觉得,学术研究和公共批评还不完全是一回事。学术研究要能够看到一个规律性、结构性的东西。这需要长时段的观察,而不像新闻那样注重时效性。我的研究即便是讨论当下的新现象,也往往会将它放到一个长时段的历史中去考察。其实在大多数情况下,我的研究都是在证明舆论中所说的新东西全都不是新的,以及解释它为什么不是新的。

Q:文化研究本身是一门外来学科,您如何看待将西方的理论和方法用于中国语境时可能发生的"脱节"?您自己是如何应对这个问题的?

A:我们很多人都觉得文化研究是一门外来学科,以前我也觉得它完全就是从英国伯明翰学派发展出来的。但是当你用这套视角和理论重新来和中国的文化史相勾连的时候,你就会发现,其实所谓的文化理论或文化批评实践并不是外来的,而是内在于中国现代化转型的过程当中的,只不过我们不把它命名为"文化研究"。中国现代化的一个独特之处在于,它是以新文化运动对传统文化的批判为先导的。所以中国的文化观念一点都不落后,它所理解的上层建筑同经济基础的互动关系,它对文化能动性的强调,都是所谓的文化马克思主义在战后20世纪五六十年代才在西方理论界主流化的理念。这些理念在中国左翼的知识传统中一直存在着,只不过我们没有把它概念化。其实理论这个东西,它在最初被表述出来的时候都是抽象的。所以在你运用文化理论的时候,需要把它和具体的社会史和文化语境联系在一起,然后你就会发现,这并不是一个外来和本土机械结合的关系,而是怎么样用本土的经验和材料去重新为经典理论注入活力的问题。

博雅 GE 微访谈
经济学与当下中国[①]

姚 洋

通识联播三问

Q：姚老师，请问您理解的通识教育是什么样的？您是如何在课程中贯彻通识教育的思路并且设计这门课程的？

A：大学期间是打基础，特别是在北大。我们北大强调人文的素质教育，即使是学理工科的同学也应该有这样的素质。通识教育是很好的尝试，它是面向全校同学的宽口径教育。课堂上我讲授的还是有一些专业性的，因为要是一点专业性都没有，就没有太大意义了。但怎么让课程有一定的专业深度，让同学听明白，同时给同学一个理解中国经济的基本框架，是这门课的问题。这课之前给 MBA 同学讲过，有很多的基础。MBA 基本都没有经济学背景，来自各行各业，所以深入浅出的部分对我来说不是很大的挑战。总体而言，是想让同学们了解国家经济增长的制度基础，以及我们国家的人口状况和增长模式，还有增长带来的一些问题，解释政府在经济增长中担负的角色。这些就是课程的基本内容。

Q：上课过程中，您面临的主要问题是什么？课程既要保证专业水平，但面对的又是非专业的学生，您如何平衡这二者的关系？

A：给 MBA 同学讲课，要是没有理论深度他们会觉得没有水平，但是理论太深又很难听懂，所以要掌握一个度，有体系的同时要让学生听明白。给本科生上课也是一样的。这次我在作业方面进行了尝试：让

[①] 课程名称：中国经济改革与发展；受访者所在院系：国家发展研究院；访谈时间：2016 年 3 月 31 日。

同学们交八次小作业，每两个礼拜一次，每一次不超过一千五百字，写一个小主题，让大家锻炼写作能力。我发现，我们同学的写作能力都很差，特别是到了研究生阶段，这可能也是和网络有关系。所以研究性的写作怎么写，还是有一些讲究的。为什么限定字数？目的就是要在很短的篇幅里把事情和观点说清楚，让大家去练。算是尝试一下，第一次作业不是很成功，大家一写就成了学术论文，列一、二、三去写，但实际上这种写作是一个小观点，引用别人的东西和自己的推理把这个给证明了，要学会在比较短的篇幅里面把自己的观点说明白。会有助教检查作业，但是每一次我都希望找出几篇好的看看，并在课堂上大家交流一下。

Q：姚老师，您开这门课最大的经验体会是什么？

A：因为这门课课时不是很多，要讲清楚中国经济的全貌比较有挑战性，当然之前我在MBA那里有了基础，所以资料收集很充分。课堂上有很多的数据分享给大家，所以准备工作做了很多。

经济学研究之路

Q：现在越来越多的学生将经济学与未来的就业画等号，所以越来越多的人，不分文理，都想选修"国发院"（国家发展研究院）的课。请问老师是怎么看待北大学生"经双热"（经济学双修热）的？

A：其实学经济学可能就是这一个时段，比如在美国最大的专业现在恐怕还是英语，还有心理学一类的，这些是大家选择比较多的。当然经济学也比较靠前，却不是第一。我们国家现在这么多同学对经济学感兴趣，可能因为国家还在发展阶段，还处在上升阶段，所以大家感兴趣。我觉得很多同学学习"经双"，未必是为了就业，因为我看了"经双"同学的出路，60%～70%还是读了研究生，多数还是读的本专业的研究生。然后我们最后看了一下，过了很多年，有同学就业和经济学有关系的，大概20%～30%。这个比例不是很高。很多同学实际上是回到自己的专业去了。"经双"我个人觉得是素质教育的一部分，经济学在中国的社会科学里头应该说是最规范的，和世界前沿最接近的。学了经济学会让同学们对社会经济有一个比较平衡的看法。说简单点，不会出现极"左"和极右的愤青，学了经济学能够辩证分清，因为你都能解释，这是个人提高的一部分。我以前也教过"经济学原理"，有一个北航的计算机专业的同学，说听了这个"经济学原理"之后完全改变了对社会和对人生的看法。那网上这么多的愤青，我觉得是缺少最基本的经济学训练。如果都学习了"经济学原理"恐怕就没有这么多这样的人了。实际上在其他国家学经济学的可能没有那么多，但是大家会学习一些基本原理，有的在高中就会学习。这样，他们对社会的运作和经济的运作就会有一个基本的把握，不会走极端。

Q：您本科也不是学经济学的，请问您如何走上经济学研究的道路？在完全改行学经济、从事相关职业之外，我们能否将其他学科和经济学结合起来呢？

A：我学习经济学完全是阴差阳错，因为在我们上大学的年代，学文科父母会反对，"文化大革命"的时候学文科的都被打倒了，所以那个时候说"学会数理化，走遍天下都不怕"。要去学习文科，父母首先反对，别人也瞧不起你，觉得你肯定是学不下去了才学文科。但是我自己虽然数学还可以，物理比较差，其他成绩很高。但选理科专业，好多都和物理有关系，报北大的时候在理科里面偏文科的就是经济、地理。本科毕业时刚好成立管理科学中心，这是现在"管院"（工商管理学院）的前身。当时丁石孙校长是主任，厉以宁老师是副主任，还有陈良琨老师，那时我就和一个好朋友一起考，都考上了。现在看的话，实际我们是要学管理科学的，但是当时管理科学是没有师资教的。没有人懂管理，教了我们一大堆数学，然后跟着经管系去上课。所以那个时候一起上课，才学了经济学，算是比较偶然的机遇。当时也不知道管理是个什么东西，搞不清楚。陈良琨老师是数学系出身，也搞不清楚什么是管理，所以就都跟了厉以宁老师学经济了。我们都是厉以宁老师的学生，以他的名义招进去的。选择余地确实很小。

另外说到大家是否可以把自己的专业和经济学结合起来的问题，因为经济学的方法论很成体系，比如社会学可以借鉴很多经济学的方法，在做经验研究的时候很多方法是差不多的。经济学的方法论，包括理论的方法论可以借鉴给其他学科，比如芝加哥的经济学派就是用经济学的理论来分析社会问题，一个直接的借鉴就是社会学能否以理性作为基本的假设来研究人的行为、社会组织等等。哪怕一些理科的好多研究也都是有交叉的。比如物理学，国外有经济物理，用物理学的方法研究经济现象；还有数学里头系统论的方法、混沌理论等可以研究非线性的现象，都会有一些交叉的地方。

经济学与当下中国

Q：现在很多学者都谈到农村土地的产权问题，认为农村的土地应该确权，让农民对土地有更多的自由支配权，老师怎么看待这个问题？

A：我觉得这是一个阶段性的问题。在早期的时候，土地承载了一些社会功能。土地实际上是起到了一个社会保障的作用。农民比较穷的时候，最后依靠的就是土地，因为别的保障都没有。但是到了今天，我们的农村社会保障制度基本建立起来了，说"基本"是因为还很不完备，比如养老制度还很不完备。医疗体系在建立起来，"低保"也在慢慢推行。这种情况下，整个农村的劳动力越来越少，城市化进程中很多人就放弃了农业到城里来。这种情况下土地的确权能把土地的权力交给农户，这应该是一个好的取向。一方面，现在所谓的双重土地所有制已经没有了以前提供社会保障的意义，长期拥有所有权会增加农民对土地的投资，防止滥用。但是如果要这么做，土地应该重整。现在土地太零碎了，需要先重整，促进土地的流转，再集中在一些种粮的能手身上，这样能提高农民的收入，虽然不一定提高效率，但是这对农村的生态会有一些帮助。另一方面，真要这么做，土地管理制度要严格起来，不能一下子就盖房子——土地所有权不等于你有随便处置的权力，从农用地变成非农用地一定要经过审批。把土地的所有权和处置权等同起来是完全错误的，没有一个国家是这样的。这方面不能控制住的话，就会出现很大的问题。

Q：分析认为，中国目前面临着国际经济学中经典的"三元悖论"，即一个国家不可能同时达到汇率的稳定性、货币政策的独立性与国际资本的自由流动这三个目标，而不得不放弃其中之一。请问老师，您是怎么看的？

A：这是一个定理，肯定是如此。只是中国选择什么的问题。以前的选择是放弃资本账户的开放,以资本账户不开放换取汇率的稳定,换取货币政策的自主性。那么今天我们到底怎么办?当然人民币汇率最终是走向浮动,因为汇率有一个稳定器的作用。在以前采用固定汇率对经济增长起到了正面的作用,因为那个时候我国是以出口为导向的经济,出口非常多,通过固定汇率能够增加我们国家产品的竞争力,这样的政策对我们国家是有利的。今天我们不再依赖出口作为推动经济增长的主要动力,在这种情况下,固定汇率就是弊大于利了。因为固定汇率好处没了,坏处如它的不灵活还在,就无法起到稳定器的作用,这个时候就会放弃固定汇率。另外是资本账户的开放,是一次到位还是逐步开放。现在也是一些自贸区的试验看看开放怎么样,因为国际上有一些经验教训,一旦开放,可能资本流动太过频繁,造成对国内的冲击。但是资本账户开放本身是对百姓福利的改善,可以用我的储蓄来投票。国内政策不好,就把钱弄到国外——这对政府有一个约束作用,百姓本身也多了一项自由。这个最终要找到一个比较平衡的方式,来达到资本向下的全部开放。然而这是一个摸索的过程,有多长时间还是很难说。需要慢慢摸索,看具体情况。

Q:您曾经多次提到创新对经济发展的作用,也提到我们应该向德国、美国等国家学习。然而在当前经济条件下,很多技术型小企业都得不到足够的支持。请问您怎么看待这些小企业在未来一段时间内的发展趋势?

A:首先,中小企业融资难是全世界普遍的现象,不光是在中国。为什么?因为倒闭的风险太高了,银行肯定不希望给它们贷款,整个世界都如此。中小企业就是更多依赖亲戚朋友和自己的储蓄,全世界都是一样。做得好的地方会更多利用直接金融,就是在资本市场上获得资助,如果是高科技的,VC(venture capital,风险投资)就会投你,大一点的第二轮、第三轮融资就来了。我们更多依赖直接投资而不是找银行要钱,因为银行就本质而言就是避险的。银行用的是百姓的储蓄,老百姓要求银行必须谨慎一些,不能投入高风险的小企业。但是直接融资不同,是个人或者少数人的钱,这些投资人就会冒这个风险,这是风险匹配,也是直接融资的好处。我们国家直接融资比例在上升,这是一件好事。其次,经济下行的时候肯定有一批企业要死掉,这是经济规律。

哪怕是运转很平稳的经济也会有经济周期，这是经济运行基本的规律，不能以一个速度涨上去。自20世纪90年代初以来中国已经经历了两次大的周期，一次是1992年到2003年，头七年是上升的，后几年是下降的，大批的企业倒下了，一些新的企业产生了。2003年之后进入一个新的繁荣期，这个繁荣期更长一点，这一次调整就要更深一些，因为上升得太高了，整个周期被拉长了，所以下行调整更深一些，死掉的企业也可能会更多了。这是经济必然的结果，而且是好的事情。就像人体有新陈代谢，经济也有新陈代谢，经济下行的时候就把效率不高的企业都淘汰了，新企业就长起来了。我觉得，这不是一个坏事情，是一个好事情。

Q：请问姚老师，您认为打击腐败在多大程度上会影响中国经济发展？

A：这要分短期和长期来看。短期来看对经济增长的确有负面影响，主要体现在两方面。第一个是政府支出下降了，政府还有准政府，如事业单位的存款上升非常快，从2011年的14万亿元到现在的22万亿元。所以财政支出是在收缩的。如果和经济周期比较来看，这是比较反常的现象，通常在别的国家财政支出收缩时政府就赶紧花钱，来刺激经济。但我国政府支出是顺周期，这会对经济增长产生副作用。另外一点是，一些政府官员做事畏手畏脚，做事情的积极性就会下降。这也是一个原因。但是长期而言，反腐对中国经济肯定是一个好事情。腐败是一个毒瘤，因为它是对经济增长的税收，而且是高额的、不确定的税收，不知道哪一天到你头上，也不知道该出多少钱。这样一来，好多人就不会去开办企业，也不敢做大企业，这肯定是坏事情。通过一段时间的努力，我们建立了日常的反腐制度，而不是依靠运动式的反腐，真正达到"不敢，不想"的程度。达到了"不想"的地步，大家就会觉得廉洁是一个自然的事情，官员的积极性也就回来了，做事情也就不会有问题。在这个情况下，腐败这颗毒瘤摘除了，机体变得更加健康，经济增长也就更好、更加健康。

博雅 GE 微访谈
人文与科学之间的社会学[①]

周飞舟

通识三问

Q：周老师，请问您理解的通识教育是什么？

A：我的认识与一般意义上的通识教育没有太大差别，我很认同通识教育的理念，而我们现在对于通识教育的一些分歧只是就如何开展通识教育而言。通识教育这个名词起源于西方，是教育中最为重要的一部分，在某种意义上，中国传统的古典教育都是通识教育。当今社会重视专业教育与科学的发展、现代社会的结构特征与变迁有很大关联，然而并非历来如此。通识教育涉及的基本理念是永久性的，只要人类社会存在，就会存在通识教育。

通识教育的目的是让人成为一个真正的人，这个过程需要借助学习。这个学习主要不是专业知识的学习，因为学习专业知识在古人看来和学习高级手艺没有太大的差别。中国的古典教育和通识教育的理念是一致的，教育的目的是将人之所以为人的方面发挥出来。中国传统的主流思想认为人性本善，通过教育将人性本来具有的东西发挥出来，就是追求至善。就一个具体的人而言，可能并不知道或者没有意识到自己的本性，教育使得人们认识到这一点，所谓"自明诚，谓之教"，因此教育是一个"反"（返）回来的过程。孟子曾经说："尧舜，性者也；汤武，反之也"，尧舜、汤武是性善的代表，尧舜是不需要学习的，而汤

[①] 课程名称：中国社会：结构与变迁；受访者所在院系：社会学系；访谈时间：2016 年 4 月 7 日。

武是要通过学习"反"（返）回来的过程。

很多人对教育尤其是通识教育有误解，认为这样做是让人的知识更广博、视野更开阔，读万卷书、行万里路之后，人的境界也会越高。学习的过程当然是积累知识、开阔眼界的过程，但是这并非是学习的目的本身。当你学到了其他人不知道的一些知识、道理时就会产生一种优越感，然而通识教育并不是让人产生优越感的教育，并不是为了让你比别人更优秀而读书。实际上，通识教育在开展、实行的过程中，的确是让同学们建立起比别人强的优越感和自信的过程，比如我读了一本《理想国》或者《论语》就会说出一套别人不懂的道理。但是，培养一批有优越意识和精英意识的通识教育是危险的。很多人都会认为学习知识进而变得比别人优秀是通识教育的目的，通识教育似乎就成为令自己比别人更加优秀的手段：专业教育只能够证明我比同专业的同学更为优秀，而通识教育却能够证明我比所有人都优秀。这尤其体现在北大这类学校。我们会培养大批这样的学生，如果走上这条路，对自己、社会和国家都没有太大益处。

说通识教育的目的是让人成为人，意思是这是一个让人返回自身的过程，这里有个向内求和向外求的差别。培养优越的精英意识是一个推动人不断和人比较、向外求的过程，而教育的目的却是回到自身、向内求的过程。如何理解这个过程？

我不否认通过通识教育确实能够培养精英意识，但是不赞成将其当做教育的目的，更反对通过精英意识来推动学习。那么学习到底为了什么？从中国传统思想来理解，教育不是做加法的过程，而是做减法的过程。一般人有颗赤子之心，但是在成长的过程中会沾染许多杂质，而学习则是要除去杂质的过程，进而恢复赤子之心。这个过程需要不断学习，通过读书达到返璞归真，这不是给自己做各种的加法，建立起自己比其他人的优越感。举个例子，我们说小孩子是很真诚的，但是作为成年人经历了很多事情之后，他的表现就不会像他小时候那样。返回赤子之心，并不是说要一个人变回到小孩子的状态，而是说你饱经患难之后，遇到高兴的事情时，笑起来还能像毫无机心的小孩子那样真的开怀。这是非常困难的。每个人在成长的过程中都会牵涉很多人，我们在某个社会位置上的一举一动会影响其他人。通识教育的目的和修身有关，在自己不断学习和明白道理的过程中还能保持普通人的状态，能够真切地体会到普通人的快乐和不快乐。比如有人读了书之后，会通过禁欲、通过闭目塞听达到某种超凡脱俗的状态，或者反过来，通过极端的博学多闻达到一种圣人的状态，这本质上是一样的：通过学习、修炼达到优秀，然后占据高端的社会位置拯救他人。这是危险的。真正的明善诚身的过程，是说我们不能脱离"普通"，不要给自己强加一种神圣感，如果天天有这种感觉，我们就很难体会到普通人的感觉。古人说"仁政"是用普通人的态度，即两个人之间互相体谅、感受彼此的态度来施行政治。有些通识教育的危险在于，使得人们"无所感"，会被很多道理挟持，导致人们无法感知到本来具有的人性。通识教育使我们感受到平常人能够感受的心，我们学到的道理能使这些感受更加亲切、更加直接，像恶恶臭好好色那样。很多人认为通识教育是使人提升的过程，而真正的通识教育是让人明白许多道理，但是明白道理之后还能像普通人一般生活，这才有"仁政"的可能性。

Q：上课过程中，您面临的主要问题是什么？课程既要保证学术水平，但面对的又是非专业的学生，您如何平衡这二者的关系？

A：在这门课程的设置方面，我尽量不将这门课讲成专业性比较强的课。中国社会面对着一些独特的问题，用西方社会学的观点理解中国社会是近一百年的事情，传统中国思想理解社会并不是从社会学的视角理解社会，而是有它自己的角度。传统思想认识社会总是将自己放在社会中认识社会。这并不是说中国古代没有关于社会的智慧，只不过它和社会学理解社会的方式不一样。

我这门课是用西方的社会学理论理解中国社会，背后有非常大的困难，因为需要调和两种不同的理念。比如说讲传统宗族组织或者结构，如果以现代社会学理解是非常不足的，现代社会学会将"宗族"视为客观的问题，它的结构如何，对地方社会秩序有何影响，对宗族中的人有何影响，等等。但实际上，中国古人并不是以这种方式来理解的。这门课并不是向同学教授一种现代社会学的方法，而是要结合古代思想，将两种讲法糅合起来。当然，现在仍然在尝试之中。我们对传统社会的同情式的理解不足，科学主义导致的傲慢让我们很难认识到理解中国传统社会的观念。如果说它是一门通识课的话，主要是让一些没有受过社会学训练的同学知道社会学是什么，让有社会学基础的同学明白社会学在理解中国社会时需要有一些特别的努力。我在课程设计中，一个特别重要的目的是，并非仅仅让同学们知道中国社会的结构和变迁的知识，而是要通过课程让同学反思自己与社会的关系，通过上这门课让自己形成对中国社会的不同理解。我们理解中国社会时不能跳出来理解，而是要把自己放进中国社会中来理解。总的来说，这门课要丰富同学们对中国社会理解的角度和方法。

Q：您开这门课最大的经验体会是什么？

最大的困难是尝试用古典的方式谈论现代社会的问题时，很难在短短的课堂上让同学们完全理解这一问题。现代的学生接受的基本都是纯现代教育，很少会想到各种可能性，同时直接的反思是非常少的。我们应该先回到实际，跳出我们原来认定的大道理。受了现代教育的人很少具体地谈论问题，而是喜欢笼统地、概括地谈论问题，但是在生活中却是具体地做，经常和自己的理论没关系，这实际上就变成了两截。这也是当前中国社会面临的最大问题之一。我们讨论问题的时候有一套理念，但是在生活中却完全凭直觉。这些看上去"凭直觉"的行动在我们的生活中并非完全不受理念的指导，而是没有对行为进行反思。很多中国人在具体生活中怎么做，和在网络上当"键盘侠"的时候怎么做是完全不同的。比如说，他在网络上反特权、骂特权，在生活中就拉关系、找特权。这样的人比比皆是。在中国要想超越这些东西，不是将西方的平等理念移植过来就够了，而是要做更多、更复杂的努力。改造中国社会远比想象中要困难，因为中国太大，传统太悠久，把问题想简单了是不可行的。

Q：周老师，据说您高考报志愿时最想去北大中文系，平日酷爱诗词、小说等，结缘社会学可以说是一个美丽的意外。社会学最吸引您的地方是什么？您怎么看待社会学与人文学科的关系？

A：我对社会学的认识有过一些大的转变。转变之前秉持着比较强烈的科学主义、制度主义的理念。博士毕业之后回到北大四五年的时间里，我在全国各地进行了大量的实地调查，一年中有好几个月都在外面，有着想要了解一个社会结构运行的强烈愿望。这就好比在课堂中学到了制造某个机器的方法，就千方百计地想用自己学到的本领去解剖社会、改造社会。当时这种动力特别强。那些年的调查都是一种科学主义的分析。科学主义并不完全是量化分析，现在量化分析的学者有时候不确信自己的分析是否可信。但在方法上是成立的，之后在为自己辩护的过程中逐渐相信这是真的。我在读博士的时候使用了好多量化模型，但现在我认为只靠这种东西是不够的。这种方法在很大程度上忽略了人之所以为人或者说社会之所以为社会的根本特点，这使得社会统计和其他统计没有本质区别。社会统计首先是社会，然后才是统计，但是科学的力量太强大，导致社会变成供统计研究的客体，社会学也变成了统计社会学。

此后我较多地通过案例分析、机制分析的方法讨论社会问题，并不纯粹追求科学性。最主要的经验研究都是在这种思路下做的，比如说土地财政和城市化问题。但是最近几年开始觉得这整套做法有些问题，因为这还是把社会当成是一个客观实在的对象，用政治经济学色彩强烈的方式讨论社会现象。实际上，认识社会的过程更可能是一个自反的过程。比如说我将坐在对面的你作为客观的东西来研究是不行的，而是通过我自己来理解你，我通过理解自己的感受和经历能够理解你，进而通过理解自己的感受来理解社会。在客观意义上，我们在一个文化圈中间能够用共有的经历去理解他人，而在其他文化圈用这样的方式理解他人非常困难。中国传统认识社会的方式是从认识身边人开始，尤其是和自己有亲密关系的人开始的，是往外浸染的一种认识方式。费孝通先生晚年提倡"将心比心"的认识人的方式，这不是科学传统的认识方式，而是中国传统的认识社会的方式。

我对社会学的理解和认识经历了这样一个过程，在每一个过程中我都觉得社会学是美好的。人们不能预测未来，当下会觉得这个阶段比此前的阶段更有意思。中国社会学学科历史比较短，相对来说学科更加开放，新思想和传统思想都能够容纳，但是问题在于社会学还没有形成理解社会的中国式传统。

人文学科对于社会学来说是非常重要的，理解社会并不能完全从科学出发，我们需要将人文知识加进去。我们理解一个人或者理解一个组织很多时候是直觉式的、不科学的。这种理解不符合科学规范，但是其中并不一定没有社会的道理。这种理解需要社会学这门学科从不断科学化的过程中后退一点。现在社会学在科学传统的路上走得太远，人文色彩丢失得太多，如果我们变成一个科学家的话，那么就无法理解社会，社会本身不是科学的研究对象。科学研究的对象是自然，在科学的道路中走得越远，离社会也就越远。

Q：您能分享一些对您走上社会学有重要影响的人、事或书吗？能否分享一些您的学术理想和心路历程？

A：对我影响比较大的主要是北大的老师与传统。如果当时没遇上好老师的话，整个人生的轨迹都会发生变化。我遇上王汉生老师是在本科毕业之后的实习中，本来是没有机会接触王老师的，但是当时社会学系的学生都是老师带着学生实习。我觉得遇上一个人一辈子的路基本上就已经定下来了。我和王老师的关系无以名之，用中国人的话来说就是缘分。老师感染学生并不是给予你多少知识，而是真正地用人格魅力感染你，这是我们师兄弟感触最深的。另一方面，北大赋予人一种理想主义气质，而且这种气质一直存在，我上学的时候非常强烈，现在依然非常强烈。当时的理想主义是社会责任感，而现在可能是别的方面，但无论它的内容是什么，它的表现都是一样，就是不会轻易妥协。理想主义的特点不能用现实或者能否实现来检验它，理想就是纯粹的理想，实现的东西并不能称为理想，理想是让你在现实中区别于别人的那个气质，没有理想的时候人就是凋丧的。

Q：在传统中国社会中，地方长期以来有各种宗族势力和士绅阶层，但是建国之后的政策却在很大程度上破坏了这个阶层，那么现在宗族在地方中扮演着什么样的角色？是否有可能重建这一阶层呢？

A：其实我个人的研究并不集中在这个问题上，所以只能从理念上谈这个问题。传统社会主要是乡村自治的传统，主要依靠士绅的治理。建国之后经历了一步一步破坏乡村结构的过程，它的理想是重建另外一套社会结构，这导致了后来乡村社会的"原子化"过程。原本的结构破坏了，但是新的结构并没有建立起来。我的理解是，前三十年努力建立的结构是阶级认同，这个很明显是失败了，农民一直没有所谓的阶级认同。后三十年来农村治理的过程没有建立什么理想，甚至还不如前三十年，因为前三十年有努力建立的东西，而后三十年是用财富和权力构建乡村社会，但这不是成立的。任何社会结构都不能单单依靠利益和权力结构建立起来。任何社会都是有穷有富，有强有弱，但是穷富强弱不能成为社会结构的标准。后三十年逐步走向原子化，放弃了阶级认同的努力之后，没有形成一种新的认同方式。

现在农村的治理方式是比较混乱的，在保留有宗族结构的地方，结构总是在变化，不知道如何维持宗族结构；另一些地区则没有宗族结构，人们可以说六亲不认，只认权力和财富，这成为支配地方社会的力量。但是通过这些东西永远无法建立稳定的社会结构。除了认同宗族治理或者乡村的社会权威，很难找到其他方法构建认同。真正能够建立认同，才能有稳定的乡村结构，然而真正的认同是什么非常难讲。我个人认为，真正能够治理乡村社会不外乎两种方式：一个是宗族认同，另一个是国家认同。然而国家通过行政手段建立认同在中国社会缺乏基础，传统中国社会上有"反权力"的传统，老百姓对权力有天生的反感，中国传统的戏曲、文学很多都是嘲笑官员的，这是中国传统中的谱系，相比之下宗族认同会更有基础。当然，这种基础在目前城市化的浪潮冲击之下还剩下多少，是社会学研究要面对的一个主要问题。

博雅 GE 微访谈
现代化进程中的"伊斯兰"文明[①]

昝 涛

通识教育三问

Q：昝老师，请问您理解的通识教育是什么？您如何在课程中贯彻通识教育的思路并设计这门课程？

A：最基本的认知是培养健全的人。所谓培养健全的人，是指在大学生的成长过程中，他需要形成健康、正确的三观，需要一些力量的指导和帮助，这些力量包括知识、思想和智慧，包括理解知识以分析人生问题的能力的培养。我觉得通识教育将会发挥这样的作用。通识教育带给学生多方面的知识背景和学科背景的支持，离开了这些支持，大家对世界的理解就可能是不完整的。包括对技术的理解，对科学、宗教的态度，对个人人生问题的理解和对传统文化的理解，这些都会帮助人成长，发挥正能量作用。我自己这门课，则希望大家认识和理解占世界五分之一多人口的穆斯林及其社会。在一个全球化的世界中，对文明多样性的理解显得越来越迫切。在北京大学，应该形成对不同文明具有平等关照的风气。哈佛大学曾经在上海召集过一次研讨会，主题为如何在高等教育中教授伊斯兰文明。这是一个全世界普遍认识到的很迫切的需要，然而，我们还没有大量相关的人才和系统的课程设置，尤其是在非穆斯林社会，比如在中国，我们对宗教尤其是伊斯兰的知识实际上是很贫乏的。但是，通过这么多年在北大教这门课的感受，我感觉到大部分

[①] 课程名称：伊斯兰教与现代社会；受访者所在院系：历史学系；访谈时间：2015 年 12 月 1 日。

上过这门课的同学反映收获很多。当然，这种收获很大是相对于大部分人在这方面的基础知识几乎是零而言的。这是从小到大没有接触过的知识，在大学就从零开始接触，对于很多人名、概念和现象都需要理解。尽管我们不了解这些背景知识，但现在的生活中大量充斥着与其相关的信息。因此，同学们需要一个基本的知识架构，能够帮助他们认识这些信息和分析这些问题，在以后的实际工作中，他们的知识和思维会跟没有受过这个教育的同学不一样，也就是说，这对培养一个健全的人是有帮助的。

Q：昝老师，上课的过程中，您面临的主要问题是什么？课程既要保证专业的水平，但面对的又是非专业的学生，该如何平衡二者的关系呢？

A：这确实是一个问题。伊斯兰教的很多概念和名词，对于学生来讲特别陌生，大多数学生没有这方面的常识。他们在日常生活中可以看美国大片，看西方小说，可以接收到大量的西方知识，而且很可能你的大部分老师也都是欧美留学回来的，我们和西方世界之间没太多障碍。但是，我们和人口基本对等的穆斯林社会之间有很大的陌生感，他们的很多表达方式我们都不熟悉。这些东西可能是一个障碍，会使学生感觉到困难。我不要求学生去掌握那么多的名词和概念，而是要他们领会到基本的线索，学到基本的认识论和方法论。专业性的知识是基础，但我只需要学生掌握基本的历史线索和看待问题的方式。只有一些特别重要的还是需要学生掌握的，比如逊尼派、什叶派、先知穆罕默德等。但不需要面面俱到，比如教义、神学的知识，这对我来说也仍然需要不断学习。如果过于关注这些特别专业的知识，就不符合通识教育的基本精神。

Q：昝老师，您上这门课最大的经验体会是什么？

A：上这门课也是一个教学相长的过程，没有人在所有领域都是专家。通识课比专业课难讲的地方就在于需要采纳很多其他学科的知识。如果想讲明白现代世界，讲明白伊斯兰教，则需要研究宗教学、哲学、政治学的相关知识，对犹太教和基督教有基本的了解，这并不完全是历史学的问题。通识教育不是上专业课，而是需要和现实生活、人生的体验与关怀联系起来，并且也需要和其他学科联系。而通过这门课的讲授，我自己也提高了认识水平。这是一个不断探索和成长的过程。在这门课中，我将经典阅读与历史事实联系起来讲述，这一方面需要历史知识，同时也离不开经典。另外一个方面，我在国外进修时也有意识地去观摩他们怎么教授伊斯兰的通识课，借鉴一些他们的先进经验和资料，也进行了批判性的吸收。比如，他们有拍得很好的纪录片，我尽量收集过来给学生播放，尽量使这个课程更生动活泼，也尽量跟现实中不断出现的热点事件结合起来看，这样我自己也就提升了。这也是很大的体会。总体来说，就是教学相长。

穆斯林与现代化

Q：昝老师，您觉得伊斯兰国家应该如何融入现代世界？如何看待ISIS与伊斯兰教的关系？

A：伊斯兰国家、伊斯兰世界或者伊斯兰社会等概念不完全是严谨的，这实际上是把十几亿的人口当成一种同质化的存在，然而我们对其他文明不是这样称呼的，我们从来不会称东亚为"儒家世界"，也不说西方是"基督教世界"。很难说哪个国家是伊斯兰国家，我们可以严谨地说，穆斯林人口占多数的国家可以称为穆斯林国家，或者说伊斯兰国家。近代以后，全世界陆续进入重新看待世界的过程，世界进入一个全新的阶段，这就是现代化进程。所有的传统社会都需要适应并融入这个文明之中。不是只有"伊斯兰世界"需要面对这个问题，"基督教世界"和中国也都要面临这个问题。所以，你这个问题貌似是预设了人家一直没法融入现代世界。穆斯林社会融入现代文明与我们融入现代文明面临的问题基本上是一样的，因此不存在所谓"他们"如何融入的问题。现代文明的特点是科学化、理性化、民主化、市场经济、公民社会和个人主义的兴起，等等，这套新体系对传统文明都产生了挑战，因此都存在一个适应的过程。在现代化的过程中每个国家都有成功和失败，穆斯林生活的地区是地缘政治特别复杂的地区，民族国家建设和现代化过程受到多方面因素的影响，效果也是参差不齐，我们不能只从宗教的角度，而要从综合的角度看待这一过程，因此所谓"伊斯兰世界"融入现代世界的这一提法本身就存在概念性误导，每一个国家、每一个群体、每一个个人都存在融入的问题。

ISIS活动的主体也是穆斯林，主流的穆斯林对它是不承认的，但是，ISIS认为自己代表着最正确的伊斯兰的理解，因此他们之间存在张力。恰恰是古往今来的各种争论才会导致武力冲突、分裂，它跟整体意义上的"伊斯兰"的关系也要在大环境下理解。ISIS是典型的主张暴力的、激进的极端主义。极端主义在人类历史上经常出现，能够和各种宗教、文明、传统结合，产生各种形态，例如法西斯、十字军东征、猎巫运动和宗教裁判所。因此，极端主义并不是某种宗教所特有的，其中有特定的内在演化规律。中东地区极端主义的泛滥，在相当大的程度上是因为大环境的地缘政治问题制造了土壤。极端主义很难彻底消除，只能减缓。

Q：昝老师，《古兰经》上说，"不信真主和使者的人必将归于火狱"（第48条），同时还教导教徒们"你们在哪里发现他们，就在哪里杀戮他们"（第191条，这里的"他们"指卡费勒），那么请问老师，ISIS之类的原教旨主义恐怖分子是不是在这个意义上最符合《古兰经》的教诲？而所谓的"温和派穆斯林"反而在这个意义上是违反了《古兰经》的教义？

A：这涉及《古兰经》读法和解读的问题。通常，我们需要看《古兰经》经文在何种历史条件下降示。然而历来存在两种解读的路径，一是对经文进行原教旨的解读，另外一种主张是认为先知是在特定的历史条件下接受降示，例如可能在防御的时候谈到了战争，其中会规定战争的诸种条件，而不是不分青红皂白地对"异教徒"宣战。这种分殊会导致理解上的巨大差距。《古兰经》告诉我们，人是由真主创造的，但人也还是可以有选择的，既可以选择真主，也可能选择魔鬼。根据《古兰经》，先知穆罕默德给人类带来的是最正确、完备的信息，人类应该积极主动地归于真主的正道。只有在审判的时候，每个人才最终会知道自己的善恶，也就是知道是上天堂还是下火狱。因为《古兰经》上说了，只有真主是全知的，是至睿的，也是至慈的。

Q：伊斯兰国家在伊斯兰化之前本身也有自己的固有文化，如土耳其和中亚国家主要是早先的突厥人，印度尼西亚和马来西亚主要是早先的马来人，伊朗主要是原先的波斯人，等等。那么，请问老师，这些国家都是如何处理伊斯兰教与本民族固有文化之间的张力乃至冲突的？是否存在不同的解决路径？

A：对伊斯兰的主张确实有差异化的解读，因为现实中不存在对伊斯兰教义的统一的主张，会分教派和教法学派。作为一神信仰的普世的伊斯兰教，它在全世界展开的过程，一定会遇到本土性文化存在的问题。例如，非洲一些国家长期存在巫术传统，伊斯兰教义对于这些传统理论上是否定的，但现实中也只能暂时持容忍态度，又比如说，某些地方气候炎热，妇女很难做到像正统教导的那样穿规定的服装，因此，不可避免地会采取变通之法。也就是说，当地实际和伊斯兰正统要求之间会出现差异，使得对宗教的解读会在不同的地方生出不同的特色，当然经典（主要是《古兰经》和圣训）通常还是统一的。伊斯兰教是革命性的力量，长期看它对当地传统有皈化的作用，也就是有一个重新塑造的过程。历史还在发展，在可以预见的将来，它不会在哪一个点上停止或终结，人们对于伊斯兰的理解就必将是个动态变化的过程。

Q：昝老师，您的课程名为"伊斯兰教与现代世界"，是否预设了一种伊斯兰教与现代性的对立？土耳其的主流思想并不是很极端，能说明去伊斯兰化的运动是可以成立的吗？

A：恰恰相反，我预设的是一种融合。我的基本历史观是所有建立在轴心文明基础上的传统文明都需要和现代性文明进行调适与融合，最终能够出现人类文明的繁荣，同时又不会失去多样性。从短期来看，人类没有走向大同的可能性，我主张的是从历史学的视角看待这个融合过程。

很难说哪个国家是非常极端的，包括伊朗，也不是极端的。我们很多人的判断大部分是基于碎片化的媒体信息的判断，而不是严肃的、客观的判断。土耳其在世俗化的过程中确实实现了政教分离，弱化了伊斯兰教在政治、社会和教育中的作用，但是并没有清除伊斯兰的影响。土耳其世俗化后半期对伊斯兰教育也很重视，就是要培养既具有现代科学、哲学知识，同时也受到完整宗教教育的宗教人士，再由他们负责国民的宗教教育。对整个民族来说，要形成良性的、系统性的现代宗教教育将是一个漫长的过程，但是，土耳其目前基本上做到了这一点。土耳其现代化起步得比较早,奥斯曼帝国晚期就开始了,国家目前看起来还能够一以贯之地将世俗体制坚持下去。外人会看到伊斯兰复兴的迹象,但是,这不是推翻世俗国家体制的过程,而是从文化上人民对自己传统的珍视,这应该归结为土耳其精神文化重建的过程。任何一个社会都不应该轻易抛弃或否定自己的传统,而应在前面所说的与现代文明的调适过程中"创造性地转化"它,土耳其在世俗化和伊斯兰复兴过程中算是达到了一种平衡,目前看这是一种比较健康的状态。我们也期待它能够始终保持这样一种良性的平衡。

文明的冲突?

Q:昝老师,您认为伊斯兰世界和基督教世界之间的关系会走向何方?中国在这里的位置是什么?

A:历史上看,伊斯兰教虽然出现得相对比较晚,但伊斯兰的力量比较强大,在北非、中东原本是基督教的世界已经普遍地伊斯兰化,也没有退回去。从现代化的角度来看,随着移民、现代教育的发展,穆斯林中的大部分人也在走向世俗化的过程之中。因此,一定会出现对伊斯兰教义进行符合现代化潮流的解释,人的生活既可以是现代的也同时可以是传统的,这两者并不必然矛盾。严格来讲,我们很难说世界可以划分为基督教、伊斯兰教和中国,这"三个世界"的划分并不是恰切和完整的,他们之间的边界并不清晰,因为,中国和欧洲都有穆斯林,中国也有基督徒,西方也有中国人。随着人口结构、相互交往的发展,从乐观方面来说,人类文明是走向共荣的,无论在历史上还是在现实中,不同信仰的人和平共处的例子和经验比比皆是。大马士革至今还保留着基督教的教堂,那里的学者会告诉我们过去他们之间相处是多么融洽。我在美国就看到过一些中国人和穆斯林一起到基督教堂参加活动。不能说他们会趋同,会没有边界,我看到的是他们在保持自身文化独特性的同时,也基于普遍人性的某些特征走在了一起。当然,也有不乐观的敌方,从短期来看这是一个曲折的过程,出现文明/文化的冲突、不适应,也是常见的,这在中国和欧洲也会出现。中国需要在重新肯定自身文明传统的基础上,与世界平等交往、相互学习。

Q：昝老师，伊斯兰教在中国为什么看起来没有像在欧洲一样带来这么严重的危机？中国的伊斯兰教有什么特殊之处吗？

A：在当代看起来可能是这样，但是，穆斯林在中国也有个很长时段的历史演变过程。实际上，在清末出现过对中国历史影响巨大的"回民起义"，反映的是近代中国的多重危机。这里既有被统治阶级和统治阶级的矛盾，也有日常文化和宗教的冲突。中国的穆斯林也是很多样化的，比如有很多民族都是信奉伊斯兰教的，很难说有中国的伊斯兰教这么一个类别。以中国的回族为例，他们在融合的过程中，实现了以汉语为母语，这可以说是一个特色。现代中国的穆斯林移民很少，但是，欧洲的穆斯林移民很多，逐渐形成了移民社会生态。移民去欧洲，其实大多带着对美好生活的追求和向往，追求物质生活状态的改善，相比而言，当代中国不是移民国家，我们的历史延续性较强。

Q：昝老师，对于伊斯兰教世界与周边世界的冲突，不同的学者曾做出了不同的解读，如亨廷顿认为这是一种不同文明间的冲突，还有的学者认为这是现代世界与前现代世界之间的冲突，还有人认为这是落后文明对先进文明的冲击，而伊斯兰极端分子则可能认为这是一个宗教问题（即信教者对不信者的战争），等等。老师您认为应该采用哪种角度解读这个问题？这种冲突将来又有哪些可能的出路呢？

A：这些冲突实际上没有一个统一的角度能够解释，因为在每一个点上，冲突的表现形式和原因都是不一样的。比如说现在叙利亚的冲突问题，既有地缘政治因素、教派问题，又有价值观问题和族群问题，这些原因是多样的。在埃及的动荡中，是世俗权力与宗教势力之间的博弈，里面既有利益的冲突，也有意识形态的冲突。之前推翻穆巴拉克，主要还是他无法实现人民生活的持续改善，以及无法让人民过上有尊严的生活，穆斯林对尊严的珍视非常明显，最终人民起来反对专制政体。综合起来看，里面有地缘政治、政体、经济民生和族群等诸多原因。当然也有宗教冲突，还是在埃及，信仰基督教的科普特人与穆斯林存在一些冲突，但这也可以说是内含在族群问题之中的。实际上，这些都是交织在一起的。你有关穆斯林世界和非穆斯林世界之间冲突的预设是有问题的，很多冲突实际上是在穆斯林社会的内部发生的。

博雅 GE 微访谈
经济学的视界[①]

张维迎

通识教育三问

Q：张老师，请问您理解的通识教育是什么样的？您是如何在课程中贯彻通识教育的思路并且设计这门课程的？

A：通识教育是相对于专业教育而言的。通识教育的直接目的是把各学科积累的一般性知识传授给非专业领域的学生，让同学们对其他学科有所了解，知道这些学科在研究些什么，用的是什么样的方法，有些什么基本的理论，这些理论有些什么价值。通识教育有助于学生扩展知识面，走出狭隘的专业偏见，在研究树木的时候心里有整个森林的图景。通识教育也是素质教育。人类的进步来自理性和科学，理性思维和科学知识是现代人必须掌握的，通识教育有助于培养学术的理性思维能力和科学精神，成长为一个优秀公民。

经济学是重要的社会科学之一，也是社会科学中比较成熟的学科。在设计这门"经济学原理"课程时，我注重把握这样几点：

（1）对经济学基本原理和思维方式的讲授要全面、系统，既包括主流经济学，也包括非主流但重要的经济学思想；

（2）强调经济学与现实经济运行和政策的关系，尽量结合一些案例；

（3）把经济学当作人的学问，强调经济学的人文精神；

[①] 课程名称：经济学原理；受访者所在院系：国家发展研究院；访谈时间：2015 年 11 月 12 日。

（4）批判性地看待经济学理论中存在的问题，注意培养学生的批判精神；

（5）在讲经济学的同时，也从经济学理论中引申出做人的道理，使学生更懂得合作的重要性，变得更为理性和更有合作精神。

Q：张老师，请问在上课过程中，您面临的主要问题是什么？课程既要保证专业的水平，但面对的又是非专业的学生，如何平衡二者的关系？

A：北大的学生很优秀，他们接受这门课的能力很强。事实上，愿意选这门课本身就表明他们对经济学有兴趣，也愿意接受挑战。对于非经济学专业的学生，课程不能太技术性，但内容必须系统、全面。关键是如何教会他们经济学的思维方式。为此，课程的逻辑性必须强，理论模型必须联系现实生活中的案例，讲得有血有肉，这样学生在听课时就会兴趣盎然。课程作业有助于培养学生的技术性分析能力，微信讨论可以使他们把课程上学到的内容应用于现实问题的分析。

Q：张老师，您上这门课最大的经验体会是什么？

A：讲授通识教育课是一件非常愉快的事情。只要你用心讲，学生就会用心听。吸引学生的不是经济学的技术分析，而是经济学的思想。所以，讲授"经济学原理"的通识课老师，必须自己有思想。思想是课程的灵魂，没有这个灵魂，课程是讲不好的。或许，这就是我的体会！

经济学的教与学

Q：张老师，您当年为什么选择了经济学？

A：这是个老问题了。我学经济学有很多偶然性，是在没有被其他专业录取的情况下被分配到经济学专业的。那时经济学还没有这么热，但我也很喜欢，就一直在这里学习、工作到现在。

Q：张老师，您为什么一直选择教"经济学原理"这样的基础课程？

A：好多人学经济学都是从"原理"开始的，如果"原理"学不好，基础就没打好。即使他后来不做研究，而做了其他的工作，也会对社会有不利的影响。因此我试图纠正在过去的"经济学原理"教学中存在的一些弱点，好比说有关市场失灵和企业家理论的缺失。传统经济学讲市场会失灵，其实是市场理论的失灵。市场中非常重要的因素或灵魂是企业家，但传统教材中却没有这样的内容。因此我觉得，我教"经济学原理"有个使命，就是要教给大家真正的经济学、正确的经济学，能够帮助大家更好地理解现实中市场究竟怎么运作的经济学。

主流经济学发展得很成熟，每一个大学的课程中都很基本。但我们不能回避的问题是，由于主流经济学的基本范式存在一些问题，它对市场的理解并不准确，容易产生误导。相反，一些非主流的经济学，特别是奥地利学派及其代表人物米塞斯和哈耶克，对市场的把握比较准确。所以我在课程中试图把这些东西纳入经济学中，争取让它慢慢变成主流经济学的一部分。

Q：张老师，您在教学中怎么平衡学者本人研究的思想倾向与教学内容的关系呢？

A： 每个老师的责任都是把他认为正确的东西教给学生。老师在课堂上不论讲什么课，都不能教他认为不正确的东西，我教给学生的就是我认为正确的、有价值的东西。这两者的平衡在什么地方？我想是介绍不同的学者对同一问题的不同看法。我希望启发学生去思考问题，而不是给他们唯一的答案，即使是错误的答案，也要去思考这些答案为什么是错误的。我希望，这个课能帮助学生懂得怎么去思考问题。挑战包括老师在内的权威，是我们应该推崇的态度。再伟大的经济学家，再伟大的权威也有误区，因为他们都是人，只要是人就会犯错误。人类的认识是无止境的，需要不断进步，虽然在某种情况下会退步。但人类的可贵之处就在于我们会思考、有理论，当理论跟现实有太大差距的时候，我们就会怀疑理论是不是错的。因此，要有勇气去挑战它。如果现在的经济学理论已经完美无缺了，那再去研究就毫无意义了。

但要注意到，哪怕一种错误的理论，对人的实践影响也会很大。社会科学的理论不是简单地像自然科学那样只是在预测和描述，而事实上是在改变人的理念，比如计划经济就是在错误的理念下做出的错误的实践，这是我们学社会科学的人必须认识到的。

Q：张老师，您为什么不建议本科生和硕士生发论文呢？

A： 学生要好好地把基础打好，做学问要有话则说，无话则不说。

在竞争之下，有学生确实追求短期目标。人的理性程度、伟大程度，要看他能看多远。大部分人可能看不远，也就被眼前的东西牵着鼻子走，即使是每天写文章，也没什么价值。不如潜心读书，好好思考，想出一个重要的想法，再去讲给别人听。这样是不是更好些？人类生性把今天看得比明天重，这是所谓"贴现"。但正因为如此，我们才需要用一种理性去驾驭它，今天也许不像你原来想的那么重要，明天也许不像你原来想的那么不重要，这是修炼。经济学教育应该贯彻这些东西。

Q：张老师，您怎么看待在经济学的学习和研究中数理演绎和经济学直觉的关系呢？

A：数理演绎是一种技巧、技术，大部分人都能学会。经济学直觉是最重要的，你要找到正确的、有意思的问题，否则完美的数理演绎也可能像是小孩子的游戏。你要做重要的事情。

Q：张老师，经济学往往是在有了现象之后再给出解释，这样它在短期的预测能力就比较弱。这是否有损于经济学的价值呢？

A：人类社会的现象太复杂，尤其是受到主观的心理因素的影响，并不像彗星哪天经过地球这种自然科学问题那样，可以得到准确预测。经济学能够预测未来大的变化，但不能预测特定的事件在什么年月发生。当然，这无损于经济学的价值，因为经济学是通过理念来影响人的，而不是提供某一种具体的操作方式。亚当·斯密所说"看不见的手"，哈耶克、米塞斯在20世纪30年代对计划经济的批判，都是理念。如果我们接受这种正确理念，就会采取不同的制度。可惜大部分人没有接受他们的理念。因此，经济学家是要创造理念，帮我们更好地理解人类，更好地合作，去避免大的灾难。

Q：张老师，那是什么削弱了经济学的预测能力呢？

A：人类社会和经济现象很复杂，变量之间的准确关系我们并不清楚。好比说你要控制价格，把价格控制在很低的水平，那么我们能够确定会出现短缺。但至于短缺到什么程度，我们没有那么多的方程和数据。有些人假装我们有，其实这是不对的，所以大家的预测会失败。经济学家可以告诉你，政府对价格的控制会导致物品的短缺，会引起黑市、地下经济和资源浪费，本来应该生产的东西没人生产，消费者买不到他们想要的东西。这些都是哈耶克所说的"状态预测"（pattern prediction）。但是因为我们缺少具体的需求函数、供给函数和成本数据，不可能做到准确的预测。这是由经济现象的本质决定的。

Q：张老师，您怎么看待"经济学帝国主义"这个说法呢？

A：经济学为什么会出现帝国主义？因为经济学在社会科学中最早试图引入自然科学、数学的方法，这样就显得很像科学，因为人们脑子里的科学就是指自然科学。经济学的范式在数学的角度来讲是非常完美的，逻辑很严谨，因此运用经济学来解释其他领域的现象，也能得出好多有意思的结论。比如用经济学去理解法律达到的效果就是传统的法学做不到的。这就是"经济学帝国主义"。它攻城略地，好像到了哪个领域都可以做出成就来，并对该领域的人提出挑战。

但是，帝国主义最后还是要崩溃的，没有一个帝国能长期维持下去，经济学家应该更谦逊一点。比如它过分注重物质利益的因素，而对非物质的利益像人的心理、社会地位等东西重视不够。因此我认为经济学要吸收好多其他学科的东西，其他学科提出的问题，经济学也不能熟视无睹，必须真正地去思考它。好比心理学的一些实验，就对传统经济学造成了一些挑战。当你在谈现象或利益的时候，如果理解得很窄，别人就会挑战你。而另一方面，也可能经济学范式本身就回避了这些问题。因此，经济学家必须有比较好的历史知识，特别是经济史的知识，否则就会把经济看成是给定时点下的状态。其实人类的历史、经济现象甚至人的行为都是一个演化的过程，不理解历史就不会理解演化的过程。这与自然科学不一样，学数学、物理学可以不知道这门学科是怎么发展过来的，但对于经济学来说，要了解在经济学思想史中，各种不同的思潮是在哪一个阶段、怎样的背景下出现的，只有这样我们才能看清楚我们有哪些需要改进的地方。

Q：张老师，您怎么看待"学了经济学就能挣大钱"这个观点呢？

A：经济这个词容易让人想到这里，但我不这样认为。赚钱是一种企业家精神，企业家精神在经济学里研究比较少，即使有也是非主流。经济学要描述规律（law），研究事物之间的因果关系，赚钱要遵守一些基本的规律，好比盖楼既要符合力学、材料学的基本规律，也要符合市场的规律，如果盖在没人的地方就要亏损，但是另一方面，赚钱是企业家精神的显现，是一种艺术。我不认为懂经济学就能赚大钱，它甚至会使你亏钱，而好多赚了钱的人不一定懂经济学。经济学家的使命不是教会人具体的操作技术，而是教会人们思维方式。如果真正理解了市场，那就会理解为什么计划经济会失败、为什么企业家很重要。

再比如，经济学是看这片森林怎么成长，赚钱的事就像里面的一棵树，森林可以蓬勃地成长，但是里面总有树不断死亡。大量企业倒闭，对经济学家来说不是问题，因为这也许意味着有更创新的企业代替了使用陈旧技术的落后企业，新的产品替代了消费者不喜欢的旧产品，这是好事。不过对每个想赚钱的人来说，如果企业垮了他就破产了。所以经济学不是一门赚钱的学问。但懂得正确的经济学可能会让你避免犯一些大的错误。比如你在市场中不能太贪婪，太贪婪的人做什么都会失败。因为经济中很多事是无法预测的，而人的行为是互动的，如果一个人贪婪就会看不清他面临的挑战，低估不确定性和风险，最后他就要吃亏。比如他看到股市在涨，就贪婪地不断跟进，但如果他懂经济学，就会明白没有这样的好事，泡沫不论持续多久终将会破裂，只有抑制贪婪的心，才能持续发展、持续赚钱。持续发展的企业一定会对风险、对欲望有很理性的控制，经济学不是告诉你怎么赚钱，但可能有助于你避免很多灾难性的错误。这就够了。因为人类的事务很复杂，人需要理解的东西有很多，经济学不能帮我们解决所有问题。

Q：张老师，您很重视企业家精神，但这要如何培养呢？在这方面，经济学能做什么？

A：从历史上看这两者没有多大关系，至多只有很间接的关系。一种知识只有你知道，可以赚钱，但当大家都知道就不能了。经济学的知识更多是推动整个社会的进步，例如在亚当·斯密以前人们觉得一个人做事为了自己就是不道德的，而亚当·斯密证明，一个人追求自己的利益，在"看不见的手"的指引下能为社会福利做的贡献，比他成心这么做要大。这样的理念就完全改变了人们对许多事情的看法。一个人赚钱，不能说他不道德，不能说就有害于社会，相反可能是对社会更大的帮助。如果我们改变了社会的观念，人们的行为方式就会改变。原来羞于谈赚钱、谈利润，但现在我们可以理直气壮地去谈它。这就是启蒙运动中经济学发挥的巨大作用。

至于具体到某个人，不是说读了几本经济学就可以成为企业家，但如果你真的具备企业家的素质，读了正确的经济学，就可能提高你成功的概率。如果一个人没有企业家的素质，读再多经济学也不会成为成功的企业家。甚至大学的通识教育本身，对企业家的影响都是间接的，我们看到很多成功的企业家没有上过好大学甚至根本就没上过大学，但却有良好的商业感觉。因为大学教的知识多数都是比较成熟的知识，尤其我们教育理念不对的话，告诉大家的都是确定的知识，但企业家真正面对的都是不确定的东西。

随着社会的发展，对企业家的要求也不一样。但他最基本的素质是要对未来进行判断，要具备冒险精神，要对经济、市场有感觉。但今天到了互联网时代，如果你没有任何互联网知识，那在互联网产业里成功就比较难。当然不是要你变成互联网专家，比如马云，他虽然不是技术专家，但他能深刻地认识到互联网给人类带来的价值。商业就是要把这里面的价值开发出来，而技术专家没有这样一种能力。因此，不能认为大学就能培养企业家。但是，教育不好可能会阻碍企业家精神。中国传统的科举制度就是在阻碍企业家精神。企业家要敢作敢为，敢于冒险，做其他人没有做过的事情。在这个意义上，如果大学能使年轻人的头脑更开放，不受太多条条框框的束缚，见多识广，那会有助于一些人成为企业家。

企业家要的制度环境就是自由和产权。在自由的情况下，人类的聪明才智能得到最好的发挥。在私有财产得到有效保护的地方，人们才愿意去冒险。如果知识产权得不到保护，我创造出来就被人抄走了，那我就要亏损，人们就不会再去创新了。虽然我们没有办法培养一个具体的企业家，但是我们可以呼吁社会创造有利于企业家生长发展的环境。在任何社会中，人类的基因里就遗传了企业家精神，当然也遗传了更保守的精神。但在计划经济下，即便有企业家的基因，也不会有企业家。我们现在搞市场，可以运作私人企业了，但如果知识产权得不到有效的保护，未来的法治环境不能完善，人们也不会去从事创新性的活动，而会选择去套利，赚短平快的钱，不会考虑更长远的问题。

Q：张老师，您如何看待其他学科对经济学的批评？您认为其中最有力的是什么？

A：一方面，经济学家必须重视其他人的批评。这些批评中有些是误解或不懂，出于有限的了解而指控你没有犯的错误。而有些则是经济学家的硬伤，他们自己也在反思。但很遗憾，总体来说经济学家的自我反思精神还不够，因此我这门课希望有更多的反思。还有些是对错误的经济学的批评，经济学中也有许多不同观点，那你就需要去了解其他的经济学。

目前来说，最有挑战性的问题，我认为我有能力回答，但不代表主流经济学就已经回答了。比如有人批评说，市场上坑蒙拐卖那么多，那么市场是失灵的，它需要政府干预。而我认为，坑蒙拐骗这么多，就是因为政府干预过多、产权得不到有效保护，导致人们的预期不确定而追求短期利益，自然就会骗人。在我看来，这是制度性的问题，不是对经济学的真实挑战。我希望经济学能够不断反思，面对其他人的批评而不断发展，甚至出现大的范式突破。

我自己的一些观点，也在挑战传统的经济学观点。只要是人，就有可能犯错误，会无知。你必须承认这一点。我今天讲的是我认为对的东西，我希望有人能挑战我，说服我承认自己是不对的，那我就会去改正。但是，一门学科成熟之后，就有了自己看问题的独特角度，有时要达成一致就比较难。那就只能不断进行交流和讨论，最后改变现有理论的往往不是这一代人。因为这一代人往往有自己的思维定式，要跳出来就很难，就像以前一直认为太阳绕着地球转是很显然的事情，只有你跳出这个范式，想象你在另一个星球看地球，才可能会发现其中的错误。另一个牵扯到利益问题，学科关系到饭碗，如果你要挑战说这东西错了，很多人难以接受，甚至要找理论依据来证成这些错误，例如为政府工作的经济学家就很喜爱凯恩斯主义，也许最初是因为喜欢才去为政府工作，但之后如果要说凯恩斯主义错了，工作就没了。

Q：张老师，接下来的问题是关于经济学视角中人的道德生活。您主张经济学是关于人类合作的学问，但是自利的逻辑为什么一定与合作相容，而不会激励一种伪君子的做法呢？

A：人是社会的动物，要生存和成长，基本的要求就是关心自己的利益。但是人类和其他动物不一样在于我们有理性，一个最聪明的人能够用理性主导他的欲望，认识到真正利益之所在。伪君子在任何社会都会有，但这与承认利己关系不大。反而如果说人都有利他心而没有利己心,那就全成了伪君子。这有一个学习的过程。为了在社会中更好地成长,父母会教导你怎么做人。很少有父母会告诉孩子要去抢去偷,因为这看似利己,实际上最害己。愚蠢的人就总是把对自己不好的事情当作对自己好。强盗与企业家的区别并不在于是否利己,而是企业家比强盗更理性,看得更长远。在人类的合作网络中,你真正地为别人着想,恰恰是实现你自己利益的最好方式。尽管可以通过坑蒙拐骗得到短期的好处,但一定是不长久的。从长期来看,还是有一种力量,使你把利己之心转化为利他之行。与人合作,给人带来价值,才能有更长远的发展。我们常常批评做坏事的人自私,但其实是因为愚蠢,真正聪明的人不会干那些坏事,干坏事的人十有八九没有好下场。

回到市场经济。市场经济大大扩展了人与人合作的规模,就在于它能够相对有效地解决坑蒙拐骗的问题,但我们没有办法彻底消灭它。人类没有完美无缺的制度,再完美的法律都会有人犯罪。而市场最大的好处是,我们可以相信从来没有见过的人,因为市场自发地形成了机制。比如,我作为一个企业家要卖东西,就要让别人相信我,为此我投资很大来盖商场。投资是沉没成本,但它也是一个信号,告诉大家我是要长期做下去的,如果你受骗了,我会赔偿你。这类措施无论在法律上能不能实现,但人活在世界上,口碑非常重要。我骗人了,即使法律不制裁我,一传十,十传百,最后就没有人会理我了。

由于市场经济的发展,人与人的亲密关系逐渐被交易关系取代,这未必是不好的。要看到,人可能会因此变得更一视同仁,不仅限于本村落、本地域,不同群体之间的对抗逐渐被合作取代了。两个生意人坐下来谈判的时候,可能会争吵,但他们之间的友好远大于两个打仗的士兵。市场的发展、贸易的发展,总体上在取代强盗、暴力的逻辑,使人更倾向于相互欣赏、相互尊重、相互帮助,即使是对待不喜欢的陌生人,我们也可以容忍他,承认他的人格尊严,平等相待,而且国家之间的冲突也在不断减少。市场的事业,也是和平的事业。我们人的亲密关系总有等差,但整体来讲,我们人类的合作精神在提高。

Q:张老师,怎么理解长远利益和真正的利益呢?

A:真正的利益就是长远的利益。你的幸福是有时间维度的,而不是活一天两天。人还关心后代,关心身后名声。人与人的差距主要不在于有些人自利、有些人利他，而是理性程度不一样，要看是否能看得更远。孔子不会为了眼前的利益而触犯原则，圣人就是最理性的人，他们看得最长远。其次是贤人、君子。"君子喻于义"，"义"就是要信守一种东西，不去欺骗和伤害别人，使我们赢得他人的尊重。而小人看得最短，只看到眼前一点蝇头小利。从圣人、贤人、君子再到小人，就是越来越短视。

　　教育的一大功能就是教人看得更长远一些。一件事情眼前对你诱惑很大，但放到十年、二十年之后，你会怎么看这件事呢？为了眼前的短暂好处而做了不光彩的事情，留下一生的阴影，让你感到羞愧，而你得到的那点好处是短暂的。越是强烈的欲望，有效性就越短，你要用理性去驯服和抑制它。好的教育一定要使学生学会看得更长远，视野更开阔。如果我们的教育使人更急功近利了，成为"精致的"利己主义者，那很失败。你要做理性的利己主义者，更愿意帮助别人，为别人创造价值，即使在物质上吃些亏。人与动物不同，动物只生存不发展，而人类是要生存发展的，要得到别人的尊重。你活在社会上，什么在决定你的幸福？衣食住行不是唯一的幸福来源。当然有那么一小部分人天生就有缺陷，像动物一样只能看到物质享受带给他的快乐，甚至一切都是自以为是，特别追求别人的崇拜，没有任何同情心，不会换位思考。这是不健全的人。像这样极端自私、损人利己的人是有先天精神缺陷的，即便做了惊天动地的事，以为自己很伟大，也注定要为人类所不齿。

　　但大部分人的行为，不完全由基因决定，而是由理念决定。教育对人来说非常重要，无论你要做医生、工程师、企业家还是政府官员，教育都非常重要。回过头来说，经济学没有能力培养企业家，但它作为社会科学对所有人的行为都有影响。政府官员学经济学，可能比企业家来学更重要，因为政府的决策关系到经济乃至整个生活的环境。

博雅 GE 微访谈
从博弈论出发分析和思考社会[①]

陶 林

Q：陶老师好！您所开设的"社会博弈论"在今年被教务部认定为通识核心课，能否请您先向我们简要介绍一下这门课？

A：这门课的主要目的是向同学们介绍博弈论这种基本的分析工具，以及它在社会学和其他社会科学中可以发挥的作用。社会学研究的核心对象，根据韦伯的说法，是"社会行动"。而所谓社会行动，韦伯说，是"行动的主观意义中考虑到他人的行动，并在行动过程中以此为取向"的一种行动。这在本质上是一种"互动性"的行动，可以说不仅是社会学，而且是社会科学各个领域的一个核心的研究对象。博弈论正是针对互动性行为发展起来的一种严格的分析方法和分析工具。我希望把这一套方法和工具介绍给同学们。包括它基本的分析框架，"均衡"的概念，找到博弈的均衡的方法，等等。这中间也会涉及博弈论对一些经典问题的研究，例如社会合作的内在困难及如何可能等。

Q：博弈论在其他学科譬如经济学中也有很多研究。与之相比，"社会博弈论"有什么样的相同和不同之处？

A：博弈论首先是一种分析方法和分析手段，所以不仅在社会学，在经济学、政治学、心理学等各个领域都有广泛的应用。我们这门课，在介绍分析框架、概念、基本方法等方面，和其他学科开授的博弈论课程的内容是基本一致的。要说不同，主要是在模型应用和分析案例的时候，我们尽可能地多采用一些和社会学相关的问题和例子，针对市场和

---

① 课程名称：社会博弈论；受访者所在院系：社会学系；访谈时间：2020 年 5 月 6 日。

经济行为的分析较少一些。

Q：在社会学系开设的众多课程中，这门课似乎显得比较小众。能否请您谈一谈这门课的内容在社会学学科中所对应的位置？

A：博弈论在社会学这个学科领域内的确属于一个比较新的研究视角和研究方法。但是正如我前面提到的，博弈论所针对的分析对象——互动性的社会行为——其实无论在社会学中也好，还是在其他的社会科学领域，都是基本的研究对象。博弈论提供了对互动行为的一种很有价值的、严格的分析思路和分析方法。所以我把博弈论看作是一种基本的方法，它和社会学其他的常用方法一块儿构成了社会学的"工具箱"。

Q：这门课的很多地方都涉及数学推理，请问您如何理解数学在其中的作用？

A：确实，博弈论的模型在分析过程中往往会用到一些数学。博弈论的早期奠基人如冯·诺伊曼、纳什等人都是数学家。不过就我的理解，博弈分析的实质是一种严密的逻辑推理过程。数学只是帮助我们进行逻辑推理的形式化的工具。实际上，在我们这门课上用到的数学知识并不高深，涉及高等数学的部分主要是基本的微积分知识（例如对一个函数求导数）和基本的概率论的常识（例如计算一个随机变量的期望）。在过去几年的教学中，我的观察是，同学们如果感到课程中的一些地方比较难，往往不是那里的数学难，而是概念上和分析逻辑上可能有些难度。

Q：我们了解到，在本课程之外，您还常年开设"经济社会学"这门本科生课程。这两门课之间有什么样的关系？

A：这两门课其实没有太多深层次的联系。当然，"经济社会学"里讨论到的一些问题，例如组织内的激励，又如制度如何解决合作的问题等，有学者从博弈论的视角做出了重要的分析，我们在介绍这些研究的时候，会涉及博弈论的一些基本概念。这也常常是我给"社会博弈论"这门课作广告的时机。总的来说，"经济社会学"是社会学内的一个实质性（substantive）的研究领域。而"社会博弈论"是一门方法课，传授的是一种方法。

Q：您希望同学们从这门课中收获什么？

A：我首先希望同学们能够理解和掌握博弈论的基本的分析思路和分析方法。这样，起码将来读到用博弈论对社会现象进行分析的学术文献时，可以读懂和理解，可以形成自己的判断。更重要的是，同学们在对社会生活和社会现象进行观察和思考时，自己的工具箱里可以多一样工具。这对于将来从事学术研究也好，或是在自己的生活开展思考也好，都可能会有所助益。

其次，我也希望这门课上对一些实质性问题的讨论会对同学们有所启发。例如我们会讲到一系列涉及合作问题的博弈论模型，包括大名鼎鼎的"囚徒困境"，包括"公共品生产"，包括社会学的同学比较熟悉的"集体行动的困境"。博弈论的分析可以帮助我们更深入地理解合作什么时候是容易的，什么时候是困难的，以及一些克服困难的手段，等等。

Q：这门课在今年被教务部纳入了通识核心课名单。您认为这门课在何种意义上具有通识性？对于非专业的同学来说，选修这门课会获得哪些启发和帮助呢？

A：现代意义上的博弈论的发展历史虽然只有半个多世纪，但是它已经在包括社会学、经济学、政治学在内的几乎所有社会科学领域发挥着越来越重要的影响，而且现在还日益进入如生物学、计算机科学、互联网研究和人工智能等新的领域。这是因为博弈论的分析对象是互动性行为，有互动行为的领域，就有博弈论发挥作用的空间。可以说，博弈论正在成为一种跨越学科界限的、基础性的研究工具。在这个意义上，它具有通识性。无论同学来自哪个专业，都可能会发现博弈论的视角对于自己专业范围内的某些问题是有所启发和可以应用的。

而且，无论我们从事什么样的工作和专业，我们都生活在和他人的互动中、和他人的关系中，生活在共同体和社会中。一旦我们反思社会性和社会生活——包括社会如何可能，合作的困难何在又如何能够克服，什么样的制度安排是适应我们的天性和需要的——对这些问题开展思考和讨论就是无法避免的，甚至可以说是我们作为社会共同体的成员的一种"公民义务"。博弈论虽然不能直接提供这些问题的答案，但却是寻找答案过程中的一种有价值的工具。早在现代的博弈论兴起之前，哲人们在思考社会的时候，已经不时在运用一种不妨称为"博弈论思维"的思考方式。例如，当霍布斯论证道，在自然状态中，每个人追求自我保存的意愿会导致每个人对每个人的战争，他其实就运用了一种博弈论思维。用今天的博弈论工具，可以把他的这个命题表述成形式化的模型，其最简单的例子就是"囚徒困境"。我们不一定要同意霍布斯的理论，但是博弈论工具可以使我们更好地理解他，包括他的前提假设和论证逻辑，并且更好地判断他的论证的合理性。博弈论对于当代哲学家思考的影响有时就更为直接。例如当罗尔斯从原初状态出发（他的原初状态和霍布斯假定的非常不同），论证"无知之幕"后的理性决策者会达成契约并确立关于正义的两个基本原则时，他思路中的博弈论痕迹是非常清晰的。理解博弈论能够帮助我们更好地厘清罗尔斯的思路和判断他的论证是否合理。可见，在开展一些根本性的对人之联合和社会共同体的反思时，博弈论是一种重要的工具。在这个意义上，它也具有通识性。

Q：我们还想请问一些与您的研究经历相关的问题。"社会博弈论"课程的教学与您自身的学术研究有怎样的关系？

A：我自身学术研究的大方向是探讨人的基本动机，包括人除了利己动机之外可能还拥有的道德动机、社会性动机，以及人和人之间的纽带如何形成的问题。并且在此基础上思考人的互动，以及何种制度安排最能够适合人的真正需要。博弈论对我的研究和思考来说是一种很重要的工具。一方面，通过构建博弈论的模型，我试图把一些模糊的直觉表达得更为清晰和准确，并且探究这些直觉和相关推论是否经得住严密的逻辑分析。另一方面，我尝试设计一些可以在实验室里开展的"行为博弈"或者说行为实验，用于观察和检验一些基本的对人的动机的假设是否成立。

"社会博弈论"这门课的教学，是我希望把博弈论的知识传递给更多的同学和未来的学者的一种努力。有一些同学可能希望更深入地了解我的研究，并参与进来，那么这门课就为他们提供了一种基本的准备。更多的同学，我是希望博弈论的视角和分析方法能够对他们未来的探索和思考提供一种帮助。对我自己来说，教这门课也是一个对博弈论反复思考和加深理解的过程。在海外求学时，我听到了一种说法："你想要学什么，就去教什么。"我确实是在教博弈论的过程中感觉自己对博弈论的理解在逐步地加深和明晰，从教学中获益良多。

Q：最后，请问您为什么会选择现在的研究方向？在学术方向的选择上，您对同学们有哪些建议呢？

A：选择现在的研究方向是因为我觉得人的动机问题是社会科学中最重要的基础性问题之一。不理解人的基本动机，就难以理解人的互动和人的关系，难以理解社会，也难以回答什么样的社会是更好的（和可能的）社会。这种基础性问题很重要，当然也非常难。但是我对于同学们选择学术方向的建议是宁可选难而有挑战性的题目，而不挑容易的和浅的题目。这在目前的急功近利的学术制度里是越来越难以坚持了，因为学者毕竟也要生存。但是如果可能，我还是会建议选根本性的、自己有激情的题目作为自己的目标。就像婚姻，选择自己的真爱，才不会后悔。

博雅 GE 微访谈
思考死亡是为了更好地活着[①]

陆杰华

作为通识教育的"死亡的社会学思考"

Q：您为什么会开设"死亡的社会学思考"课程？

A：开设这门课其实有各种目的，第一，学校要求老师，特别是教授必须上本科生课，这是最直接的原因。我作为一名老师，有义务开设本科生课程，那是最低的工作标准。其实，之前我讲授过一门本科生课，课程名称是"人口资源环境社会学"。我后来就把"人口资源环境社会学"的课给取消了，选择开设这门课。

第二，我上这门课还有几方面的原因。主要原因是2013年母亲去世，当时得的是肺癌。现有的观念对癌症、肿瘤的理解是什么？她得了病以后你还不能跟她说得了这个病，她吃那个药是特定药，不能说这个是跟肿瘤有关系。所以直到我母亲去世了，她也不知道，也没有人去跟她说，你得了这个病。也没有人开诚布公地和她说她的生命其实已经在倒计时。那么我就想，这可能是中国人对死亡的文化传统的一个痕迹。我想，对年轻人，或者我们这代人来说，其实应该改变这种传统。从个人的角度来说，死亡这件事儿是我们每个人都要经历的。我们直面它，可能比回避、恐惧、漠视更重要。这是我个人的原因。我的感受是，要上一门课，使得年轻人，使我们的孩子能够了解死亡。所以虽然这门课叫"死亡的社会学思考"，但不是说只能让社会学的学生去选。其他院系的同学也能够选。

[①] 课程名称：死亡的社会学思考；受访者所在院系：社会学系；访谈时间：2020年4月。

第二个原因就是，因为我从20世纪90年代末就开始做老龄健康。人类肯定会有从健康到达不健康的时候，特别是到了疾病最后的时候，当你生命倒计时的时候，临终的时候，还有其他的关于死亡的一系列问题，这些都促使我逐渐对这个领域有比较多的了解。在这样两点的基础上，二十多年来做了一些研究，关于死亡和临终相关的议题，然后参加了一些会，觉得这个死亡社会学，不论是从学科上来说，还是从现实来说，对我们都是非常重要的。

第三个目的就是，在发达国家，以及包括香港这样的发达地区，死亡社会学其实都不同程度地设置或者列入了大学课程中，但是中国大陆基本很少，应该说是没有。就整个学校而言有其他学科在谈死亡，但是我觉得从社会学去思考有它独特的魅力。所以我想在退休之前能够推动这件事，使学生了解这个学科，还有一点就是希望大陆能够在不同的高校对这个学科做一个普及和推广。总之，我也是想做一点有益的事情。

Q：您怎么看待"死亡的社会学思考"这门课程被列入通识核心课？您开设的这门课程，它既是社会学系学生的专业课，也是全校通选课，请问老师在授课时如何把握这两者之间的平衡呢？

A：通识教育不完全是一个专业课，它蕴含着多元化的教育理念。那么通识教育的目的就不是进行某个特定专业的培养，它可以打通不同专业，这门课也好，这门学科也好，通过打通不同专业，然后培养一种在这个议题、这门课或者这门学科的一个学理的素养。

那么从社会学上来说，因为我叫它死亡的社会学，或者是说叫什么其他的社会学，其实是想提高选课同学的人文素养。最终目的是想让我们对这一类的社会问题有一个比较健全的理解。我觉得这也是一个对通识教育的解释。更重要的是通过一些特定的课程，让选课的同学能够在特定的问题上有一个学理的认识，进而在行为和态度上影响他的人生乃至他的同伴。

"死亡的社会学思考"的课程特点

Q：为什么这门课程的名称叫"死亡的社会学思考"，而不是直接叫"死亡社会学"？

A： 这课有时候选的学生比较多，我们在限额的时候，大部分都是优先考虑社会学专业的学生。但是我想，从学科多元上来说，应该让更多的其他学科学生来选这门课，来了解社会学的一些知识体系，这是第一个方面。

第二个方面，"社会学思考"是从我的课程内容设置这方面考虑的。如果要说是社会学的话，我的课程一定是有一个相对完整的体系。现在的课程是专题性的，当然也不是所有专题我都设计，因为不可能在一个学期把死亡社会学所有的内容都涵盖进去。我讲的时候基本上要讲主要问题，讲重点的议题，那么有些细的东西因为时间关系就不用讲。所以这是我把这个课程设置为社会学思考的原因。

最后一个方面，之所以叫思考，是因为对于中国人来说，我们对死亡的思考其实才刚刚开始，我们还在路上，我们虽然有一些进展，但并不完整。因为不是所有人都在思考这件事，好多人都在回避，所以我把这个课程定义为"死亡的社会学思考"，主要是基于这三个方面的想法。

选择说"思考"，还有一个考虑。因为好多学生，包括我做本科生的时候，选课都比较实际。第一，我这个课程是必修课还是选修课，或者是公选课。课程叫"死亡的社会学思考"，我更多的是希望这个课程能让我们先从话题开始，"思考"是在说对死亡社会学的一个学理的认识，但其实我们也都是在进行初步的探索，没有标准的答案，不像数学或者一些价值观存在是或否的问题，死亡社会学的相关议题可能是一个相互有争议的话题。

所以我认为，"思考"很重要的含义就是每个人对问题可以有不同看法。比如说安乐死，有些人认为是好的，有些人就认为它不对。但是我们通过思考，能够更多地去了解一个有关死亡的问题，通过一个多元的认识，逐渐地形成自己的价值观，自己的想法。

Q： 请问老师，国内死亡教育/死亡观的现状如何，我们应当在什么时候接受死亡教育呢？

A： 我最近刚跟我的一个研究生写了一篇文章，关于中国人死亡教育的问题。中国人的死亡教育从整体来说是缺失的。从整个国内来说，在我们的教育体系中，关于教育规划发展的整个核心内容，往往很重视生命的教育，但它没有谈到死亡，只说我们怎么样能有一个好的生命。但是生和死是硬币的两面，我们有时候忌讳谈死亡，就可能忽视另一个方面。所以从这几十年来讲，死亡教育也好，死亡观念也好，我们都是缺失的。当然，这跟我们过去的文化传统也密切相关。这两年由于出现了各种社会问题，有一些学者、决策者，特别是一些医生，都在呼吁我们要推动死亡教育，提高国人的死亡素养。就我们这几十年来说，特别是改革开放之后，我们整个教育的理念是要提高整体的国民素养。国民的素养很重要的，它包括很多内容：第一是教育的素养，第二是健康的素养，但是没有人说我们去提高死亡的素养，其实死亡也是国民素养很重要的一个方面，死亡素养关乎我们怎么去看待死亡这一现象。

我觉得，这两年一些社会组织、知识分子，包括一些决策者在逐渐推动死亡教育。特别是2018年国家机构的职能改革以后，国家卫生健康委员会成立了一个老龄健康司，它把临终关怀和缓和医疗视作一个重要方面。但临终关怀和缓和医疗，也不是死亡教育的全部。死亡教育的内容是更广泛的，我们现在希望死亡教育能够纳入我们整个的教育体系之中。

这个纳入不仅是对中小学生、大学生，更重要的是对我们公民的死亡教育。这个死亡教育有它特殊的意义——我们怎么样去看待生和死，怎么样去构建一个向死而生的价值观。此外，死亡教育可能会改善医患关系。比如我们现在面临的很多医患关系紧张问题，实际上背后是我们对死亡的不充分认识。每个人都会死的，有些疾病的确不是医疗技术能够解决的。

所以我们怎样建立起死亡教育体系，如何看待我们的疾病（比如刚才我们提到的恶性肿瘤问题），以及能否建立一个适合现代文明的死亡价值观，这些都是我们推动死亡教育的一个重要宏观背景。

Q：在"死亡的社会学思考"课程安排中有两次实地考察，想请老师介绍实地考察的具体安排，以及分享一下考察中您印象深刻的事情或感悟。

A：按照惯例，我们每学年的课程都至少安排两次实地考察。实地考察的一个必选地点是八宝山，就是每次国家领导人去世了，要告别的那个地方。然后次选会有两个，一个是临终关怀的机构，这两年临终关怀机构去得要多一点，还有一个就是墓地。其实能去的地方还是很多的。

我想，选这样两个地方，其实有几方面的考虑。第一就是去八宝山，很多人都没有去过殡仪馆，如果去过的话，可能是自己的亲友故去的原因。而我们以一种学习，或者说理解的心情进入殡仪馆，接触殡仪馆，结合课堂内容，可能就会有不同的感受。

我总在说，我的人生就是看三座山，第一座山应该看井冈山，因为我们是社会主义国家，应该有一点革命的理想。但是看井冈山的时候，基本上是年轻的时候，充满着革命的激情，对社会主义充满着自信。然后第二个就是要看普陀山，看普陀山的时候，年龄大概到了四五十岁，不能提前太多。到了这个年龄，可能很多人看很多事情要平淡一些了。钱多钱少，官大官小，是不是教授，是不是长江学者，是不是院士，其实不是特别重要，很重要的就是爱这份工作，能陪伴自己的家人，这比所有的名利都重要。第三座山就是要看八宝山，看了八宝山以后，就觉得人生其实很短暂，不论你社会地位高低，你都要走，从生到死，就像抛物线，有的社会地位高有的社会地位低，但是死亡都是个终点。其实就是怎么样去看生和死，特别是到最后的时候。很多时候有一个说法，当你心情不好的时候，很郁闷的时候，去了殡仪馆你会豁然开朗，觉得人生还有很多的东西，有很多的梦想你可以去实现。

去殡仪馆，第一我们是敬畏生命，因为生命是很脆弱的。我在课堂上也说，死亡其实还有一个偶然性的特性。世事无常，特别是一些突发事情。选了这个课的同学去过以后，他通过了解这个地方，促进他心灵里某些东西的成长。他也没有觉得殡仪馆有那么可怕，我们一想起殡仪馆总是觉得很可怕。通过了解整个流程，大家就能感觉到敬畏。这就是第二，会减弱害怕的情绪。

现在，像八宝山它有很先进的这种工艺，有很人性的东西。我们请火化的那些师傅去讲，他的很多同事都干了二三十年，有很多切身的体验。我和同学们印象最深刻的都是，最后在火化之前，有些人会有需求对逝者进行一次最后的化妆。

讲解的时候，我们讲为什么要做，然后有哪些流程。比如说最后的化妆，像车祸中的逝者，他基本是面目皆非，通过化妆师留给了逝者最后的、最完整的一面。我觉得殡仪馆的化妆师也是在做心灵的美容师。了解这些东西，我们就想到每个职业虽然不同，但没有高低之别，我们只有尊重这份工作，才能有更多的这种人文关怀。

我再讲一个分享。一个社会学系的同学，她在去过八宝山之后还来找我，说老师能不能帮我联系一下殡仪馆？我问她还要去殡仪馆干什么？她选的是劳动社会学，她就特别想了解殡仪馆这部分人，她想了解这些人职业上的一些压力，他们的心灵，因为他们每天面对的工作环境和我们是不一样的，他们心里承受了很多东西。她除了关注这些人对自己职业的看法，也关心他们的家庭，关心他们的心理问题。所以我想这门课对学生的感受其实是很丰富的。

还有呢就是，我记得2017年我带着学生去临终关怀机构，很多同学去过之后会产生很多感触。过去好多同学印象中的临终关怀的对象都是老人，他们一看到有几岁的小孩的临终关怀，他们非常有感触。这让同学们认识到，我们的生命第一是脆弱的，第二就是生命会面临很多困难，有时候不该发生的事情的确就发生了。

还有一个比较感动的事。这几年上课，同学可能在课堂的时候不会跟你说他有什么问题，好多沟通都是私下里来找我。比如说有些同学可能是因为父亲或母亲的早逝，他面临着丧亲的痛苦，特别是从儿童阶段就开始的。还有的同学身体不好，比如说有先天的心脏病，他也会聊。我跟他说我不是心理医生，我也不是医生，但是我愿意从我个人的感受去跟你做一些沟通。所以对这些人群，在他面临负面的生活事件时，很重要的一点在于，无论是作为老师还是朋友，你给他一些陪伴，这样可能会缓解他心理上的一些焦虑。

学堂内外的"死亡"议题

Q：现在新冠疫情已经蔓延至全球，我们每天都能看到确诊人数与死亡人数在持续上升，我们该如何面对这些数字？如何从这些数字中找到问题？

A： 因为这次疫情，北大课程大都改成了网课。刚刚开学的时候还觉得有个两三个月可能就要恢复到线下上课，但是没想到一直没有。疫情比较严重，尤其是国外的蔓延。让人吃惊的是，确诊患者已经超过了200万人，而引起我们更多关注的是，死亡人数在不断上升，像昨天已经超过13万人，这个数字我觉得还会持续上升。

看到13万、200万这样的数字，我觉得每个人都能切身体会到无情的疫情给我们的生命带来的潜在风险。因为每个人都在事件中——社会学都是关注我们生活的世界，往往都是通过一些日常的生活进行观察——疫情现在变成我们日常生活中很重要的一部分了，我也不知道什么时候能够结束。从这些确诊和死亡中，现在我们切身感受到了这个社会其实面临着很多的风险，其中包括健康风险——一些确诊的患者肯定是面临健康风险，我们不太确定，将来治完了以后他们会不会有什么后遗症。

从13万这个数字切身体会了死亡的风险，这些都是突发的，不是按照我们预想的生活轨迹去进行的。所以我觉得，这对湖北，对世界，都是一个值得思考的问题。第一，我们怎么样去避免我们社会中所面临的各种风险。第二，因为我是做健康的，所以还包括我们怎样才能更健康。面对很多数字，我们需要做更多的深入研究。比如说同一年龄，为什么有些人能够恢复，有些人就逃不出来，有可能是受到社会经济地位，或者各种医疗条件的影响。但还有很重要的可能，和你的生活方式、生活习惯、健康素养有一定的关系。因此我们在后面要去思考，我们怎么样去促进健康，降低疾病风险。

我在课堂上说，死亡其实每天都在发生。这次疫情的确使我们切身体会到了两点：第一，死亡不是一件离我们很遥远的事情，而是离我们很近，我们都有死亡的风险。第二，死亡并不是我们的敌人。

我们从死亡社会学这个学科来看，死亡13万人还意味着很多人的社会关系的改变，要对逝者抱着一种尊重。对于生者来说，其实也改变很多，他会带着很多内疚、痛苦或者缅怀的思维去度过余生，或者在短时间内会有很多心理认知上的问题。我们应该从疫情中得到一些启示，我们能够更好地思考死亡这件事，而且因为我们活着，我们应当更好地去做好我们自己的事情，更好地去树立我们自己能够达到的目标——其实很多时候我们往往设定了一些过于宏大的目标，但是很难实现。在这种意义上，我们如何从小事做起可能更重要。

博雅 GE 微访谈
中国工业体系与中国经济的未来[①]

路 风

通识教育与课程情况

Q：老师可否谈谈开设"全球视野下的中国工业与经济发展"这门课的基本设想以及之前的开课情况？

A：这门课是想帮助我们的同学理解这个现代世界是怎么来的，所以从工业革命开始讲起。工业革命是人类历史上的一件大事，它发生的前因后果以及它后来的展开对所有国家的经济发展都非常重要。你不了解、不理解这个重大历史事件，以及它所开启的世界工业化的进程，那会是一个缺陷，本科生应该了解这个。2007年我第一次开这个课，到现在开过6次左右。开始是每年都开，后来因为太累了，就隔一年开一次。大致的情况是，学生开始比较多，后来少一点。几个原因，一是这门课隔一年开一次，导致新的学生对这门课比较陌生，再就是这门课是讲技术创新、讲工业的，这个在我们学院不是特别大众，因此也会影响选课人数。

Q：这门课从今年起由北大教务部设定为通识教育核心课程之一，请问老师是如何理解通识教育的？

A：我理解的通识教育，从社会科学这方面来讲，就像上面说的，是本科生应该知道你现在生活的这个世界是怎么来的，应该知道重大历史事件所引起的理论上和实践上的影响。比如美国本科生就要学宗教改

[①] 课程名称：全球视野下的中国工业与经济发展；受访者所在院系：政府管理学院；访谈时间：2018年5月。

革,要学文艺复兴,也是为了理解这个现代世界是怎么来的。

Q: 老师对于这些重大事件的讲法和高中课本有什么不一样?

A: 我给你举个例子。高中课本是怎么讲工业革命的?高中课本讲,因为有所有这些条件,所以工业革命发生了。但是,你可能并非真的理解这个过程。我这个课是怎么讲的?我会告诉你:为什么工厂制的出现是关键的一跳?工业革命跟英帝国的海上扩张是什么关系?跟当时英国的政府政策是什么关系?我是在还原一种历史过程,所以能更充分地解释英国工业革命是怎么发生的,而不是像高中课本讲的它肯定会发生。在我那儿,这一点你是看不出来的。你得充分理解历史的复杂性。再有就是我这个课其实更多的内容是讲中国的工业发展,从第五周一直到期末都是中国的内容,这是我自己的研究,和官方的解释不一样。比如我这几周讲重工、大飞机等等,我会告诉你,这一切都是怎么来的,其实背后都是曲折,都有错误的决策导致的后果,非常复杂,最后取得的成就不能全归因于英明决策——那些决策经常是有问题的。我们同学通过这个课至少能知道在复杂的、真实的世界里事件是怎么展开的,什么力量影响了这些事件,这跟高中课本是两回事儿。而且它在理论上有些是反直觉的,比如我们高中讲改革开放的时候都说引进外国先进技术是一大原因,但所有工业的例子里引进外国技术都是导致中国工业倒退的原因。所以你得真正地去思考改革开放中什么是对的,什么是错的。

国内工业体系研究

Q: 老师先后在海内外高校求学,并且有着丰富的政府工作经历,老师是如何在长期的学习和工作中把思考问题的焦点集中到中国工业体系上的呢?

A: 我一直研究工业发展,原来是一个工业研究、一个工业地研究,研究多了之后,就发现它们互相都有联系,所以有了足够的积累之后,又把问题提高到工业体系的层次上来讲。

Q: 目前国内对工业体系的研究情况大概是什么样的?

A: 基本空白。有时候媒体会讲工业体系,但是没有理论,也没有拿它去解释什么。我首先把它理论化了，从理论上来讲它为什么会有递增报酬的机制之类的。再有我是用它来解释中国改革开放后经济发展的原因，我给出的是一个工业体系的解释。

Q：为什么国内没有关注这方面的解释？

A：这个需要长期的研究，不是一下就能想到的。经济学家不懂企业，不懂工业，也不懂技术，因为经济学的教科书里没这些内容，经济学就讲均衡、讲市场需求、讲价格、讲供给之类的。如此一来，他当然不懂工业了，他就不会拿工业去做什么解释。这样就使得现在流行的经济学理论无法解释中国为什么会出现快速的经济增长，我就做一个补充，因为我长期研究工业，所以我大致知道工业怎么发挥、怎么运行、工业相互之间的联系等等。这样一个理论的出现是基于长期的研究才有可能。

中国工业与经济发展

Q：老师认为，中国在改革开放前就已建成了近乎完整的现代工业体系，这是改革开放后中国经济之所以能够高速增长的最重要的原因，也是区别于其他发展中国家经济增长的最重要的变量。中国经济增长的变量应当不止这一个，请问老师何以认为这是最重要的变量而不是其他？

A：有的人说原因是市场改革，是对外开放，等等，这些都可以解释，但解释来解释去，我从社会科学的因果链条来看的时候会发现，经济增长无非是物质生产，生产无非是体现在产品上增长了，而所有产品都是工业做出来的。有人拿产权做产品吗？说我有产权，我就能做汽车。说我有市场，我就有半导体集成电路了。这怎么可能呢？根本没有这种情况。所以在我看来，任何变量都必须通过工业才能发挥作用。这是最重要的变量，是操作层面上的变量，任何理论想绕过它都会是错的。所以任何制度上的东西，都必须通过影响工业体系才能作用于变量，也就是我们讲的经济发展。这就是我为什么认为工业体系是最重要的原因。

Q：老师在课堂上反复强调自主创新的重要性，请问老师是如何理

解自主创新的？就目前的情况而言，我国自主创新要克服的最大障碍是什么？

A：自主创新其实很容易理解，你看特朗普的行径就知道了——你自己没有的时候，你自己不做的时候，别人就来卡你。最大的阻碍就是幻想可以不做，以为可以直接买来。我们一直有这个幻想，一直说什么我们融入国际分工啦，我们可以不用什么东西都自己做啦，然后特朗普一来就给你一记耳光。

Q：**老师在课程中谈到 2000 年之后我国工业产能有一个非常快速的增长，但是我们现在经常谈"产能过剩"，要"去产能"，我们该如何看待这个问题？**

A：我认为这个问题是个世界观的问题，你从不同的理论视角来看是不一样的。认为它过剩的是认为中国经济失衡了。但是我从我的研究来看，认为不是这个问题。主流经济学的理论就是均衡，但我坚信的是一种动态的、不断打破均衡才能发展的理论。至于怎么看的话，局部产能过剩是常态，到处都这样，但它不是中国经济发展的中心问题。这几年我们把它定义为中国经济发展的中心问题，我认为是错的。错在它没发展目标了，没有方向感了，认为把产能去掉了，它自动就好了。这是经济政策上的一个大问题。

Q：**老师如何看待目前中国和美国之间的"贸易战"？**

A：贸易战对我来说是结构性的。中国的发展是有潜力超过美国的，因为有潜力超过美国，所以美国总会在一个什么情况下整你——不是贸易战就是别的战。所以这是一个结构性的问题，跟个人认识没什么关系，跟是不是特朗普上台也没有关系。

Q：**这对我国经济意味着什么？**

A：意味着我们真的要超过美国了。为什么呢？自从贸易战打起来之后，你可以观察到中国社会迅速形成了主流的共识，就是要自己干，包括领导人也在这么说，这样就会形成一种决策上的意志。这个跟刚才讲的自主创新有关。今天谈的很多事情，我们其实早就干过。但之前呢，我们以为能够通过融入国际分工，通过引进技术，通过引进外资，就能把这个问题解决了。这些都被历史证明不可能，尤其是这次贸易战。所以这场贸易战会深刻地影响中国的经济政策和企业的行为，可以让中国政府，包括企业、工业界，理直气壮地去开发和掌握自己过去不能掌握的技术。本来中国经济规模就很大，这些瓶颈一破，你可以想见未来中国经济的发展。长期来讲，这对我们国家是一件好事。

Q：老师在课堂上谈到，我国目前已建成了世界上最完备的现代工业体系，在全球视野之下，我们应当如何展望中国工业体系和中国经济的未来？

A：展望就是，我会告诉大家：回到历史的起点。在1750年的时候，中国制造业占全球制造业40%多的份额，我们现在大概占20%多，然后还在增长。所以我最后一节课会有张图告诉你：回到历史起点，回到二百五六十年前。这不是我说的，是我课程的一个参考书，罗伯特·艾伦的《全球经济史》说的。这就是中华民族的复兴。复兴啥意思？就是回到原来的光荣，要不然就只说发展，不用复兴了。最完备的工业体系其实就是给了我们这样一个复兴的基础，它是前辈们建立起来的，中国人民为此付出了巨大代价和牺牲，所以年轻一代有责任继续做下去。所谓全球视野就是重回巅峰。

博雅 GE 微访谈
学习历史学看问题、解决问题的方法[1]

郭润涛

Q：您理解的通识教育是什么？您又如何看待通识教学中的历史学学习？

A：以前有一个"综合性大学"的概念。综合性大学有一个特别好的优势就是，文理诸科课程设置比较丰富多样，同学们可以去旁听各种各样的课，了解专业之外的领域和思路。不同专业的同学之间互相影响，也是很重要的学习途径。后来考虑到专业的界限，设置通选课，为不同专业的同学选课提供方便。又在此基础上选择优质课程，供同学们选课。其目的就是打通专业界限，促进同学们学习各种专业的知识。对于刚刚开始学习专业的同学来说，应该先打开眼界。有较宽的知识面，是非常重要的。现在的学科设置还是分门别类的模式，而且越分越细，专业化程度非常强。因此有必要强调跨学科、跨专业学习，以弥补学科细分的不足，打通学科之间的界限。

我们以培养高层次人才为目标，这就要求同学们的知识面比较全面。本科阶段是打基础的时候，一开始就局限于单一专业领域，是有问题的。国内外从事教育教学的工作者都有共识，所以现在比较重视通识教育。我以前开设通选课，现在开设通识课，也是基于这样的认识。

以我所学的历史学专业来说，我以前接触过许多非本专业的同学，发现他们真的非常喜欢历史，非常愿意学。我以为，历史学的知识素养，不应该只限于有历史兴趣的同学，而是应该成为所有高层次

---

[1] 课程名称：明清经济与社会；受访者所在院系：历史学系；访谈时间：2018年12月。

人才的基本素养。历史学不单是讲故事，而是认识社会、认识自然、认识人自身的一种方法和途径。当然，不只是历史学，文学、哲学、宗教、艺术、语言等等学科都一样。总之，人文学科是我们认识和理解这个世界的重要途径。一个人知道的东西多了，考虑问题会更全面，体察周遭会更细致，也就会有更多解决问题的办法，而不至于一意孤行。

历史学是一门很成熟又不断发展的学科，内部专业分得很细，有很专门的研究领域，所以需要有专门从事研究的学者和学生。对于非本专业的同学而言，学习历史知识很重要，有助于培养一种人文素养。学会去关心自身之外的事物，比如了解我们所处的社会的过去，从过去来理解现在以及将来。历史学习不仅仅是一个知识性问题，其实更重要的是学习历史地看问题、处理和解决问题的方法。现在历史学比较强调利用其他学科的方法来做研究，其实历史学固有的研究方法值得发扬光大。细心地考索资料，努力地逼近事实真相，深入地探究有关制度、事件、人物等背后的复杂因素，揭示看上去似乎不相关的事物之间的联系，探明历史上人们面对各种问题而作出的应对办法。这样的研究方法，虽然不限于历史学一门学科，但在历史学中是最集中、最突出的，也是最成熟的。我想，对于大部分人来说，历史学处理问题的方法需要一个学习过程，并不是天生就会的。

Q：可以简要介绍一下您这门课程的思路吗？您希望通过这门课达到怎样的效果？

A："明清经济与社会"这门课讲的时间段，大概包括从14世纪中期到19世纪中期这么一段。这段历史，相对来说距离我们今天比较近。同学们通过各种各样的途径，包括小说、电视剧等，对于历史有不少了解。对于经济史，可能了解会少些。课程题目叫"经济与社会"，基本设想有两点：一是要讲明清的经济状况、经济发展的情况；二是通过经济发展的情况去看当时的社会变迁。课程分专题讲授，涉及人口、农业、纺织业、商人与商业、市镇、海洋贸易、金融和财政等，试图透过这些方面的内容去看那个时代的变化，尤其是注意一些与我们今天的生活一脉相承的经济现象及其变化过程。

具体地说，首先讲人口，因为农业、手工业、商业的发展都直接与人口相关。我将人口史作为课程的逻辑起点，道理就在于此。18世纪，清代乾隆时期，出现了所谓的人口爆炸，人口从两亿增长为三亿，到19世纪中期达到四亿。这样的变化历史上从来没有过，人口以亿为单位增长，引发了一系列社会问题，对人们的吃饭穿衣都提出了一系列挑战，就是所谓人口压力。所以，在讲完人口增长及其迁徙之后，自然而然地可讲土地开发和粮食生产的问题。非常有意思的是，美洲作物在此时传入了，且持续推广，何炳棣先生就是以此来解释人口增长的原因。接着讲穿衣的问题。衣料生产其实与粮食生产同等重要。在元明时期，有一件经济史上的大事，就是棉花的种植和棉纺织业的产生、发展。棉布最主要的产区在江南，松江、嘉兴等地所产的棉布，不只是自产自用，还供应全国和海外。这就引出了商人和商业，以及市镇兴起等问题。明清时期的商人以"客商"为特征，从事远距离贩运，他们是市镇的主要角色之一。这样，一幅社会经济史的图景是不是较为完整地显现出来了？更有意思的是，在明代嘉靖年间（16世纪），民间海洋贸易也兴盛起来，远在西方的葡萄牙人、西班牙人也汇入了这场海洋贸易之中。这是全球化的开端。一国的社会经济史，成了世界社会经济史的一部分。讲这场贸易，可以说明美洲作物传入的具体路径，同时又提出了美洲白银输入的问题。这样就涉及明清时期的货币与金融。白银作为货币，在明代经济中是至关重要的因素，它催化了一系列的制度变迁。金融是高级的商业活动，比如山西商人开设的票号，将民间汇兑业务推到顶峰。而典当业和钱庄的发展，尤其是19世纪后期以上海为中心的轻纺业、贸易和金融，再加外资，是中国现代经济的基础。总之，社会经济的演进，呈现的是一环套着一环的关系图景。最后，会简单地讲一下财政的问题。财政史属于经济史的范围，包括赋役制度等问题，是一个重要的学术领域，其实完全可以单独开课，这里只能对前面提到的问题稍作解释。讲完财政，学期就结束了，课程内容大体如此。

开设这门课，我首先希望引起同学们的兴趣。从经济到社会，这是一个内容丰富的领域。同学们在选课时可能是对经济史、社会史有兴趣，也可能是对明清史有兴趣。但一旦进入这门课程，对其中的内容是否产生兴趣，可能是另一回事了。所以，我希望能够引导同学们产生进一步的兴趣，去了解更多的历史事实，引起不断的思考。

Q：这门课尤为倚重经济史的视角，老师认为经济史在考察中国社会的现代转型的过程中能带来怎样独特的视角呢？

A：经济史在学界大致有两种讲法：一种是经济学背景的经济史，一种就是历史学背景的经济史。经济学背景的经济史在过去被称为国民经济史，现在有计量经济史等。历史学背景的经济史则叫社会经济史。我自己学习的是社会经济史，但也尝试着与国民经济史的讲法相结合。前面说过的农业、手工业、商业、金融等，是按照国民经济学讲产业结构的方法来的。以前的国民经济史主要讲生产力，讲产业及其结构；社会经济史则主要讲生产关系，比如土地所有制、租佃关系、雇佣劳动等。土地怎么经营？涉及所有制和分配方式。这些又涉及其他社会关系，以及政治关系，总之各种各样的关系因素都会牵涉其中。历史学研究与经济学研究的差异，大概就在这里。它需要综合性地看问题，用复杂的眼光看待历史。前面说到人文素养，就我理解，这就是一种人文素养。

一种经济现象并不是抽取其中一个要素就可以探明的。我们讲社会变迁，即使是某一经济现象，也不是由单一的经济因素决定的，而是众多因素在一起共同作用而造成。常常与经济相对而言的政治因素，其实是无法避开的。比如商业，在明中叶突然兴起，与当时国家的盐政政策、赋役政策相关。又比如社会动荡，对经济的影响非常大。此外，气候的因素，对农业至关重要。社会经济史跟纯粹经济学背景的经济史不一样，它需要考虑各种各样与经济相关的因素，设定几个经济要素之间来讨论，或者单纯地做计量分析是不够的。当然，我们也向经济学等社会科学学习，其实社会经济史这门学科，就是在经济学的影响下产生的。这门课有一个设定，就是从经济的角度看问题，这个经济概念，就来自经济学。历史问题实在太复杂，具体研究和教学中做一些预设，做一些逻辑上的界定，是必要的。

Q：您觉得，这门课作为一门通选课，跟历史系的专业课有什么区别？

A：我觉得没有区别。这门课最早是给本专业学生开设的课程，后来申请为通选课、通识课。现在选修这门课的同学有一部分是本专业的同学,所以我不能降低要求。对于其他专业的同学,我想他们来选修这门课,也不想遇到一门没有专业性的课吧。我不希望一门历史系的课,放到全校范围去开,要求就降低了,要不然学历史专业的课就没什么意思了!

有不少同学来选课的时候问我,这个课能不能听懂?我的答案是,完全没问题。单就一堂课的知识点来说,学生听不懂,不一定是高深,而是讲得不好吧。

Q:请问您在选择文献的时候有哪些考虑?由于参考文献都是研究类文献,那么您是否考虑过要求学生阅读原始材料?

A:阅读文献或参考读物,没有新旧之分。是否选定为指导读物,要看学术质量。我选定指导读物比较谨慎,数量要控制,选多了也读不完。大致上有两个考虑:一、已经行世一段时间了,学界评价不错;二、比较适合做基础性读物。比如何炳棣先生的书,我是强烈推荐的。我见过何先生,他对我说,他的书是不会误人子弟的。我完全赞成他的自我评价。我也希望推荐一些不会误人子弟的书。对刚开始接触明清史或明清社会经济史的同学来说,我想先介绍一些靠得住的书比较好。我指定阅读文献,是希望同学们能够都读一读。布置作业,也有相关考虑,至少让同学做一篇读书报告。我认为,仔细地读一本书很重要,阅读加上思考,是学业精进的不二法门。我曾经在课程论坛上写过一段引言,说我不过是一名导游,带大家领略明清时代的风景。我努力讲得引人入胜,但看到什么、看到多少,全靠各位自己。道理就是那句话:"师傅领进门,修行在自身。"

我也希望学生能够去读原始材料。我们本专业的课里特别强调读原始材料。因为涉及其他专业的同学,我提供的是标点好的史料,这样阅读起来会方便一些。如果说与专业课有不同,这是一点。在专业课中,我直接复印原版古籍给他们读,没有句读。我特别希望其他专业的选课同学能读一点原始资料,现在条件好了,可以很方便地找到影印或扫描的古籍。看那样的书,会有一种与古人接触的感觉吧。要真正了解或理解明清时代,应该读当时人的书。

Q:想请问一下您的个人经历。我们了解到老师的研究专长是明清社会经济史和明清地方行政史,我们很好奇老师最初是怎么确定研究兴

趣和方向的？

A：我学的是明清史方向，现在还是做明清史研究。这与我考上厦门大学历史学系、师从傅衣凌教授和杨国桢教授有关。厦大历史学系，尤其是明清史方向，以社会经济史研究著名。毕业论文的选题，对于我后来的研究起了关键作用。我以清代幕友研究为基础，后来拓展到整个地方行政研究，起点在研究生阶段的学习。在过去的二十多年里，我一直在"刑名"和"钱谷"两个方面阅读史料，但这些内容一经扩展至地方行政层面，情况就非常复杂，困难很大。书是读不胜读，目前我精力集中在"钱谷"方面，希望写一本这方面的书。

要说兴趣，学术兴趣其实是慢慢培养起来的，天生的兴趣很重要，但远远不够。我们在学习中会对某个问题产生兴趣，这个很重要，但进一步深入，会遇到很多困难。所以要保持一种兴趣并不容易。我想，对于一个问题有兴趣，最好是找相关老师做指导，制订一个读书计划。从较为系统的阅读中去熟悉相关研究的情况和提炼思考的问题。本科生阶段的课程多，时间紧张，但在老师的指导下读书，应该从此开始。就我的体会，我想说一点，目录学是很有用的，按照目录学的分类法，先读一类书，是很好的读书法。集中地读一类书，易于形成对某些制度、事件、人物等的系统性认识。多读几类书，整体性认识就会好一些。书读多了，鉴赏力就会提高，也就知道自己的兴趣到底在哪里，或者说应该在哪里。

我希望自己多读点书，毕竟一辈子就做这么一件事情。尤其在北大这么好的环境里，我要教那么好的学生读书，应该对得起学生。只有将自己读过的书、读懂的书，去讲给学生听，才是靠得住的，学生才会听得下去而引起兴趣。

博雅 GE 微访谈
社会学不能脱离当下的社会[①]

邱泽奇

课程缘起:"我们要有不同于传统的方法课程"

Q:邱老师您好,您是"社会科学方法导论"课程的牵头人,这门课程一开始是设计给"严复班"的同学,在本学期又被新列入学校的通识核心课程。能不能请您先谈一谈,为什么想到设计这样的一门课程?

A:我的设想应该是跟学校开通识课的想法不谋而合。2017年的时候,正好是我教"社会调查与研究方法"三十年,当时我觉得社会科学这一大类的本科生,缺一门关于社会科学研究方法的通识课程。

什么叫通识课程呢?我觉得,是这个课能把学生带进来,又能把学生带出去。

所谓"带进来",我希望培养学生找正确答案的方法和思路。中国初等教育的一个特点是灌输式、填鸭式,最终的结果是让学生形成了找正确答案的思维定式。从幼儿园开始,老师就告诉学生,这个是对的,那个是错的,高考其实也按对错来判分。学生从小就养成了"对和错"的思维模式和思维路径。这个思路不是不好,对基础知识的教育而言,挺好,因为它有唯一性判断。但对于科学研究而言,对错唯一性只占很小的比重。科学研究面对的大多是不确定性和多样性。

通过对大概最近十年的本科生的观察,我认为,这个现象已经阻碍了本科新生进入大学以后的学习。他们一进来,在大学课程的学习中也

[①] 课程名称:社会科学方法导论;受访者所在院系:社会学系;访谈时间:2020年1月29日。

倾向于找正确答案。事实上，对社会科学而言，解释的多样性和答案的多样性是很常见的。在这种意义上，我们的基本诉求就是：解决同学们从应试教育到探索性教育、再到自主性学习过程中的思路转变问题。有了这样的想法之后，我就开始找几位老师来商量，我们需要有不同于传统的"社会调查与研究方法"的课程。

传统的"社会调查与研究方法"课程，已经运行了差不多半个多世纪，是一套以美国为代表的、强调社会科学的数据调查与实证研究的体系。在这个体系中，老师教学生什么是科学研究，教他们科学研究的素材和问题从哪里来，以及怎么用素材来论证问题，并获得结论。另外一方面，欧陆的思辨传统在中国也非常盛行，在一定程度上构成了思辨传统与实证传统之间的纷争。与实证传统不同，思辨传统往往体现为思想实验的形态，旨在提供有关人和事物之间各种关系的猜想。

但不管是实证传统还是思辨传统，其实都是要寻求事物的真理，要探求社会的规律。社会的规律，我认为有一个比较经典的表达，就是"事物之间的关系模式"。任何事物之间都有关系，人和事物之间有关系，人和组织之间也有关系。人、事物、组织，这三者之间构成了一个关系网络。这个关系网络一定——或大概率——会形成某种关系模式，这个模式就是社会科学要探讨的模式，我把它称为"事物之间的关系模式"。

借助思想实验，思辨可以帮我们解决变量间关系的基本问题，比如两个变量之间是否可能有关系，以及可能是什么样的关系。思辨基于既有的现实，也基于过去的演绎逻辑，我们可以借助思想实验方法把这些事物之间的关系捋清楚。实证则可以用数据和经验素材来部分地证明事物之间的关系模式，经由思辨方法提出来的各种关系可能不一定正确，但经过实证检验的事物之间的关系模式至少暂时是正确的。

值得注意的是，社会科学发展到现在，有了一些新的内容和形式，甚至出现了一些新的素材。比如大数据、行为数据、痕迹数据等，又比如社会网络。这些内容在传统的社会科学中是接触不到的。即便在社会网络研究初兴的20世纪80年代，研究也只是针对有限网络。可是今天，社会已经形成了一个全局性网络。社会成员之间已经高度互联了，每个人之间如果想连接，基本上都可以连接。每个人跟事物之间也是如此,也就是说,人、事物、组织,都形成了一个网络体系。

在这个时候,传统方法和传统思维的局限性也凸显出来了。因此,在考虑破除同学们"寻找正确答案"思路的时候,我也在想,需要把这门课与当下的最新发展结合起来。

这就是这门课设计的两个基本初衷。一个是破除同学们以往"寻找正确答案"的成见,另一个是希望把社会科学基本思维方法的训练和当下社会的新发展结合起来。前面的是重点,这是解决从应试教育到探索性教育的关键转折。

Q:老师您刚刚提到,欧陆的社会学思辨传统和美国式的实证—定量传统,其实都是寻求真理,也就是探讨事物之间的关系模式。请问老师,您怎么看待理论性的反思和社会科学的实证方法之间的关系?

A:这是同学们常问的问题。我的观点是,它们之间第一不冲突,第二各有各的应用范围,换言之,二者各有各的知识领域。

欧陆思辨传统更多解决的是关系问题。思辨往往关注事物之间的关系是否可能存在,在某种意义上它只能提供猜想,我们把它称为"思想实验"。对社会科学来讲,如果你想证明事物之间的关系,你还需要证据。我们有一个概念,叫 evidence based,只有"基于证据的探讨"才更能接受时间和社会的检验。对于任何一项社会科学的研究,首先需要有启发,然后才可以进行检验,最终才能落实猜想;计算还可以帮助我们进一步落实,检验规律到底是变化着的规律,还是非常稳健的规律。

我们举个例子,你肯定听过"六度分隔"(Six Degrees of Separation),也叫"小世界",讨论的是世界上一个人如果希望找到任何一个他不认识的人,中间要经过的人数。这样的讨论是从一位匈牙利作家开始的:20世纪早期,他在一篇小说中写道,中间经过五个人就能找到世界上任何一个想要找到的却不认识的人。不过,那时候整个世界只有十五亿人。对此,那时只有一个猜想,感觉这个世界上陌生人之间的关系可能很容易找到。20世纪60年代,心理学家米尔格伦(S. Milgram)做了实验,果真中间只需要经过六个人就可以找到任何想找到的陌生人。这个实验背后到底有什么科学逻辑呢?科学家们会进一步在数理上进行证明。生活的体验让我们发现,通常跟身边的人关系很密切,很容易找到身边的人，别人也很容易找到他们身边的人。即使如此，也不能说明中间隔了几个人。其实，还有另外一件事大家容易忘记：你常会和很远的某个人有关系，他跟你平常不怎么联系，事实上，你也认识。这就是说，人际关系有强关系和弱关系的区分，强弱关系就能用于呈现"六度分隔"为什么存在的科学逻辑。这是一个科学发现，是一个比较稳健的社会规律。

不过，社会科学的研究对象很多是不大稳健的社会规律，比如说收入跟幸福感之间的关系。我们常常说，过去，农民和工人很穷，却很快乐；现在我们有钱了，反而不快乐了——这个情况就比较复杂了，变量之间的关系也不那么稳健。

我用这两个例子是想说明，有一个想法是重要的，证明这个想法是艰难的，但更加重要。因为一旦证明，就可以放下了，就可以当做知识基础来用了，不用再来回反复地折腾。像"六度分隔"的规律，现在不需要折腾，用一个概念表达，那就是，人与人之间存在短路径。可幸福感跟收入之间的关系，到今天我们也搞不清楚。证据能帮我们沉淀知识，思辨能帮我们发现新的知识的入口，两者之间完全不冲突，相互之间关系很密切。你说到底哪个重要？其实都重要。没有想象力，想象不出事物之间的关系模式，你连证明的入口都找不着，只能盲人摸象。可如果只有一个想象，没有证明，大家就会一直处在怀疑之中。

因此，这两种传统不能说一个比另一个更重要，两者都不可或缺。欧陆的传统和美国的传统都到中国来了，应该形成一个中国的传统，两者要结合起来。

Q：我感觉很多社会学大家都倾向于努力结合这两者，比如说布迪厄（Bourdieu）就会很强调这一点。

A：对。布迪厄就是做实证研究出身的，在有了实证研究的积累之后，才转向理论阐发，譬如"惯习"（Habitus）、"场域"（Field）这些核心概念的提炼，就是从经验中逐步抽离和挖掘的。这样看，是不是说两个步骤可以反过来？其实不完全是这样。实证研究和理论阐发应该是互补的，处在不断的互动中。

课程设计:"这是非常简单、非常生活化的道理"

Q:老师您在前面提到,"社会科学方法导论"这门课程有两项宗旨:一是破除同学们长久养成的寻找答案的思路,另一是希望把基本研究方法的训练和社会当下发展结合起来。那么在课程的设计和教学中,您是怎样达成这两项宗旨的呢?

A:这正是我接下来要说的事情。这两项宗旨的结合构成了我们这门课的特点,也就是模块式教学。这门课程一共安排了四个模块:实验思维、测量思维、检验思维和计算思维。

第一个模块解决科学思维问题,我们把它叫"实验思维"模块。当今的科学研究,不管是社会科学,还是自然科学,甚至包括哲学,在认识论层次上的思辨,其基础方法大体都来自实验思维。我们的课程用社会科学的实验案例来调动同学们对实验思维的兴趣,把他们带到对社会现象的探讨之中,建立"比较—差异"的基本思路。也就是说,不管你采用什么样的方法,社会科学的任何结论都是在比较的基础上获得的。可比性和在比较中获得的差异性或同质性,我们统称作同异性。考察这些,就是社会科学要干的事情。

我们举一个例子,比如集体主义和耕作形态之间的关系。我们知道,中国南北耕作区域存在差异,南边种稻子,北边种小麦;南边人更多反映出合作倾向,北边人更多反映出独立倾向。那么,我们怎么能够确切地知道集体主义的合作倾向是受什么影响?我们可以控制地域变量,找两个相邻的地域,一边是种稻子的,一边是种小麦的,看这两个地区在文化上是不是有本质差异。如果发现它们有本质差异,我们就可以证明,这的确是受耕作方式的影响。

这个例子能够说明,差异是在比较中体现的。在控制所有可控制变量的条件下,我们只引入一个干预变量,看能发生什么样的效应。有条件的比较是社会科学方法的基石,实验思维的本质就是告诉我们,为什么要比较,如何去比较,在什么条件下可以比较。

同学们有了实验思维,下一步就是在这个思维的指导下解决具体研究问题,后边我们进一步设计了两个模块。第二个模块是"测量思维"模块。社会科学跟自然科学不一样的地方就在于测量的重要性,准确、少误差的测量很重要。而且今天我们有了不同于传统的测量工具，比如说大数据的一些测量工具，这要求我们必须对"测量思维"有更多关注。

传统的方法是从假设、测量到检验，所以第三个模块是"检验思维"模块，即假设检验。我们知道"重复检验"和"假设检验"的区别就在于一个可重复，一个不可重复或很难重复。本质上，这也就是自然科学跟社会科学的差异。自然科学现象在大部分条件下是可重复的，我的理解是，自然现象的可重复性在于它的变异比较慢。并不是说自然现象没有变异，而是说自然现象的属性是变异特别慢，比如说地球绕着太阳运动，是以年为单位在改变它的周期。这个过程每年虽然都不一样，变异的差异却很小。

作为对比，社会现象的变异却极快。人们的想法可能瞬间会改变，一个事实可能通过一个动作就改变了。你会发现，社会现象变化特别快，这就导致重复检验没有意义。人作为一个有主观能动性的主体（agent）在行动，我们没有办法以此为对象去做重复实验。但这是不是意味着绝对不可能做实验？我们刚刚举了诺奖得主用实验方法做研究的例子，它说明，能不能进行实验，还在于研究设计的创新。不管怎么说，在对社会现象采用实验方法进行研究之前，检验是能够接受的证明结论的基本方法。因此，课程的第三个模块我们就讲检验。

所谓检验思维，我已经提到了，准确来说是"假设检验"。但我们也发现，如今有很多新的数据和新的现象，是没有办法采用"测量—假设检验"方法来对待的。比如说，你一年使用微信的模式，我们就没有办法采用假设检验的方法来处理。又比如，非常精准的信贷都是建立在一个人过去金融行为基础上的，它和传统的"调查—统计"方法不同，运用的是"数据挖掘"方法。数据挖掘是什么？就是在大量痕迹数据、行为数据和交往数据的基础上来挖掘人们的行为模式。数据挖掘其实也是在挖掘事物之间的关系模式，并没有脱离探讨社会现象的宗旨。与这样的现象相关，课程设计的第四个模块是"计算思维"模块，也就是社会科学中的计算。

我们基本的设想，是让刚刚进校的一年级本科生就上这门课，通过这四个模块，把他们快速地引到大学的学习中来。这是这门课的初衷。

我们先在"严复班"开两年，检验一下这门课的设计是不是靠谱，结果发现学生们很有收获。现在这门课又被列入了学校的通识核心课程，在下一个学年，一年级新生一进校就可以选这门课了。

Q：听老师您刚才讲，"社会科学方法导论"课程设计的四个模块之间应该是有某种关系的。我不知道这样理解对不对，这四个模块的设计思路和自然科学的实验研究思路似乎是非常近似的。想请问老师，这四个模块之间有怎么样的关系呢？

A：这四个模块之间，看起来有某种顺序关系，事实上也是相对独立的，每一个模块只要有初高中的知识就够了。当然，如果有前一个模块的基础知识，下一个模块可以掌握得更顺畅、更深入。我们之所以这么安排，其实也是希望同学们能掌握得更深入、更牢靠一些。

Q：我想顺着这个问题进一步追问的是，您为什么要把实验思维放在第一个教授呢？这样的安排顺序是否有什么特殊的用意？

A：这是很好的问题。实验思维其实是为了破除单纯的对错观念。我在课上讲的几个实验，没有唯一正确的答案。我希望用一些经典研究告诉同学们，那些到今天还被称为经典的研究，可能都得不到唯一正确的答案。同学们过去找到的正确答案，只是对基础知识的了解和把握；一旦从基础知识进入知识探索阶段，就会发现对正确答案的探索非常艰难。同学们很可能为此感到沮丧。这并不意味着没有正确答案，而是说，我希望同学们了解，对正确答案探索的过程、寻找一个大家都接受的正确答案是非常艰难的。

Q：在课程设计中，这四个模块的命名，老师您好像有意强调它们是一种"思维"。在课程简介里，我看到课程希望培养同学们"对社会现象进行科学探索的好奇心和激情"，并"形成自己对社会现象独立思考的能力"，是不是说我们的课程更看重同学们思维的培养呢？

A：应该说课程有两部分用意。第一部分，真正优先的，就是"思维"培养。另外一部分，排在第二的，但也同样重要的，是希望同学们能够通过这门课程"入门"。比如说"实验思维"的高阶课程，就是社会科学的实验研究；"测量思维"的高阶课程，就是社会科学的调查方法；"检验思维"，接下来就是社会统计学初级和高级；"计算思维"，接下来要上的可以是李晓明老师和我从2011年开始合作的课程，叫"人群与网络",还有"社会网络分析"等课程。在"社会科学方法导论"以后,有一系列的高阶课程在后边等着。这门课程带你入门,至少告诉你,科学研究的方法并不难,后面可以慢慢按照"导论"的方法跟着学。"导论"说的就是这个意思,希望能为同学们提供一个初步的门径和指引。

Q:我的感觉是,现在选这个课的同学可能很多在高中时是文科生,对于这样一门比较强调科学取向和理性思维的课程,同学们会不会比较畏惧呢?

A:大可不必。我们的课程只需要初高中的科学知识就足够了。统计知识,像平均数、众数和中位数,还有物理和化学实验的基本常识,这些就够了。我们希望同学们明白,其实科学并没有那么难,难的是你的创意。在某种意义上,既有的社会科学方法很成熟——用年轻人的话来讲就是"很套路",缺的是想象和创造。这就是为什么这门课旨在破除应试教育中的对错观念。

过去的两年,选修这门课程的基本上都是文科生,但他们的学习逐渐深入以后,就特别有兴趣了,尤其是对课程中采用的一些案例,比如说传统实验中的"霍桑实验",社会网络的"小世界实验",刚刚提到的"大米—水稻实验",等等。这些实验告诉我们,实验可以有多种多样的方法,测量也可以有多种各样的方法,人们理解社会的钥匙是多样的。即使你不做研究,你上过这门课以后,也应该比一般人能更理性地对待这个世界,对待你身边的事情。所以我想,同学们完全不必畏惧。

这门课对同学们的成长也是有极大帮助的。我常常讲,学社会科学方法最不济也能帮助你成长。如果学得很好,当然能帮助你对社会做出大的贡献。你们年轻,精力充沛、情绪丰富,人的成长是一个克制情绪的过程,在这个过程中如果你有科学方法,可能就会更容易。

Q:接着老师的这个话题,"社会科学方法导论"现在变成了通识课程,那么对于社会科学方向的同学以及其他方向的同学,您觉得这门课程会有怎样的助益呢?

A:我本来也希望给人文学科的同学开同样的课。(笑)

我想,同学们需要注意的第一点就是放弃恐惧。当今世界,如果你不会简单的编程,基本就是文盲;如果你不会算数,基本会被人骗光——因为你支付的时候总要按几个数字，总要会加减乘除。如果你会算数又会简单的编程，基本就能掌握自己的生活。其实，完全不必恐惧——这是我想给同学们的第一点建议。作为一门思维—方法课程，这门课能帮助你更加理性、更加简捷地生活。

第二点，我也希望这门课变成一门可以让同学们对社会现象——甚至是人文现象——发生兴趣，并进一步提升探索能力的课程。所谓"导论"，我希望这门课程提供能力的起点，但不是能力的全部，这一点我们一定要特别强调。如果你希望在学习中真正有一些自己的心得，还要修进阶的课程。

有两点，我希望告诉同学们：第一，不必对这门课程感到害怕；第二，最不济，这门课能帮你生活得更简单和清楚，让你不总会那么郁闷纠结。在我们的生活中，很多时候只需简单排个序（这其实就是计算思维），就能知道怎么做选择，这样至少你知道某个选择是有道理的。只不过，很多时候你是在非常随机地做选择，回头又后悔。但如果你在选择之前做过简单的理性分析，便完全不必后悔。我们举一个例子，比如在中午饭点，有人因为临时有事找你。面对这样的情况，我们有两个选择搁在这儿：你是赶紧把事做完，还是先吃了饭，再来做事？如果事情不是火烧眉毛，你的选择可能还是赶紧去吃饭。为什么？要是去晚了，吃饭的人太多，你可能花的时间反而更长。这是非常简单、非常生活化的道理，其实也就是计算思维中的排序问题。

跨学科教学团队与通识教育："多学科的思路是打开创新之门的基本路径"

Q：我们的课程分了四个模块，也是相应地由四位来自不同院系的老师负责教授。我非常好奇的是，老师您在组织牵头这样一个教学团队的时候，有怎么样的考虑？

A：不是说这四个模块我不能教，我是想把这四个方向最强的老师请到一起。我认为，这门课一定要由最好的老师来教，还要把不同的知识带进来。

我了解最多的是社会学，如果我一个人教这门课，这门课就变成了社会学系的课。但是研究方法，在社会科学中不仅局限于社会学，传媒学科也用，政治学也用，甚至网络分析也用，我的想法是在传媒和政治学两个学生较多的方向召集师资。经济学有专门的经济学方法，但在另外一个学部，我没法到那边去找人。我跟"信科"（信息科学技术学院）的李晓明老师在另一门课上已经合作了接近十年，计算这部分，一定要请他来讲授。这样，我就把"新传"（新闻传播学院）的王洪喆老师请来讲"检验思维"。"政管"（政府管理学院）的严洁老师，从读硕士开始就一直做调查研究，她对调查中发生的各种奇奇怪怪的问题都有经验性的体验。我也有体验，但我不如严老师体验丰富。（笑）

严洁老师能把她的调研经验带进来，同时也能带进政治学的议题；王洪喆老师能把传媒的体验和传媒的知识带进来，李晓明老师能把网络科学的思维带进来。这样就形成了一个比较综合的、跨学科的课堂思路，我希望把这个思路汇集到同学们身上去。这样，这门课程依托的就不再只是单纯的社会学思路，而真正承载了多学科思路。

对一年级（上学期）的同学们而言，多学科的思路是他们打开创新之门的基本路径。如果一上来就只教他们社会学，也许他们会以为社会学太无趣了，以后再也不学了，对吧？（笑）但在这门课程中，同学们会发现，各个老师教的不一样，而且相互之间还有补充和呼应，可能更容易激发兴趣。

Q：就着这个话题，请问老师您怎么看待跨学科的视野？或者说，多元议题的综合课堂设计在通识教育中会有怎样的作用？我感觉老师您对此非常认同。

A：是，我认同。在本科阶段，通识教育提倡的知识面的博和广是非常重要的。我特别认同通识教育这一点。

这就类似于做菜，你要尝遍能尝到的味道，才知道你偏好哪个味道，这是第一。第二，只有尝遍所有味道，你才知道不同味道各自有怎样的特点，某种特点有怎样的发展空间，发展空间跟你的能力和知识匹配度又如何。我认为，通识教育和跨学科视野是激发同学们想象力的一个方式。如果一开始就让同学们钻死胡同，我觉得反而会扼杀同学们的创造力。

如今，这一点显得尤为重要，我想特别强调一下。在过去的三四十年间，中国需要的人才是专才，这一点可能并不那么重要。但是如今，中国已经走到了一个需要创新才能够发展的阶段，发挥人的主观能动性和创造性，就显得尤其重要。应该说通识教育的理念跟时代是呼应的，我特别认同这一点。

Q：那老师您怎么看待今年"社会科学方法导论"课程被纳入通识核心课程？您对北京大学——甚至中国——的通识教育改革和课程建设有什么样的看法？

A：我们这门课程原本的愿景也是"通识"。如果讲我个人的观点，我认为现在的确到了一个需要改革的阶段。通识教育需要解决几个大的问题，第一是保护学生的创造力和创新力，第二是增加学生的知识广博度。今天，如果我们培养孩子还只是着眼于中国，眼界就太小了。我们需要着眼于世界，着眼于整个人类社会。因此，通识教育课程的设置也需要相应地解决两个问题。

第一是课程的覆盖性问题，课程对基本的知识面一定要覆盖到。就像"社会科学方法导论"一样，导论性质的课程可能不需要有多专多深的知识要求，但要告诉同学们入门的路径在哪里。

第二是要解决课程之间的结构性问题。课程之间如果在知识上没有结构，就会让同学们陷入迷茫之中，这是不利于他们创造力发挥的。就像"社会科学方法导论"的四个模块之间有一个精心设计的结构，在通识核心课程之间，也一定要有某种知识框架。我不清楚学校的通识课程是怎么分类的，但我觉得学校要大致处理好不同课程之间的关系，能够让学生很容易就了解课程之间的关系，以便规划自己的选课。

Q：现在我们通识课确实有不同系列的归类，有些课讨论"人类文明及其传统"，还有一些课讨论"现代社会及其问题"，等等。

A：这样就挺好。大类分了以后，课程间的知识衔接就更要注意。课程之间如果没有知识衔接，或者学生听了两门相似的课程变得更晕了，而不是更清晰、更有好奇心了，这就麻烦了。

Q：老师您提到我们需要建设通识课程之间的结构性关系。那么老师您觉得，社会科学方法或者思维的培养，也就是我们"社会科学方法导论"课程的目标，应该被放在一个怎么样的位置呢？

A：这就是我们强调要把这门课放在一年级上学期的原因，因为思维的培养是基础的基础。在思维的指导和影响之下,学生们才能再去选择他们的兴趣,否则兴趣就是盲目的。不然,同学们的学习就只是随机的学习,而不是有目的的学习。我还是希望,这门课程,或者比较基础的一些通识课,能够起到引导性的作用。

求学、研究与教学:"做教师的本分是教书一定要育人"

Q:最后想和老师聊一聊您的学术经历以及研究兴趣。老师您的研究和发表主要集中在组织社会学等领域,您之前也负责"社会调查与研究方法"这样的方法课程,并且可以看出您非常关心基础学科思维的培养,能不能请老师谈一谈您对教学和研究的看法?

A:这些事情之间其实不矛盾。在大学教书,我始终认为我是个比较老派的人,坚持教书一定要育人。如果我只是教知识,我就真的变成教书匠了;如果纯粹教他们技术,我就变成工程师了。我认为,18岁到22岁是人生中最宝贵的黄金年龄,可以说所有学习动力和学习能力都集中在这个阶段。我的基本关怀是,如果教学生不是授人以渔,而是直接给人家一条鱼,这是缺德。从开始教书的那天起,我特别关注学生的两件事:第一是思维,第二是能力。学生的思维不能跑偏了,能力也不能做虚了。如果学生纯粹地务虚,变成了一个空谈家,我觉得这是误人;如果学生只会做事,不会想问题,这也是误人。思维和能力,一块都不能偏废。

我的研究主要关注技术应用,早年是做技术应用与组织变迁,后来拓展到技术应用与社会发展、社会变迁。社会发展概念不是我的,是我老师费老(费孝通先生)的。费老他一直关注社会发展,只是我碰到了一个技术应用的年代。他更多关注的是政策与发展的关系,毕竟他的社会地位摆在那儿,甚至可以直接向国家领导人建言;我关注的是一个大潮流中最重要的变量,或者最重要的两个变量之一,一个是技术,另一个是金融。我主要关注的是技术与社会发展之间的关系。技术应用是从组织应用开始的,我的研究领域最早在组织社会学,现在我开始跳出组织来看技术应用与社会变迁的关系,其实都是一脉相承的。你可以从我的一些发表论著中看到,我慢慢从非常具体的实证研究开始走向抽象的理论研究。这个也跟我的年龄有关系。年龄大了，跑不动了，就开始想前面的研究中到底在说哪些故事、说哪些问题。

总结你的问题，其实就两件事：做教师的本分是教书一定要育人，而不做研究，就没有能力教书。

Q：能不能请老师谈谈，您是怎样进入社会学的研究中的呢？又是因为什么走到了今天的研究领域？

A：我进入社会学这个领域，是一个被赶进巷子的选择。我坦诚地告诉你们，我们这一代人是被时代推着走的。我本科学的是植物保护，硕士学的是中国古典农业文献，都是那个年代推着我做的选择。

我研究生毕业是在1986年，之前其实已经工作了一段时间。当时我们硕士毕业就可以到大学教书了。因为家庭的原因，我就去了华中农学院。我在大学学的是植物保护，学农的，去那儿也正常。（笑）当时学校要建一个社会科学系，从马列主义教研室分出一个社会科学系来，搞农村社会学。没有老师，学校就说，邱泽奇你是学植物保护的，搞调查的，干脆你来教"社会调查与研究方法"。所以我教的第一门课就是"社会调查与研究方法"，就这么阴差阳错地进到这个行当。

自从进到这个行当，刚才讲到的道德底线一直在我心里：不能误人子弟，必须要有专业操守。进入社会学领域，我就开始自学。中国社会学会1986年的年会，我是其中的参会者之一。跟着那些老先生们学了几年以后，我觉得必须系统地学习，就考到北大来念社会学。

Q：老师您当时考到北大来念博士，是怎样进入现在比较关心的这个领域呢？

A：我一直坚持研究的领域，是我老师费老的领域，也就是发展研究。费老在重出江湖以后，关注的还是他早期的问题，中国的发展问题。费老是一个蛮有骨气也蛮傲气的人。中国人受西方人的气，对他来讲，一直耿耿于怀，他始终希望推动中国社会的发展。费老归纳自己一辈子，就是"志在富民"这四个字。我毕竟是他的学生，我觉得自己是延续了他的志向。

我跟着费老跑了六年，在学生中，我跟他的时间是最长的，每年有近六个月以上的时间在中国各地调研。费老的言传身教让我体会到，一个学者的知识积累的确是重要的，但这也是很奢侈的。其实，在没有条件的情况下做好学问，就是在服务好社会。这不是大话，的确是费老当年的言传身教。

我的博士学位论文写的是当时的企业改制，国有企业和集体企业的发展。博士学位论文做企业研究，自然就把我带到组织研究里来了。当时我也困惑，对组织的研究算一种什么样的研究？我总跟着费老，参与的主要是政策研究，是否不属于学术研究呢？后来我去新加坡工作，到哈佛大学访学，我就想看看他们到底在研究什么，逐渐接触到一些规范性的组织研究。但同时我也觉得，费老的关怀挺有价值的：如何促进组织的发展，如何促进中国企业的发展，是很有吸引力的。

在美国的时候，我跟一些人探讨，发现他们关注人力资源、关注组织结构，但很少有人关注技术，而中国的发展就是从技术引进开始的。从那时候起，我便从技术方向进入。我走向自己的研究领域，其实是一个通过自我定位解决问题的过程，是在了解当下学界的关注点，以及可能有的增长点之后的选择。我开始做技术研究时，大家都不看好，但从2000年开始到现在，我坚持了近20年。现在大家发现这确实是一个很重要的方向，正在飞速地发展，而且变得越来越重要。这不是说我有多大的预见性，只是一种选择，是我"捡漏"捡来的。（笑）

社会学之思："社会学不能脱离当下"

Q：那在老师您的理解中，社会学的要旨，或者说我们做社会学研究最重要的是什么呢？

A：涂尔干时代关注的最重要的问题是社会整合。在美国社会学成为主流之后，不平等变成了社会学的第一议题。社会学的核心关怀，其实就是如何促进社会平等。我们如果一味关注效率，这就变成经济学了；一味关注绩效，就是管理学了。社会学还是要关注平等，对平等的关怀丢了就不是社会学了。

我追随费老，在平等之外更关注的是社会和谐，也就是社会凝聚。社会整合只是形态上的统合，但社会凝聚还更关注社会整体的心态。费老晚年最关心的就是社会心态，他特别提倡说，社会学未来要研究社会心态。整合是一个物理现象，但凝聚是人心的向背与社会形态的一体。

社会学的研究，或者说社会学的学习，还是有指向的。没有谁会促进社会的乱，我们还是要为了自己的好来促进社会凝聚；这个社会乱了，谁都得不到好。韦伯在讲文化时，也是强调社会凝聚。马克思尖锐地批评资本主义，韦伯则说资本主义跟新教伦理是一脉相承的。这个话什么意思呢？就是说你不要把社会搞乱了，社会凝聚很重要。

Q：老师您一直关注组织中的技术问题，最近也特别关注当下发展比较迅猛的互联网和大数据技术。请问在老师您看来，社会学是一门怎样的学科？

A：对社会学学科，我也有比较明确的观点。我认为现在社会学的很多研究问题太老套了，关注的大多是一百多年前的问题，而不是当下的问题。如果回到一百多年前，你会发现，社会学关注的是当时的问题，不管是孔德、韦伯、涂尔干、斯宾塞，还是马克思，关注的都是当时的"当下的问题"。社会学不能脱离当下是我的基本观点，而要想不脱离当下，就要追踪社会的发展。

我可以告诉你我对社会的基本判断。涂尔干时代之前的社会是一个"散点社会"，是一个散落的社会，没有社会整体的整合，涂尔干用的概念是"机械团结"。涂尔干讲到，随着发展，现在我们逐渐聚集成了一个个的块，这个块表示城市和聚落，我把它称为"区块社会"。不管是涂尔干之前的社会还是在涂尔干时代的社会，人类社会从来都呈现为一个网络。只是，之前的网络比较小，到城市、国家和乡村都变成了一个一个的区块，网络变大了，变成了区块。涂尔干关注的就是：一个区块里矛盾怎么处理？和原来相比的话，原来散落的点没有整合到一起，所以没有什么矛盾；现在整合到一块了，就不一样了。这是涂尔干关注的核心问题。他希望法国不要乱，法国的不同人群之间不要争斗。韦伯关心德国，也是这个事。

但是，我们今天的社会已经变成了这两种"理想型"叠加的结果。在世界上，每个个体都可以跟任何其他个体连接起来，并且事实上也在发生着紧密的连接；同时，原来的区块也都还在，区块内部网络的密度还增加了。也就是说，现在的社会区块跟网络同时存在，我把它称为"连通社会"。这个社会不是今天的新现象，是当年齐美尔已经预料到的现象。齐美尔在谈二人互动和三人互动时已经讲了这个问题，只是在今天变成了普遍现象。今天，如果我们的研究问题还陷在区块之中，便是与现实脱节。你看《社会学研究》《社会》《中国社会科学》《开放时代》《社会学评论》这些期刊上的文章，探讨的问题基本停留在"区块社会"，有对"连通社会"的问题的探讨，不过还远远不够。

我关注的是连通状态下的社会，希望对社会学有兴趣的人研究连通状态下的社会。如果不懂基本技术，没有科学素养，研究起来就很困难。这也是我们开设"社会科学方法导论"课程的动因之一。前面我讲过，会简单的编程，会简单的算数，对你生活的便利度有几何级数的支持和帮助，是因为我们有工具来理解当下的社会。

这是我对社会的基本的认知。我这两年到处奔走，呼吁大家要关注这个思路。整个社会基本形态变了，社会学研究的方法和研究社会的基本能力也要变。社会学不能脱离当下的社会，这就是我的基本观点。

二、课程大纲

课程大纲
中国当代法律与社会[①]

彭錞

教师介绍

彭錞,牛津大学法学博士,北京大学法学院助理教授。主要研究领域为宪法、行政法、土地法。

课程简介

本课程是对当代中国法律和社会领域一系列关键变迁与重要问题的巡礼,核心目标在于帮助学生学会在社会情境中把握法律,同时运用法律的视角体察社会。因此,与法学院专业教育以部门法为框架结构有所不同的是,本课程选取了多个交织着法律与社会因素的重大问题作为线索,既向学生普及与之有关的法学知识,也促进学生感悟法律与社会之间的相互影响与复杂互动,培养法学的观察力和想象力,最终获得对当代中国社会更富现实感与反思性的理解。

课程大纲

第一讲 法律是什么?

【讨论主题】

当谈到法律,我们在谈什么?观察法律有哪些视角?如何思考法律和社会之间的互动?

---

① 开课院系:法学院。

【推荐阅读】

彼得·萨伯:《洞穴奇案》,陈福勇、张世泰译,生活·读书·新知三联书店,2009。

费孝通:《无讼》,载《乡土中国》,上海人民出版社,2007。

第二讲 人治还是法治?

【讨论主题】

如何理解中国传统中的儒法之辩?人治和法治有何区别?为什么现代中国选择走向法治?

【推荐阅读】

苏力:《认真对待人治》,《华东政法学院学报》,1998年第1期。

王人博、程燎原:《法治论》,广西师范大学出版社,2014,第十四章。

第三讲 法律是道德的底线?

【讨论主题】

法律是否不应介入道德?法律本身是否应当符合道德?费孝通先生所言的"法治秩序的好处未得,而破坏礼治秩序的弊端却已先发生了"原因何在?

【推荐阅读】

苏力:《秋菊的困惑和山杠爷的悲剧》,载《法治及其本土资源》,北京大学出版社,2014。

郎·富勒:《法律的道德性》,郑戈译,商务印书馆,2005,第一章。

第四讲 什么是"权利"?

【讨论主题】

"Right"就是"权利"吗?传统中国如何理解权利?中西碰撞下的权利观念发生了何种变迁?为什么今天中美两国的人权观存在差异?

【推荐阅读】

金观涛、刘青峰:《观念史研究:中国现代重要政治术语的形成》,法律出版社,2009,第三章。

夏勇：《中国民权哲学》，生活·读书·新知三联书店，2004，第一章、第四章。

第五讲　从螺丝钉到钉子户？

【讨论主题】

民本和民权区别何在？当代中国的法律缘何从义务本位转向权利本位？权利是否"过剩"了？

【推荐阅读】

王人博：《民权词义考》，载《法的中国性》，广西师范大学出版社，2014。

夏勇主编，高鸿均、张志铭、贺卫方、刘广安副主编：《走向权利的时代：中国公民权利发展研究》，中国政法大学出版社，2000。

玛丽·安·格伦顿：《权利话语：穷途末路的政治言词》，周威译，北京大学出版社，2006，第二章。

第六讲　法律面前人人平等？

【讨论主题】

当代中国为何发生立法平等与司法平等之争？区别对待一定都是歧视吗？高考招生存在"反向歧视"吗？

【推荐阅读】

郭道晖、李步云、郝铁川主编：《中国当代法学争鸣实录》，湖南人民出版社，1998，第三编。

张千帆、曲相霏主编：《大学招生与宪法平等：国际经验与中国问题》，译林出版社，2011，第二部分。

第七讲　风能进，雨能进，国王不能进？

【讨论主题】

大规模征地拆迁的根源何在？公共财产和私有财产是否应当平等保护？私有财产真是城堡吗？

【推荐阅读】

彭錞：《中国集体土地征收决策机制：现状、由来与前景》，《华东政法大学学报》，2017年第1期。

张翔：《财产权的社会义务》，《中国社会科学》，2012年第9期。

第八讲 在网上，没人知道你是一条狗？

【讨论主题】

大数据时代如何保护个人隐私和个人信息？"大数据杀熟"违法吗？如何避免算法歧视？

【推荐阅读】

劳伦斯·莱斯格：《代码2.0：网络空间中的法律》，李旭、沈伟伟译，清华大学出版社，2009，第十一章。

郑戈：《算法的法律与法律的算法》，《中国法律评论》，2018年第2期。

第九讲 坦白从宽，抗拒从严？

【讨论主题】

罪刑法定、罪刑相适与无罪推定等原则如何在当代中国落地？实施过程中面临哪些挑战？

【推荐阅读】

强世功：《惩罚与法治：当代法治的兴起（1976—1981）》，法律出版社，2009，第一章、第二章。

陈兴良：《刑法的格致》，法律出版社，2008，第一章、第二章。

第十讲 信访不信法？

【讨论主题】

当代中国有哪些处理行政争议的法律机制？这些机制的相互关系是什么？"信访不信法"现象的根源何在？

【推荐阅读】

应星：《大河移民上访的故事：从讨个说法到摆平理顺》，生活·读书·新知三联书店，2002，第五章、第六章。

张泰苏：《中国人在行政纠纷中为何偏好信访？》，《社会学研究》，2009年第3期。

第十一讲 审判独立还是司法独立？

【讨论主题】

审判独立和司法独立有何区别？为什么当代中国选择了审判独立？司法改革面临哪些挑战？

【推荐阅读】

昂格尔:《现代社会中的法律》,吴玉章、周汉华译,译林出版社,2001,第三章。

苏力:《基层法院审判委员会制度的考察及思考》,《北大法律评论》,1998年第2期。

第十二讲 宪法是法吗?

【讨论主题】

如何看待"良性违宪"?中国存在不成文宪法吗?宪法在当代中国如何有效落实?

【推荐阅读】

强世功:《中国宪法中的不成文宪法——理解中国宪法的新视角》,《开放时代》,2009年第12期。

陈端洪:《论宪法作为国家的根本法与高级法》,《中外法学》,2008年第4期。

张千帆:《论宪法的选择适用》,《中外法学》,2012年第5期。

课程大纲
现代中国的建立:制度、思潮与人物[1]

干春松

教师介绍

干春松,北京大学哲学系教授,北京大学儒学研究院副院长。主要致力于儒家思想、政治哲学和中国近现代思想及人物的研究。主要著作有《制度化儒家及其解体》《制度儒学》《重回王道——儒家与世界秩序》《保教立国:康有为的现代方略》《康有为与儒学的"新世"——从儒学分期看儒学的未来发展路径》。

课程简介

现代中国的民族国家的建立,既有自身发展的因素,更因为西方现代化和殖民运动的扩展。在这个过程中,制度的变迁和文化的转型互相影响、互相促进。

本课程所讨论的现代中国的建立过程,包括晚清、民国和中华人民共和国三个阶段,涉及国家基本政治制度、重要的社会思潮和关键人物的探讨,试图给学生建立起认识现代中国的新视野。

课程大纲

第一讲 帝制的崩溃和现代国家的兴起

晚清帝制在太平天国起义和西方的冲击下面临空前的危机。传统的

---

[1] 开课院系:哲学系。

政治秩序面临根本性的危机，从洋务运动到戊戌变法再到清末新政，国人一直在寻找突破。王朝政治格局逐渐为民族国家体系所取代，中国开始了一个新的阶段。

第二讲　康有为的变法运动和政治主张

康有为提倡变法自强，他建基于公羊学的思想而确立三世说，从而为儒家与西方思想建立起融合的平台。他主张君主立宪和虚君共和，建立孔教会，他对民族国家和王朝体系之间的关系有着独特的理解。

第三讲　中西体用关系的流变与张之洞的政治、文化主张

面对中西问题，晚清的思想界主要是通过传统的体用、主辅关系来处理文化本位和外来文化之间的问题。而张之洞的中体西用论是这个范型的最完善的体系。这个体系一直影响到20世纪80年代的文化论争。

第四讲　晚清的民族主义与章太炎的国家学说

民族主义是民族国家建设中最为核心的问题，革命派借助种族民族主义来激发革命热情，而文化民族主义试图寻找新的建国方案。章太炎的思想有其复杂性，但他对民族主义的阐发和对国家的认识具有同时代人所不具备的深刻性。

第五讲　梁启超与中国思想转折：从《新民说》到《欧游心影录》

梁启超的思想复杂多变，自1903年前后他开始与康有为思想有所区分，他提出的"新民"思想试图用西方现代的观念来改造中国人。然而到20世纪10年代的末期，他又因第一次世界大战而开始反思西方文明，从而成为中国文化保守主义的滥觞。

第六讲　民国初年的共和危机和军阀政治

中华民国的成立，共和国的政治体制得以确立，但是政治体制和社会现实之间产生了巨大的冲突，复辟运动和军阀割据实际上瓦解了共和。

关于清帝逊位、临时约法等宪法危机和军阀政权之特点的分析，是理解这个特殊时期中国政治和文化的关键。

第七讲　孙中山的建国方略与三民主义

孙中山晚期逐渐接受列宁式的政党方式来改造国民党，因此形成了

国共合作,而他的思想也逐渐系统化为三民主义。他对于民族、民权和民生的思考有许多灼见,也有许多值得商榷的内容。

第八讲　新文化运动及其后果
新文化运动的实质是什么,陈独秀和胡适在现代中国文化中的意义,是这一讲的重点。

第九讲　文化保守主义:梁漱溟的文化选择和乡村建设思考
新文化运动的发展,刺激了文化保守主义的兴起,其中的挑战者包括杜亚泉、学衡派,然而最具影响力的则是梁漱溟的中西文化及其哲学,他从中国社会的独特性出发,认为中国社会的重建应该立足于社会,因此提出乡村社会建设的理论并加以实践。

第十讲　戴季陶和国民党的文化战略
结合国民党文化战略中回归传统文化的倾向来看,这是他们与中国共产党进行文化论战的核心。

第十一讲　社会史论战和马克思主义的中国化
晚清时期马克思的思想就开始传入中国,而五四运动之后,马克思主义进一步在中国获得传播。然而,最初的马克思主义与无政府主义、互助主义等社会思潮并没有清晰的分界。

通过社会史的争论,人们逐渐用社会发展史来理解中国社会,并用历史唯物论的方式来分析中国社会问题,而这些分析框架对于现代中国政治产生了十分巨大的影响。

第十二讲　新民主主义和中国共产党的建国理路
在延安时期,毛泽东开始创构中国化的马克思主义学说,他对五四运动进行反思,在文化上确立其大众化的方向,而在政治上则对中国革命的独特性,以及中国的各个社会阶层进行深刻的分析,并提出了新民主主义的建国之路。

第十三讲　1949年之后的毛泽东哲学
1949年之后,毛泽东对于新中国的政治建设和文化建设形成了自己独特的理解。一方面,他确立起中国在世界格局里的独特定位,提出了第三世界的理论;另一方面,他又主张继续革命,从而造成了"文化大革命"等政治运动。如何思考毛泽东的晚期思想对于理解当代中国极为关键。

第十四讲 牟宗三和海外新儒学

海外新儒学是基于中国在 1949 年之后实际的分裂状况而出现的社会思潮，这个思潮是民国时期新儒家思想的发展。其代表人物为牟宗三，他从哲学上借助康德的伦理学试图重建儒家伦理的先天性，并由此提出他应对科学和民主的方案，即良知坎陷和内圣开出新外王等方案。他是现代儒家中最具有影响力的理论家。

第十五讲 改革开放与 20 世纪 80 年代的思想图景

20 世纪 80 年代，"实践是检验真理的唯一标准"讨论之后，形成了一个思想解放的阶段，国人引进大量的西方思潮，并引发文化和政治问题的再思考。

以经济建设为中心的国策和以发展经济为重心的政治倾向，随着市场经济的建立而得到强化。然而，经济高速发展和社会分化导致社会问题复杂化，我们需要寻求新的思想资源。

第十六讲 古今中西问题围绕下的 21 世纪中国

建国和立国的问题，一个国家的建立和长期存在是一个由建国向立国转变的过程。在当下的中国，如何理解合法性和正当性的问题，如何处理古今中西的问题，给我们提出了许多新的挑战。

如何理解中国模式，如何思考中国的前景，将是最后要讨论的关键。

课程大纲
现代西方社会思想[1]

渠敬东

教师介绍

渠敬东,北京大学社会学系教授、博士生导师,北京大学人文社会科学研究院常务副院长。主要研究领域有西方社会思想史、中国社会学史、组织社会学、社会结构研究等。

课程简介

西方文明的演化到了18、19世纪,随着工商、科技的发展,民族国家之主权结构的成型,以及世俗化宗教方案的出现,整个世界进入了普遍历史与国家政治之对张的历史时期。思想家们开始寻求一种新的思考方式,既深入生活实在来把握实在的规律,又进一步挖掘构成新的伦理精神乃至神圣性的存在基础。用"社会"的视角来观察生活、理解世界,成了现代性的核心范畴。

社会并非是一种与传统意义上的政治、经济、伦理和宗教别立的范畴,而是一种总体性的思考方式。由是说,社会理论是建构西方现代文明图景的一种努力。对于当今的西方世界来说,依然如其所经历的各个历史时期那样,理念与危机并存,而通过读解这一时期的经典著作,寻找发现这一辩证历史的理论和方法,是本课程的目的所在。

本课程通过细致阅读和辨析卢梭、亚当·斯密、马克思和涂尔干四

---

[1] 开课院系:社会学系。

位重要思想家的四部经典著作，进一步厘清"社会"的概念和方法，勾勒西方社会思想的关键线索；梳理社会思想在现代历史演进中的不同传统与资源，呈现不同分析路径及其逻辑基础。

课程大纲

导论：现代社会思想

第一部分　卢梭

【基础文本】

卢梭：《爱弥儿：论教育》，李平沤译，商务印书馆，1978。

Jean-Jacques Rousseau, *Emile: or On Education* (Penguin Classics, 1991).

【参考文献】

卢梭：《论科学与艺术》，何兆武译，商务印书馆，1963。

卢梭：《社会契约论》，何兆武译，商务印书馆，2003。

恩斯特·卡西勒：《卢梭问题》，王春华译，译林出版社，2009。

Judith Shklar, *Men and Citizen: A Study of Rousseau's Social Theory* (Cambridge University Press, 1969).

Tzvetan Todorov, *Frail Happiness: An Essay on Rousseau* (Pennsylvania State University Press, 2005).

第二部分　亚当·斯密

【基础文本】

亚当·斯密：《道德情操论》，蒋自强、钦北愚、朱钟棣、沈凯璋译，商务印书馆，1997。

Adam Smith, *The Theory of Moral Sentiments* (Liberty Fund Inc., 2009).

【参考文献】

伊安·罗斯：《亚当·斯密传》，张亚萍译，浙江大学出版社，2013。

Knud Haakonssen, *The Science of a Legislator: The Natural Jurisprudence of David Hume and Adam Smith* (Cambridge University Press, 1989).

J. G. A. Pocock, *Virtue, Commerce, and History: Essays on Political Thought and History, Chiefly in the Eighteenth Century* (Cambridge University Press, 1985).

第三部分　马克思
【基础文本】

马克思：《资本论（第一卷）》，中共中央马克思恩格斯列宁斯大林著作编译局译，人民出版社，2004。

【参考文献】

马克思：《1844年经济学哲学手稿》，中共中央马克思恩格斯列宁斯大林著作编译局译，人民出版社，2000。

马克思：《经济学手稿（1857—1858）》，载《马克思恩格斯全集（第46卷）（上）》《马克思恩格斯全集（第46卷）（下）》，中共中央马克思恩格斯列宁斯大林著作编译局译，人民出版社，1979、1980。

路易·阿尔都塞：《矛盾与多元决定》，载《保卫马克思》，顾良译，商务印书馆，2010。

马克斯·霍克海默、西奥多·阿道尔诺：《启蒙辩证法：哲学断片》，渠敬东、曹卫东译，上海人民出版社，2006。

第四部分　涂尔干
【基础文本】

涂尔干：《职业伦理与公民道德》，渠敬东译，商务印书馆，2015。

Emile Durkheim, *Professional Ethics and Civil Morals*, Trans. Cornelia Brookfield (Routledge, 1957).

【参考文献】

涂尔干：《卢梭与孟德斯鸠：社会学先驱》，载《卢梭与孟德斯鸠》，李鲁宁、赵立玮、付德根译，上海人民出版社，2006。

涂尔干：《人性的二重性及其社会条件》，载《乱伦禁忌及其起源》，汲喆、付德根、渠东译，上海人民出版社，2006。

S. Mestrovic, "Anomie and Sin in Durkheim's Thought," *Journal for the Scientific Study of Religion*, 24(2):119-236.

M. Mauss, *The Nature of Sociology,* trans. William Jeffrey (Berghahn Books, 2005).

Stephen P. Turner ed., *Emile Durkheim: Sociologist and Moralist* (Routledge, 2005).

课程大纲
影片精读[①]

戴锦华

教师介绍

戴锦华,北京大学中文系比较文学与比较文化研究所教授,北京大学电影与文化研究中心主任。曾任教于北京电影学院电影文学系11年。从事电影、大众传媒与性别研究。开设"影片精读""中国电影文化史""文化研究的理论与实践""性别与书写"等数十门课程。曾在亚洲、欧洲、北美洲十余个国家和地区讲学和访问。专著10余部。专著与论文,被译为英文、法文、德文、意大利文、西班牙文、日文和韩文出版。代表作:《雾中风景》《电影批评》《隐形书写》《昨日之岛》《性别中国》等。

课程简介

课程拟以10—12部近年来世界各国的著名影片为例,讲授电影艺术的基本特征。课程拟介绍电影的视听语言、叙事方式,同时讨论电影表意与电影文化的构成方式。课程将讨论电影的工业和商业品格,讨论跨国的文化工业系统对电影所产生的诸多影响。在此基础上,课程将进一步展开关于电影所呈现的诸多社会问题的讨论,尤其是电影这门始终联系着不同的国家、不同的民族文化,同时又具有世界性的艺术如何呈现剧变中的今日世界及试图做出的应对、批判与建构。

[①] 开课院系:中文系。

课程大纲

绪论：如何解读一部电影
第一节 电影是什么？
第二节 电影的视听语言
第三节 电影制作与电影工业
（两周，6学时，授课。）

第一章 电影语言与叙事结构
第一节 《钢的琴》：语言、叙事与意义
第二节 《最后的武士》：大制作、历史、他者之镜
第三节 《窃听风暴》：视点、历史与位置
（两周，6学时，授课与讨论。）

【延伸阅读】

1.《电影批评（第二版）》，"电影语言与叙事组合段理论"，第2-20页。

2.《电影批评（第二版）》，"意识形态批评：《阿甘正传》"，第170-200页。

3.《好莱坞类型电影》，"电影类型与类型电影"，第21-50页。

第二章 想象与艺术之翼
第一节 《柏林苍穹下》：视点、冷战与诗情
第二节 《异地两生花》：艺术、诗情与欧洲故事
（两周，6学时，授课与讨论。）

【延伸阅读】

1.《电影批评（第二版）》，"'镜像理论'与第二电影符号学"，第139-146页。

2.《电影史：理论与实践》，"阅读电影史（阅读即质疑）"，第51-78页。

第三章 数码、游戏与叙事
第一节 《黑客帝国》：虚拟、游戏与救赎
第二节 《劳拉快跑》：结构、意义与新生代
（两周，6学时，授课与讨论。）

【延伸阅读】

1.《电影批评（第二版）》，"影片分析举隅：《盗梦空间》"，第244-261页。

2.《电影或想象的人》，"人类半想象的现实"，第201-216页。

3.《电影诗学》，"共同的朋友与机缘"，第213-276页。

第四章　电影与文化身份

第一节　《一代宗师》：类型、身份与中国故事

第二节　《推拿》：盲者之见

（两周，6学时，授课与讨论。）

【延伸阅读】

1.《电影批评（第二版）》，"'第三世界理论'的前提"，第202-207页。

2.《电影研究关键词》，"类型/亚类型"，第230-238页。

3.《电影诗学》，"作为一种电影实践模式的艺术电影"，第172-193页。

第五章　电影与性别

第一节　《碧波女贼》：女性、反叛与观影快感

第二节　《阿黛尔的生活》：少数、主流与另类

（两周，6学时，授课与讨论。）

【延伸阅读】

1.《电影批评（第二版）》，"精神分析、女性主义与银幕之梦：《香草天空》"，第102-135页。

2.《电影研究关键词》，"酷儿电影"，第391-397页。

教材与参考书目

教材：

戴锦华：《电影批评（第二版）》，北京大学出版社，2015。

参考书：

1. 马塞尔·马尔丹：《电影语言》，何振淦译，中国电影出版社，2006。
2. 安德烈·巴赞：《电影是什么》，崔君衍译，文化艺术出版社，2008。

3. 李恒基、杨远婴主编：《外国电影理论文选（修订本）》，生活·读书·新知三联书店，2006。

4. 李幼蒸选编：《结构主义和符号学：电影理论译文集》，生活·读书·新知三联书店，1987。

5. 路易斯·贾内梯：《认识电影》，胡尧之等译，中国电影出版社，1997。

6. 丹尼艾尔·阿里洪：《电影语言的语法（插图修订版）》，陈国铎、黎锡等译，周传基审校，北京联合出版公司，2013。

7. 约瑟夫·博格斯、丹尼斯·皮特里：《看电影的艺术》，张菁、郭侃俊译，北京大学出版社，2010。

8. 吉尔·内尔姆斯：《电影研究导论（插图第4版）》，李小刚译，世界图书出版公司，2013。

9. 戴锦华：《镜与世俗神话：影片精读18例》，中国人民大学出版社，2004。

10. 戴锦华：《雾中风景：中国电影文化1978—1998（第2版）》，北京大学出版社，2006。

11. 鲁道夫·爱因汉姆：《电影作为艺术》，邵牧君译，中国电影出版社，2003。

12. 巴拉兹·贝拉：《电影美学》，何力译，中国电影出版社，2003。

13. 让·米特里：《电影美学与心理学》，崔君衍译，江苏文艺出版社，2012。

14. 托马斯·沙茨：《好莱坞类型电影》，冯欣译，上海人民出版社，2009。

15. 艾伦、戈梅里：《电影史：理论与实践——重构中国电影史学》，李迅译，世界图书出版公司，2010。

16. 大卫·波德维尔：《电影诗学》，张锦译，广西师范大学出版社，2010。

17. 埃德加·莫兰：《电影或想象的人：社会人类学评论》，马胜利译，广西师范大学出版社，2012。

18. 苏珊·海沃德：《电影研究关键词》，邹赞、孙柏、李玥阳译，北京大学出版社，2013。

课程大纲
影像与社会[①]

吴 靖

教师介绍

吴靖,北京大学新闻与传播学院教授。著有《文化现代性的视觉表达:观看、凝视与对视》,译有《媒体垄断》《媒介研究:文本、机构与受众》,研究领域包括传播与媒介技术的社会理论、批判媒体与文化研究、视觉文化研究、新媒介技术的社会使用与文化史、新媒体与创意产业等。

课程简介

影像是一种传播方式,与文字、声音一起构成了我们社会的表意体系。随着媒介技术的发展,现代社会的重要特征之一就是影像充斥了人们生活的每一个角落,这一方面扩大了人们的感知范围与生活经验,另一方面又补充或替代了许多传统的表达方式,比如文字和交谈。与其他各类表意方式相比,影像的诱惑是显而易见的,因为它带给我们直观、感性、轻松和奇观式的表意体验,成为许多社会传播所青睐的媒介,而广告、新闻、宣传、娱乐等活动对视觉符号的偏爱又进一步推动整个社会走向影像爆炸。影像已经超越现象成为一道独特的社会文化景观。

这门课为喜爱和关注影像文化以及影像的社会角色的学生设计。课程的重点在于介绍和讨论组成当代社会视觉文化的重要媒介——摄影、

[①] 开课院系:新闻与传播学院。

电影、电视和新媒体——以及这些媒介的技术性、社会性和文化性。本课程主要涵盖三个方面的内容：一是简单介绍上述几种媒介出现、发展和成为重要传播媒介的文化与社会史，重点在于分析这些媒介社会使用模式形成的过程和原因；二是介绍视觉文化理论与社会理论，探讨视觉表意的技巧和方式，人们解读和体验视觉符号的过程，以及观看所造成的社会关系；三是通过案例讨论影像与社会意识之间的互动，考察影像如何维护、质疑或改变现代社会中的一些重要观念，比如性别观念、有关自然和科学的观念、民族意识、阶层意识等。三个方面相互穿插，构成对影像与社会之间关系的批判性考察。

学习目的

通过本课程的学习，学生能够：

1. 对影像文化塑造和影响当代社会认知的程度和方式有所认识；
2. 对几类主要的影像媒介技术与机构的历史与沿革有一定的了解；
3. 对视觉文化理论有一定量的阅读，能够用来分析当下各种社会现象。

课程大纲

本课内容分为三个单元，一共15次课。每次课程下面所列阅读材料是必读部分，需要在课前完成阅读。几次讨论课的内容，是对前几周讲座内容的案例分析和延展。最后是参考书单选读。

第一讲　课程介绍
影像、文化与社会

第一单元　视觉文化理论与视觉分析路径

第二讲　视觉文化的社会理论 I
何为"观看"？观看的社会性；观看所确立的权力关系
【阅读材料】
福柯：《全景敞视主义》，载《规训与惩罚：监狱的诞生》，刘北成、杨远婴译，生活·读书·新知三联书店，2003。

Martin Jay, "Scopic Regimes of Modernity," in Hal Foster (ed.), *Vision and Visuality* (Bay Press, 1988).

第三讲　视觉文化的社会理论 II

奇观文化与现代科技；媒介事件作为现代大众传媒的表征手段；奇观与社会统治、社会治理、民主政治、公民参与之间的关系

【阅读材料】

David Roberts, "Towards a Genealogy and Typology of Spectacle: Some Comments on Debord," *Thesis Eleven,* 75(2003): 54.

丹尼尔·戴扬、伊莱休·卡茨：《媒介事件：历史的现场直播》，传媒大学出版社，2000。

第四讲　怎样理解影像语言

符号学；影像学；语境化的视觉文化分析方法

【阅读材料】

Laura Mulvey, "Visual Pleasure and Narrative Cinema," in *Visual and Other Pleasures* (Palgrave Macmillan, 1989).

罗兰·巴特：《神话学》，江灏译，麦田出版社，2019。

第五讲　讨论课

观看的欲望如何主导当代大众文化；大数据、摄像头与全景敞视社会

第二单元　视觉媒介社会史

第六讲　摄影小史

摄影作为新媒介与绘画之间的关系；艺术 vs. 科学；想象 vs. 现实；摄影的社会使用

【阅读材料】

瓦尔特·本雅明：《摄影小史》，载吴琼、杜予编《上帝的眼睛：摄影的哲学》，中国人民大学出版社，2005。

瓦尔特·本雅明：《机器复制时代的艺术作品》，王才勇译，中国城市出版社，2002。

第七讲　摄影与权力
作为纪实、艺术与商品的摄影
【阅读材料】

皮埃尔·布迪厄:《摄影的社会定义》,载陈永国主编《视觉文化研究读本》,北京大学出版社,2009。

苏珊·桑格塔:《形象世界》,载陈永国主编《视觉文化研究读本》,北京大学出版社,2009。

约翰·伯格:《摄影的使用——给苏珊·桑塔格》,载吴琼、杜予编《上帝的眼睛:摄影的哲学》,中国人民大学出版社,2005。

第八讲　讨论课
日常生活中的摄影;数码技术与移动互联网时代的摄影

第九讲　电影
技术、工业与艺术
【阅读材料】

董新宇:《看与被看之间:对中国无声电影的文化研究》,北京师范大学出版社,2000。

第十讲　电影、奇观与大众社会
【阅读材料】

马克斯·霍克海默、西奥多·阿道尔诺:《文化工业:作为大众欺骗的启蒙》,载《启蒙辩证法:哲学断片》,渠敬东、曹卫东译,上海人民出版社,2006。

第十一讲　电视、日常叙事与现代生活
私人领域与公共领域的链接;市场、商品化与流动的私人性;民族国家认同与公共服务广播
【阅读材料】

Raymond Williams, *Television: Technology and Cultural Form* (Routledge, 2005), Chap.2,3,6.

第十二讲　讨论课
真人秀、巨幕、3D、网络直播;社交媒体时代的视频传播

第三单元　通过视觉材料介入社会批评

第十三讲　表征他者

我们如何通过对他者的再现生产自我认知；他者形象中的阶级、性别、种族关系

【阅读材料】

Jane Collins and Catherine Lutz, "Becoming America's Lens on the World: National Geographic in the Twentieth Century," *South Atlantic Quarterly,* 1992.

第十四讲　公共形象、集体记忆与身份认同

【阅读材料】

苏珊·桑塔格：《墙、屏幕和形象：解析越战老兵悼念碑》，载顾铮、罗岗编《视觉文化读本》，广西师范大学出版社，2003。

吴靖：《影像的政治与历史记忆：表征"大屠杀"的伦理纠葛》，载《文化现代性的视觉表达：观看、凝视与对视》，北京大学出版社，2012。

第十五讲　旅游与游客凝视

旅游与观看的快感；旅游地作为景观的生产；游客凝视中的权力关系；谁在生产游客凝视？

【阅读材料】

约翰·厄里，乔纳斯·拉森：《游客的凝视（第三版）》，黄宛瑜译，格致出版社、上海人民出版社，2020，第一章、第六章、第七章、第八章。

参考书单

1. 理查德·豪厄尔斯：《视觉文化》，葛红兵等译，广西师范大学出版社，2007。

2. 尼古拉斯·米尔佐夫：《视觉文化导论》，倪伟译，江苏人民出版社，2006。

3. 顾铮、罗岗编：《视觉文化读本》，广西师范大学出版社，2003。

4. 阿瑟·阿萨·伯杰:《眼见为实——视觉传播导论》,张蕊、韩秀英、李广才译,江苏美术出版社,2008。

5. 琳达·诺克林:《女性,艺术与权力》,游惠贞译,广西师范大学出版社,2005。

6. 伊安·杰弗里:《摄影简史》,晓征、筱果译,生活·读书·新知三联书店,2002。

7. 苏珊·桑塔格:《论摄影》,艾红华等译,湖南美术出版社,2005。

8. 阿瑟·罗斯坦:《纪实摄影:摄影大师及其理念》,李文吉译,广西师范大学出版社,2005。

9. 玛丽·沃纳·玛利亚:《摄影与摄影批评家:1839年至1900年间的文化史》,郝红尉、倪阳译,马传喜译校,山东画报出版社,2005。

10. 约翰·伯格:《看》,刘惠媛译,广西师范大学出版社,2005。

11. 约翰·伯格:《观看之道》,戴行钺译,广西师范大学出版社,2015。

12. 约翰·伯格:《抵抗的群体》,何佩桦译,广西师范大学出版社,2008。

13. 约翰·伯格、让·摩尔:《另一种讲述的方式》,沈语冰译,广西师范大学出版社,2007。

14. 埃里克·巴尔诺:《世界纪录电影史》,张德魁、冷铁铮译,中国电影出版社,1992。

15. 吕新雨:《纪录中国:当代中国新纪录运动》,生活·读书·新知三联书店,2003。

16. 理查德·麦特白:《好莱坞电影:1891年以来的美国电影工业发展史》,吴菁、何建平、刘辉译,华夏出版社,2005。

17. 格雷钠·特纳:《电影作为社会实践》,高红岩译,北京大学出版社,2010。

18. 劳拉·穆尔维:《恋物与好奇》,钟仁译,上海人民出版社,2007。

19. 陈映芳:《图像中的孩子——社会学的分析》,山东画报出版社,2003。

20. 克里斯汀·汤普森、大卫·波德维尔：《世界电影史》，陈旭光、何一薇译，北京大学出版社，2004。

21. 贾磊磊：《影像的传播》，广西师范大学出版社，2005。

22. 杰克·伯恩斯：《内战结束的前夜——美国〈生活〉杂志记者镜头下的中国》，吴呵融译，广西师范大学出版社，2005。

23. 沈弘编：《晚清映像：西方人眼中的近代中国》，中国社会科学出版社，2005。

24. 李欧梵：《上海摩登：一种新都市文化在中国 1930—1945》，毛尖译，北京大学出版社，2001。

25. 肖同庆：《影像史记》，南方日报出版社，2005。

26. 吴琼编：《视觉文化的奇观：视觉文化总论》，中国人民大学出版社，2005。

27. 吴琼、杜予编：《上帝的演进：摄影的哲学》，中国人民大学出版社，2005。

28. 吴琼编：《凝视的快感：电影文本的精神分析》，中国人民大学出版社，2005。

29. 吴琼、杜予编：《形象的修辞：广告与当代社会理论》，中国人民大学出版社，2005。

30. 朗·伯内特：《视觉文化——图像、媒介与想象力》，赵毅等译，山东文艺出版社，2008。

31. 利萨·泰勒：《媒介研究：文本、结构与受众》，吴靖译，北京大学出版社，2005。

32. 斯图尔特·霍尔：《表征：文化表象与意指实践》，徐亮、陆兴华译，商务印书馆，2003。

33. 保罗·杜盖伊等：《做文化研究：索尼随身听的故事》，霍炜译，商务印书馆，2003。

34. 居伊·德波：《景观社会》，王昭风译，南京大学出版社，2006。

35. 莫尼克·西卡尔：《视觉工厂》，杨元良译，湖南文艺出版社，2001。

课程大纲
中国经济改革与发展[①]

姚 洋

教师介绍

姚洋,北京大学国家发展研究院(前身北京大学中国经济研究中心)教授、院长,北京大学国家发展研究院中国经济研究中心主任。国务院特殊津贴专家。北京大学社会科学学部委员,同时担任《经济学季刊》主编、Agricultural Economics 副主编、World Development 副主编以及《世界经济文汇》、China Economic Journal 和 Journal of Rural Cooperatives 学术委员会成员,中国金融四十人论坛成员。曾获2009年孙冶方经济科学奖、第一届和第二届浦山国际经济学奖(2008年、2010年)、第二届张培刚发展经济学奖(2008年);被评为2006年北京大学"十佳教师"。

课程简介

本课程旨在向学生介绍中国经济增长的概貌,让学生了解中国经济成功的原因、中国发展所处的阶段以及中国经济今后的增长前景。课程特别强调制度及其变革对中国经济增长的作用。课程分为八讲,涉及中国经济增长的历史背景、财政分权、人口与城市化、出口导向发展模式、经济结构问题、中国经济增长前景、收入分配以及中国经济增长的政治经济学等方面的内容。课程无先修课要求。

---

① 开课院系:国家发展研究院。

课程大纲

第一讲　历史长镜头中的中国经济增长

经济增长的历史透视

重工业优先发展战略

人民公社的得失

改革开放之后的经济增长及其解释

【参考读物】

1. 贾雷德·戴蒙德:《枪炮、病菌与钢铁：人类社会的命运》，谢延光译，上海译文出版社，2016。

2. 伊安·莫里斯:《西方将主宰多久：东方为什么会落后，西方为什么能崛起》，钱锋译，中信出版社，2014。

3. 林毅夫、蔡昉、李周:《中国的奇迹：发展战略与经济改革（增订版）》，格致出版社，2014。

4. 张乐天:《告别理想：人民公社制度研究》，上海人民出版社，2012。

第二讲　经济分权和地方官员行为

1993年之前的财政分权

1993年分税制改革之后的财政和税收

分权对改革和经济增长的正反面作用

政治集权和经济分权之间的关系

央地关系的调整方向

【参考读物】

1. Xu Chenggang, "The Fundamental Institutions of China's Reforms and Development," *Journal of Economic Literature*, 4(2011): 1076−1151.

2. 姚洋:《作为制度创新的经济改革》，格致出版社，2016。

第三讲　人口、劳动力和城市化

农村剩余劳动力

工业劳动力的无限供给

人口转型与人口红利

结构转型

城市化问题

【参考读物】

1. 蔡昉:《从人口红利到改革红利》,社会科学文献出版社,2014。

2. 周其仁:《城乡中国(上)》,中信出版社,2013。

3. 周其仁:《城乡中国(下)》,中信出版社,2014。

第四讲　出口导向发展模式

出口导向发展模式概览

"世界工厂"的形成

出口的原因和贡献

人口双转型与增长模式之间的关系

经济失衡问题

【参考读物】

1. 姚洋、杨汝岱:《政府行为与中国经济结构转型研究》,北京大学出版社,2014。

2. Yao Yang, "The Chinese Growth Miracle," in Philippe Aghion, Steven Durlauf (eds.), *Handbook of Economic Growth* vol. 2 (Elsevier Science Ltd., 2014), pp. 943−1031.

第五讲　几个专题

全球失衡及其解释

居民储蓄率问题

汇率制度与经济增长

中美经贸关系

【参考读物】

Yao Yang, "The Chinese Growth Miracle," in Philippe Aghion, Steven Durlauf (eds.), *Handbook of Economic Growth* vol. 2 (Elsevier Science Ltd., 2014), pp. 943−1031.

第六讲　中国经济增长前瞻

中等收入陷阱

"幸福家庭的特征"

对几种流行观点的批判

中国的优势

经济增长预测

【参考读物】

1. 安格斯·麦迪森:《世界经济千年史》,伍晓鹰、许宪春译,北京大学出版社,2003。

2. 安格斯·麦迪森:《中国经济的长期表现(公元960—2030年)(修订版)》,伍晓鹰、马德斌、王小鲁译,上海人民出版社,2011。

第七讲　不平等和社会公正问题

收入不平等

财富不平等

社保的流失与重建

为什么要关注不平等

托马斯·皮凯蒂:《二十一世纪资本论》

社会公正问题

【参考读物】

1. 托马斯·皮凯蒂:《二十一世纪资本论(限量精装版)》,詹文硕、陈以礼译,中信出版社,2014。

2. 姚洋主编:《转轨中国:审视社会公正和平等》,中国人民大学出版社,2004。

第八讲　中国经济增长的政治经济学

中性政府

选拔体制

务实主义

可能的改进

【参考读物】

1. 姚洋:《作为制度创新的经济改革》,格致出版社,2016。

2. 姚洋:《中国道路的世界意义》,北京大学出版社,2011。

课程大纲
中国社会：结构与变迁①

周飞舟

教师介绍

周飞舟，北京大学社会学系教授，博士生导师，社会学系主任，北京大学中国传统社会研究中心主任。主要研究领域为发展社会学、中国社会思想史，代表作有《制度变迁和农村工业化：包买制在清末民初手工业发展中的历史角色》(2006)、《以利为利：财政关系与地方政府行为》(2012)等。被评为2014年北大"十佳教师"。

课程简介

基本目的：以社会学的基本理论和研究视角，带领学生阅读、理解关于中国社会的社会学研究成果和经典文献，使学生形成对中国社会的基本认识。这种基本认识包括：(1)对中国意识形态和文化精神的总体性了解；(2)对中国社会结构和变迁特征的总体性把握；(3)对中国社会中社会行动者的行动逻辑的实证性社会学分析。

课程大纲

第一讲　导论（2学时）

社会学的基本概念和视角；社会行动和社会结构；对中国社会的基本理解。

---
① 开课院系：社会学系。

第一单元

第二讲　传统社会的伦理（4学时）
【阅读书目】

梁漱溟:《中国文化要义》,上海人民出版社,2005。

第三讲　传统社会的礼制与家庭（2学时）
【阅读书目】

陶希圣:《中国社会之史的分析（外一种：婚姻与家族）》,商务印书馆,2015。

第四讲　传统政治的结构和变迁（2学时）
【阅读书目】

钱穆:《中国历代政治得失》,九州出版社,2012。

第二单元

第五讲　传统社会的结构和变迁（2学时）
【阅读书目】

费孝通:《乡土中国》,载《乡土中国 生育制度 乡土重建》,商务印书馆,2011。

第六讲　近代社会的巨变（2学时）
【阅读书目】

费孝通:《中国士绅：城乡关系论集》,赵旭东、秦志杰译,外语教学与研究出版社,2011。

费孝通:《乡土重建》,载《乡土中国 生育制度 乡土重建》,商务印书馆,2011。

第七讲　国家和阶级（2学时）
【阅读书目】

陈吉元主编:《中国农村经济社会变迁（1949—1989年）》,山西经济出版社,1993。

第八讲　文化革命和新传统的形成（2学时）
【阅读书目】

华尔德：《共产党社会的新传统主义——中国工业中的工作环境和权力结构》，龚小夏译，香港牛津大学出版社，1996。

第三单元

第九讲　中央与地方（2学时）
【阅读书目】

应星、周飞舟、渠敬东主编：《中国社会学文选（上、下）》，中国人民大学出版社，2011。

第十讲　土地、企业与劳动（4学时）
【阅读书目】

应星、周飞舟、渠敬东主编：《中国社会学文选（上、下）》，中国人民大学出版社，2011。

第十一讲　城市与乡村（4学时）
【阅读书目】

应星、周飞舟、渠敬东主编：《中国社会学文选（上、下）》，中国人民大学出版社，2011。

第十二讲　治理与抗争政治（2学时）
【阅读书目】

应星：《大河移民上访的故事：从讨个说法到摆平理顺》，生活·读书·新知三联书店，2002。

第十三讲　家庭、社会与国家（2学时）
【阅读书目】

应星、周飞舟、渠敬东主编：《中国社会学文选（上、下）》，中国人民大学出版社，2011。

课程大纲
全球视野下的中国工业与经济发展

路 风

教师介绍

路风,北京大学政府管理学院政治经济学系教授,博士生导师。长期关注国有企业的组织转变和制度演进,研究涉及企业理论、战略管理、技术创新、组织理论和国家理论等领域。目前的研究有两个方向:(1)以动态企业和动态能力战略观为理论框架,分析在开放市场条件下中国工业和企业竞争力的源泉和战略。(2)改造国有企业过程中,新建公司治理结构与管理模式转变的关系问题。

课程简介

本课的目的是帮助本科生理解中国工业的崛起对于世界和中国经济发展的意义。因此,本课的视角既是现实性的,也是世界性和历史性的。为了使本科生从这样的视野去理解工业发展的意义,本课将首先介绍自从英国工业革命开启现代经济增长过程之后,国际工业领导权的兴衰交替对于世界经济发展的作用。

本课的主要内容,也是最具特色的内容,是对一系列当代中国工业发展案例的介绍,包括汽车、民用航空、核电、高速铁路、半导体显示器、机械装备等工业。对这些工业案例的介绍全部基于任课教师近20年来对中国工业发展的经验研究。这些内容涉及在当代中国工业发展过程中实际发生的许多关于技术创新、企业战略、工业竞争和政府政策的

---

① 开课院系:政府管理学院。

经验教训，并以发生在我们眼前的实际事件来激发本科生对于这些问题的思考。

本课还将帮助本科生从理论上寻找分析和回答这些问题的途径和概念工具，使他们不仅理解工业组织和技术进步本身的规律，而且也能够根据中国和世界工业发展的经验证据，去思考一系列挑战现有理论和流行性说法的问题，从而为他们将来进一步的深造和研究打下一个基础。

通过本课程的学习，学生能够：

1. 掌握英国工业革命以来国际工业领导权兴衰交替的主要事件及其理论含义；

2. 通过了解中国一系列重要工业在改革开放后三十多年间的曲折经历，理解中国工业发展的主要成就和主要问题；

3. 理解有关技术创新、企业战略和工业竞争力的若干理论问题和政策问题；

4. 理解中国工业崛起的历史意义和世界意义，思考面对未来的政策。

课程大纲

本课程内容分为五个单元，共十五讲，每周一讲。本课没有固定教材，全部课件由授课教师根据自己的研究撰写。由于授课教师的工业研究仍在继续，所以每年的授课内容会根据研究进展而调整。本课程所列参考书有助于学生理解本课内容，但不做硬性阅读要求。

第一部分　世界工业发展的历史篇章

本部分提供英国工业革命以来的世界工业史脉络，介绍英国工业革命、美国工业和德国工业在第二次工业革命中的崛起以及苏联工业化和"二战"后东亚模式的崛起。上述事件是世界工业史的主要篇章，把握这些事件可以帮助学生理解工业竞争对于世界各国经济发展的影响。

第一讲　英国工业革命和工厂制的出现
【内容提要】
英国工业革命的过程——从外包制向工厂制（现代工业企业原型）

的转变：为什么会产生惊险的一跃 —— 这个转变的实质及其对技术进步的作用 —— 欧洲大陆的模仿和追赶 —— 落后者的创新：走向第二次工业革命的道路 —— 英国工业的衰落 —— 第三世界的起源 —— 对于企业理论的意义

第二讲　美国大企业的兴起和苏联工业化
【内容提要】

通过介绍钱德勒等学者的企业史研究，分析决定了西方现代工业企业成长的两次组织转变，即在车间现场层次实现对生产过程的管理控制，并在组织层次上发生的管理革命 —— 从传统工匠控制到管理控制的转变 —— 泰勒制和福特流水线的历史意义 —— 管理的社会职能 —— 对大规模生产设施、大规模分销系统和管理组织的三重投资 —— 大型多单位企业的出现 —— 横向合并和纵向一体化 —— 所有权和控制权的分离 —— 从 U 型结构到 M 型结构（事业部制）的转变动力 —— 斯大林工业化：极度落后者的"大推进"发展战略

第三讲　中国棉纺织工业史的篇章
【内容提要】

介绍80年前中国棉纺织工业的一场轰轰烈烈的管理改革运动 —— 对生产过程的工头控制和管理控制 —— 私有产权和企业组织能力之间的关系 —— 工业发展的政治条件

第四讲　东亚的崛起和美国工业的变化
【内容提要】

冷战体制下的世界经济秩序 —— 东亚的经济发展 —— 丰田生产方式和韩国的技术学习 —— 美国工业的变化和高技术工业的兴起：从旧经济企业模式向新模式的转变 —— 美国工业的相对衰落：走向全球金融危机的道路

第五讲　理论讨论：经济发展中的创新型企业
【内容提要】

新古典经济理论框架下的企业模型 —— 为什么会有企业？ —— 约束下最优企业的理论局限性：不可能创新 —— 经济发展的实质 —— 经

济发展的政治动力 —— 技术进步对于经济增长和发展的重要性 —— 熊彼特的"创造性毁灭"—— 经济发展需要创新型企业 —— 从历史演进的角度看企业

第二部分　当代中国工业发展的案例

本部分详细介绍一系列中国工业在改革开放后三十多年的发展历程，以真实的人和组织在真实的世界中所创造的真实事件来激发同学们思考如下的问题：中国的经济发展为什么需要"自主创新"？跨国公司在中国设厂和研发机构是否能为中国带来技术？中国是否应该按照"比较优势"先发展劳动密集型工业，然后在收入提高后再发展技术密集型工业？为什么中国在能够大量引进外国资本和技术的领域始终缺乏技术能力，而在没有这些条件的领域却能产生重大突破？在中国的发展中，国有企业改革的最终出路是否只能是私有化？中国已经出现了对技术进步产生巨大作用的竞争性企业，而决定它们出现和成长的因素是什么？等等。本部分还将提供从理论上回答这些问题的途径和概念工具，以帮助感兴趣的本科生理解有关产业发展、企业管理、技术创新以及企业改革、产业政策和科技政策等方面的问题，并为他们将来进一步的深造和研究打下一个基础。

第六讲　中国汽车工业的转折：从技术依赖到自主开发
【内容提要】
围绕技术依赖和自主创新的政策辩论 —— 中国汽车工业的案例 —— 引进技术和技术能力成长之间的关系

第七讲　中国的大飞机之梦
【内容提要】
中国大飞机工业的曲折经历 —— 运10的开发和"下马"—— 再造大飞机的政策辩论 —— 新项目的前景 —— 关于产品开发平台的理论

第八讲　破解中国核电迷局
【内容提要】
介绍中国核电发展的政策辩论以及中国核动力工业的历史和现状

第九讲　中国高速铁路技术进步之源
【内容提要】

中国高速铁路技术进步的原因是什么？——引进与原有工业基础之间的关系

第十讲　均衡思维与战略思维：寻求竞争优势的源泉
【内容提要】

均衡思维和战略思维的不同——介绍战略管理领域的对竞争优势源泉的探讨，重点介绍资源/能力学派的观点——随 IT 工业兴起而出现的新现象和理论：报酬递增、技术竞争和主导技术轨道——案例：上海振华港机等

第十一讲　区域经济发展问题
【内容提要】

重点比较东莞、浙江南部的两种不同发展模式：本土能力的重要性——讨论外向型经济的转型问题以及区域竞争力的源泉

第十二讲　京东方和中国液晶显示器工业的崛起
【内容提要】

介绍中国半导体显示器工业在过去十几年间的迅速崛起，以及京东方在这个过程中的领军作用

第十三讲　中国经济增长的能力基础和国有企业的转变
【内容提要】

以中华人民共和国前三十年的工业化与改革开放之后经济增长之间的联系为背景，讨论国有企业在中国经济发展中的地位、作用以及转变的前景

第十四讲　技术革命的范式和轨道
【内容提要】

在世界经济正在经历转变的背景下，中国如何实现产业升级——案例：青岛软控的创新模式和沈阳机床集团的智能、互联数控系统——从追赶模式转变为赶超模式的必要性

第三部分　讨论中国工业崛起的意义

本部分从具体工业回到宏观层次，讨论在中国已经成为世界第一大工业国的条件下，我们应该采取什么样的政策、战略和思维方式才能使中国的经济进入发达状态。

第十五讲　结论：中国技术进步的政治动力

【内容提要】

回顾本课主要内容，讨论中国工业发展的历史意义——讨论进取精神、国家政策和理论思维的作用

参考书目

1. 罗伯特·艾伦:《全球经济史》，陆赟译，译林出版社，2015。

2. 托马斯·麦克劳:《现代资本主义：三次工业革命中的成功者》，赵文书、肖锁章译，江苏人民出版社，1999。

3. 路风:《走向自主创新：寻求中国力量的源泉》，广西师范大学出版社，2006。

4. 路风:《光变：一个企业及其工业史》，当代中国出版社，2016。

成绩考核方法

1. 出勤率：本课的理想授课对象是对工业发展具有兴趣的本科生，对此无兴趣的同学选修此课毫无意义。因此，本课不对出勤率做硬性规定，但如果授课教师判定有同学只是来混学分，将予以严惩，包括对多次无理由缺课的学生给出不及格成绩。

2. 期中考试：本课将在适当时候要求同学提交一篇不超过 5 页 A4 纸的分析性小论文（critical essay），要求针对已授课程内容讨论一个同学自己认为重要的问题。成绩优秀的标准是论文有问题、有立场、有证据。期中考试成绩和课堂表现占总成绩的 40%。

3. 期末考试：闭卷回答授课教师指定的分析性问题（essay questions），期末成绩占总成绩的 60%。

课程大纲
伊斯兰教与现代社会

昝　涛

教师介绍

昝涛,北京大学历史学系副教授、地中海区域研究中心执行主任。主要研究领域有世界近现代通史、奥斯曼-土耳其近现代史、中东-伊斯兰研究、中亚国际关系问题;主要著作有《现代国家与民族建构》;承担课程有《伊斯兰教与现代政治》《土耳其历史、语言与文化概论》等。

课程简介

本课程是为本科生开设的通识教育选修课,教学站在唯物主义的立场上,运用历史学、社会学与政治学等多学科视角透视与伊斯兰教有关的历史与文明进程。伊斯兰主义是当代国际政治的重要因素,了解中东地区的历史与现状,是我们认识21世纪世界发展状况的一个重要条件。本课程将从历史的角度讲述伊斯兰地区的宗教与历史。同时,也将就与现代社会/政治有关的重要专题展开讨论,如伊斯兰主义、世俗主义等。本课程主要包括如下内容:伊斯兰教的基本知识、伊斯兰文明史、中东史、世俗化问题、伊斯兰主义。

---

① 开课院系:历史学系。

学习目的

1. 掌握伊斯兰教的基本知识;
2. 了解中东的历史和基本特征。

课程提纲

第一单元　背景知识

第一讲　绪论（关于学习背景、目的、要求与对宗教的认识）

【阅读书目】

1. 爱德华·萨义德:《报道伊斯兰:媒体与专家如何决定我们观看世界其他地方的方式》,闫纪宇译,上海译文出版社,2009,新版绪论、绪论、第一章、附录。

2. 金宜久、吴云贵:《伊斯兰与国际热点》,东方出版社,2001,导言、第四十二章。

3. 罗宾·多克:《伊斯兰世界帝国》,王宇洁、李晓瞳译,商务印书馆,2015,结语。

4. 西蒙·蒙蒂菲奥里:《耶路撒冷三千年》,张倩红、马丹静译,民主与建设出版社,2015,第一部分。

5. 孙尚扬:《宗教社会学》,北京大学出版社,2001。

6. 弗洛伊德:《摩西与一神教》,李展开译,生活·读书·新知三联书店,1989。

7. 尤瓦尔·赫拉利:《人类简史:从动物到上帝》,林俊宏译,中信出版社,2014,第12章。

第二讲　伊斯兰诞生前的中东历史（地理环境、民族与信仰）

【阅读书目】

1. 罗宾·多克:《伊斯兰世界帝国》,王宇洁、李晓瞳译,商务印书馆,2015,引言。

2. 金宜久:《伊斯兰教史》,江苏人民出版社,2006,第一章。

第二单元　从先知时代到帝国更迭

第三讲　先知穆罕默德
【阅读书目】

1. 罗宾·多克:《伊斯兰世界帝国》,王宇洁、李晓瞳译,商务印书馆,2015,第17-27页。

2. 金宜久:《伊斯兰教史》,江苏人民出版社,2006,第40-59页。

3. 穆斯塔法·本·穆罕默德艾玛热编:《布哈里圣训实录精华:坎斯坦勒拉尼注释》,穆萨·宝文安哈吉、买买提·塞来哈吉译,中国社会科学出版社,2004。

4. 法土拉·葛兰:《先知穆罕默德的生命面貌》,宗教文化出版社,2006。

5. Jonathan A. C. Brown, *Muhammad: A Very Short Introduction* (Oxford University Press, 2011).

第四讲　四大哈里发时代
【阅读书目】

1. 金宜久:《伊斯兰教史》,江苏人民出版社,2006,第69-80页。

2. 伯纳德·路易斯:《中东:自基督教兴起至二十世纪末》,郑之书译,中国友谊出版公司,2004,第61-67页。

3. 罗宾·多克:《伊斯兰世界帝国》,王宇洁、李晓瞳译,商务印书馆,2015,第27-36页。

第五、六讲　阿拉伯帝国
【阅读书目】

1. 金宜久:《伊斯兰教史》,江苏人民出版社,2006,第203-210页、第三章。

2. 菲利普·希提:《阿拉伯通史(第十版)(上下册)》,马坚译,新世界出版社,2008,第390-399页、第三编。

第七、八讲　近代三大伊斯兰帝国:奥斯曼、莫卧儿与萨法维
【阅读书目】

1. 菲利普·希提:《阿拉伯通史(第十版)(上下册)》,马坚译,新世界出版社,2008,第390-399页、第六编。

2. 杰里·本特利、赫伯特·齐格勒:《新全球史:文明的传承与交流》,魏凤莲译,北京大学出版社,2007,第27章。

3. 金宜久:《伊斯兰教史》,江苏人民出版社,2006,第178-195页。

4. 金宜久、吴云贵:《伊斯兰与国际热点》,东方出版社,2001,第三十章。

第三单元　经典、知识与传统

第九讲 《古兰经》简介
【阅读书目】

1. Decoding the past: Koran（视频）。

2. 金宜久:《伊斯兰教史》,江苏人民出版社,2006,第59-69页。

3. 菲利普·希提:《阿拉伯通史（第十版）(上下册)》,马坚译,新世界出版社,2008,第九章、第十章。

4. 穆罕默德:《古兰经》,马坚译,中国社会科学出版社,2003。

第十讲 《古兰经》的诵读（以观摩为主）
【阅读书目】

1. Kristina Nelson, *The Art of Reciting the Qur'an* (University of Texas Press, 1985), "Tajwid", pp. 14-31.

2. *Koran by Heart*（视频）。

第十一讲　伊斯兰知识传统与教育
【阅读书目】

1. Jonathan Berkey, *The Transmission of Knowledge in Medieval Cairo: A Social History of Islamic Education* (Princeton University Press, 2014), pp. 21-43.

2. 菲利普·希提:《阿拉伯通史（第十版）(上下册)》,马坚译,新世界出版社,2008,第二十八章。

第十二讲　伊斯兰教法与现代生活
【阅读书目】

1. 罗宾·多克:《伊斯兰世界帝国》,王宇洁、李晓瞳译,商务印书馆，2015，第85—88页。

2.伯纳德·路易斯：《中东：自基督教兴起至二十世纪末》，郑之书译，中国友谊出版公司，2004，第十二章。

第四单元　伊斯兰主义与世俗化

第十三讲　伊斯兰现代主义
【阅读书目】

1.霍华德·威亚尔达：《非西方发展理论：地区模式与全球趋势》，董正华、昝涛、郑振清译，北京大学出版社，2006，第六章。

2.肖宪：《传统的回归：当代伊斯兰复兴运动》，中国社会科学出版社，1994。

3.马克垚主编：《世界文明史（上下册）》，北京大学出版社，2004，第二十七章。

第十四讲　土耳其共和国的世俗化进程
【阅读书目】

1.塞缪尔·亨廷顿：《文明的冲突与世界秩序的重建》，周琪、刘绯、张立平、王圆译，新华出版社，2002。

2.昝涛：《现代国家与民族建构：20世纪前期土耳其民族主义研究》，生活·读书·新知三联书店，2011，第八章。

第十五讲　课程总结

主要参考文献

1.刘靖华、东方晓：《现代政治与伊斯兰教》，社会科学文献出版社，2000。

2.金宜久：《伊斯兰教史》，江苏人民出版社，2006。

3.萨义德·侯赛因·纳速尔：《伊斯兰教》，王建平译，上海古籍出版社，2008。

4.马克垚主编：《世界文明史》，北京大学出版社，2004。

5. 张铭:《现代化视野中的伊斯兰复兴运动》,中国社会科学出版社,1999。

6. 霍华德·威亚尔达主编:《非西方发展理论:地区模式与全球趋势》,董正华、昝涛、郑振清译,北京大学出版社,2006。

7. 郭应德:《阿拉伯史纲》,经济日报出版社,1997。

8. 塞缪尔·亨廷顿:《文明的冲突与世界秩序的重建》,周琪、刘绯、张立平、王圆译,新华出版社,2002。

9. 昝涛:《现代国家与民族建构:20世纪前期土耳其民族主义研究》,生活·读书·新知三联书店,2011。

10. 爱德华·萨义德:《报道伊斯兰:媒体与专家如何决定我们观看世界其他地方的方式》,阎纪宇译,上海译文出版社,2009。

11. 爱德华·萨义德:《东方学》,王宇根译,生活·读书·新知三联书店,2007。

12. 伯纳德·刘易斯:《穆斯林发现欧洲:天下大国的视野转换》,李中文译,生活·读书·新知三联书店,2013。

课程大纲
经济学原理[①]

张维迎

教师介绍

张维迎,北京大学国家发展研究院金光经济学讲席教授。1982年获西北大学经济学学士,1984年西北大学经济学硕士毕业,1992年牛津大学(新学院)经济学硕士毕业,1994年牛津大学(纽菲尔德学院)经济学博士毕业。2006—2010年任北京大学光华管理学院院长。专业:产业组织,企业管治,中国经济转型,信息经济。主要著作:《博弈论与信息经济学》《企业理论与中国企业改革》《产权、政府与信誉》《大学的逻辑》《竞争力与企业成长》。

课程简介

经济学是有关人的行动和社会合作的一种理论模型和思维方式。本课程将系统介绍经济学的基本原理及其在现实生活中的应用。

课程内容将特别关注以下问题:经济学如何分析人的有目的的行动;理性人如何做选择;市场如何协调个人的选择,实现社会的合作共赢;如何衡量资源的有效配置;市场如何决定收入分配和实现社会公正;社会分工和市场竞争如何推动技术进步和创新;企业家如何发现市场和推动经济增长;国际贸易和全球化何以能改进全人类的幸福与和谐;什么是市场与政府之间的边界;政府干预如何影响个体行为和市场

---

① 开课院系:国家发展研究院。

的有效运行；为什么会发生经济危机；什么是恰当的宏观经济政策；计划经济为什么失败；等等。

本课程内容包括传统的"微观经济学"与"宏观经济学"的基本内容。但与流行的经济学原理课程不同，本课程试图将"奥地利学派经济学"的基本思想融入经济学的基本课程，并对"主流"经济学进行批判性反思。

本教程讲授中会适当使用数学公式和几何图，但不会使用复杂的数学推导。

通过本课程的学习，学生能够：

1. 掌握经济学的基本原理，学会构建简单的经济学模型，并能用经济学的思维方式分析现实经济—社会问题，理性参与公共政策的讨论；

2. 深刻理解市场如何运行，特别是市场竞争如何将个体的自利动机导向利他行为；明白为什么市场经济是最有利于人类合作的经济制度，为什么计划经济制度会失败；

3. 更理性地选择个人生活，更具有人文精神。

本课程也希望能培养一部分学生未来从事经济学研究的兴趣，或者使他们学会将经济学的思维方式应用于其所从事的社会科学领域。

课程大纲

本课程内容分为十七章。一般来说，每周讲授一章内容，部分章节需要讲授两周，个别章节会压缩时间。预计整个课程需要讲授十四周，留一周进行答疑和辅导。

第一章　经济学的思维方式

本章是课程的开篇，我们将向大家介绍六个方面的问题：（1）为什么要学习经济学；（2）经济学研究什么；（3）经济学家应该怎样思考；（4）市场的逻辑；（5）经济学与其他学科的关系；（6）经济学的历史和未来。

【本章阅读】

1. 张维迎：《经济学原理》，西北大学出版社，2015，第1章。

2. 保罗·海恩、彼得·勃特克、大卫·普雷契特科：《经济学的思维方式：经济学导论（第11版）》，马昕、陈宇译，世界图书出版公司，2008，第1章。

3. 格里高利·曼昆：《经济学原理（第7版）》，梁小民、梁砾译，北京大学出版社，2015，微观经济学分册第1—2章。

4. 罗伯特·墨菲：《第一本经济学》，程晔译，上海财经大学出版社，2011，第1—2课。

5. 阿尔弗雷德·马歇尔：《经济学原理》，朱志泰译，商务印书馆，1964，第一篇第1—4章。

第二章 偏好与选择

本章将介绍微观经济学的一些最基本概念。在本章中，我们将讨论如下几方面问题：（1）目标与手段的关系；（2）幸福和价值；（3）偏好和效用函数；（4）约束条件；（5）鲁滨孙经济下的生产、消费、储蓄和投资；（6）无差异曲线和生产可行性边界。

【本章阅读】

1. 张维迎：《经济学原理》，西北大学出版社，2015，第2章。

2. 保罗·海恩、彼得·勃特克、大卫·普雷契特科：《经济学的思维方式：经济学导论（第11版）》，马昕、陈宇译，世界图书出版公司，2008，第2章。

3. 格里高利·曼昆：《经济学原理（第7版）》，梁小民、梁砾译，北京大学出版社，2015，微观经济学分册第3章。

4. 罗伯特·墨菲：《第一本经济学》，程晔译，上海财经大学出版社，2011，第3—4课。

第三章 交换、分工与货币

本章将讲述经济学的三个重要概念：交换、分工和货币。在本章中，我们将讨论如下几方面问题：（1）直接交换以及通过无差异曲线分析交换；（2）分工的作用；（3）比较优势理论及其在国际贸易中的应用；（4）间接交换及货币的出现和演化；（5）市场经济。

【本章阅读】

1. 张维迎：《经济学原理》，西北大学出版社，2015，第3章。

2. 罗伯特·墨菲：《第一本经济学》，程晔译，上海财经大学出版社，2011，第6—8课。

第四章　消费者选择与需求曲线

本章将对消费者选择问题及需求曲线进行介绍。在本章中，我们将讨论如下几方面问题：（1）最优消费组合；（2）消费决策的比较静态分析；（3）需求曲线与需求法则；（4）需求的弹性；（5）需求的加总和市场需求曲线。

【本章阅读】

1. 张维迎：《经济学原理》，西北大学出版社，2015，第4章。

2. 保罗·海恩、彼得·勃特克、大卫·普雷契特科：《经济学的思维方式：经济学导论（第11版）》，马昕、陈宇译，世界图书出版公司，2008，第3章。

3. 格里高利·曼昆：《经济学原理（第7版）》，梁小民、梁砾译，北京大学出版社，2015，微观经济学分册第4章、第5章第1节、第7章第1节。

4. 阿尔弗雷德·马歇尔：《经济学原理》，朱志泰译，商务印书馆，1964，第三篇。

第五章　生产与供给曲线

本章将对厂商行为和供给曲线进行介绍。在本章中，我们将探讨如下四个问题：（1）生产技术；（2）生产成本；（3）利润最大化；（4）供给曲线。

【本章阅读】

1. 张维迎：《经济学原理》，西北大学出版社，2015，第5章。

2. 保罗·海恩、彼得·勃特克、大卫·普雷契特科：《经济学的思维方式：经济学导论（第11版）》，马昕、陈宇译，世界图书出版公司，2008，第4章。

3. 格里高利·曼昆：《经济学原理（第7版）》，梁小民、梁砾译，北京大学出版社，2015，微观经济学分册第5章、第13章、第14章。

4. 阿尔弗雷德·马歇尔：《经济学原理》，朱志泰译，商务印书馆，1964，第四篇第11章、第13章。

第六章　供求与市场均衡

本章将把供给和需求两方面结合起来分析,并对市场均衡问题进行探讨。在本章中,我们将讨论如下六个问题:(1)市场与均衡;(2)均衡的实例分析;(3)价格的信号传递功能;(4)政府干预与效率评估;(5)一般均衡;(6)非市场机制。

【本章阅读】

1. 张维迎:《经济学原理》,西北大学出版社,2015,第6章。

2. 保罗·海恩、彼得·勃特克、大卫·普雷契特科:《经济学的思维方式:经济学导论(第11版)》,马昕、陈宇译,世界图书出版公司,2008,第5—6章。

3. 格里高利·曼昆:《经济学原理(第7版)》,梁小民、梁砾译,北京大学出版社,2015,微观经济学分册第4、6章。

4. 罗伯特·墨菲:《第一本经济学》,程晔译,上海财经大学出版社,2011,第11课。

5. 阿尔弗雷德·马歇尔:《经济学原理》,朱志泰译,商务印书馆,1964,第五篇。

第七章　要素市场与收入分配

本章将对要素市场进行分析,并在此基础上探讨收入分配问题。在本章中,讨论的问题将包括:(1)价格与收入分配;(2)派生需求和要素需求曲线;(3)劳动力市场与工资;(4)资本市场与利率;(5)地租和租金理论;(6)市场决定的收入分配与政府干预。

【本章阅读】

1. 张维迎:《经济学原理》,西北大学出版社,2015,第7章。

2. 保罗·海恩、彼得·勃特克、大卫·普雷契特科:《经济学的思维方式:经济学导论(第11版)》,马昕、陈宇译,世界图书出版公司,2008,第11章。

3. 格里高利·曼昆:《经济学原理(第7版)》,梁小民、梁砾译,北京大学出版社,2015,微观经济学分册第18—20章。

4. 克拉克:《财富的分配》,陈福生、陈振骅译,商务印书馆,1997。

第八章　企业家与市场过程

本章将对企业家及市场过程理论进行介绍。在本章中，讨论的问题将包括：(1) 市场的背后；(2) 企业家的职能；(3) 发现不均衡和套利；(4) 创造不均衡和创新。

【本章阅读】

1. 张维迎：《经济学原理》，西北大学出版社，2015，第8章。

2. 张维迎、盛斌：《企业家：经济增长的国王》，上海人民出版社，2014。

3. 奈特：《风险、不确定性和利润》，安佳译，商务印书馆，2010，第2章。

4. 熊彼特：《经济发展理论》，何畏、易家祥译，商务印书馆，1990，第4章。

第九章　竞争与垄断

本章将对竞争和垄断理论进行介绍，并澄清主流经济学中关于垄断的一些误解。本章讨论的问题将包括：(1) 垄断的经济概念和政治概念；(2) 传统经济学的完全竞争理论；(3) 传统经济学的垄断定价理论；(4) 传统经济学的寡头竞争理论；(5) 反垄断法的是与非。

【本章阅读】

1. 张维迎：《经济学原理》，西北大学出版社，2015，第9章。

2. 保罗·海恩、彼得·勃特克、大卫·普雷契特科：《经济学的思维方式：经济学导论（第11版）》，马昕、陈宇译，世界图书出版公司，2008，第8、10章。

3. 布里安·P.辛普森：《市场没有失败》，齐安儒译，中央编译出版社，2012，第2、3章；

4. 熊彼特：《资本主义、社会主义和民主主义》，绛枫（顾准）译，商务印书馆，1979，第8章。

第十章　外部性与公共产品

本章将对外部性和公共产品的有关理论进行述评。本章讨论的问题将包括：(1) 帕累托效率标准；(2) 福利经济学第一定理；(3) 外部性与科斯定理；(4) 外部性概念的谬误；(5) 公共产品。

【本章阅读】

1. 张维迎:《经济学原理》,西北大学出版社,2015,第 10 章。

2. 保罗·海恩、彼得·勃特克、大卫·普雷契特科:《经济学的思维方式:经济学导论(第 11 版)》,马昕、陈宇译,世界图书出版公司,2008,第 12、13 章。

3. 格里高利·曼昆:《经济学原理(第 7 版)》,梁小民、梁砾译,北京大学出版社,2015,微观经济学分册第 11、13 章。

4. 布里安·P.辛普森:《市场没有失败》,齐安儒译,中央编译出版社,2012,第 4、8 章。

第十一章 非对称信息与市场

本章将对非对称信息问题的相关理论进行述评。本章讨论的问题将包括:(1)非对称信息的概念;(2)所谓"市场失灵"的几个例子;(3)解决非对称信息问题的市场机制;(4)声誉机制;(5)政府管制与市场声誉。

【本章阅读】

1. 张维迎:《经济学原理》,西北大学出版社,2015,第 11 章。

2. 张维迎:《博弈与社会讲义》,北京大学出版社,2014,第 6—10 章。

3. 布里安·P.辛普森:《市场没有失败》,齐安儒译,中央编译出版社,2012,第 9 章。

第十二章 宏观经济学导论

本章将介绍宏观经济学的基本概念,并对国民收入核算的基本理论进行介绍。本章讨论的问题将包括:(1)宏观经济学的基本概念;(2)GDP 和国民收入核算;(3)通货膨胀;(4)失业率。

【本章阅读】

1. 张维迎:《经济学原理》,西北大学出版社,2015,第 12 章。

2. 格里高利·曼昆:《经济学原理(第 7 版)》,梁小民、梁砾译,北京大学出版社,2015,微观经济学分册第 25 章。

3. 保罗·海恩、彼得·勃特克、大卫·普雷契特科:《经济学的思维方式:经济学导论(第 11 版)》,马昕、陈宇译,世界图书出版公司,

2008，第 14 章。

第十三章　经济增长

本章将对经济增长的特征事实、主要的增长理论以及增长核算进行介绍。本章讨论的问题将包括：(1)经济增长的主要事实；(2)经济增长的来源和增长核算；(3)主流增长理论；(4)斯密－熊彼特增长模型。

【本章阅读】

1. 张维迎:《经济学原理》，西北大学出版社，2015，第 13 章。

2. 张维迎:《市场的逻辑（增订版）》，上海人民出版社，2012。

3. D. Acemoglu, *Introduction to Economic Growth* (Princeton University Press, 2009).

第十四章　经济波动

本章将对经济波动的特征事实进行介绍，并用总需求－总供给框架对经济波动进行分析。本章讨论的主要内容包括：(1)短期波动的特征事实；(2)经济波动的解释框架：总需求－总供给曲线；(3)总需求曲线；(4)总供给曲线；(5)总需求－总供给曲线下对波动的解释。

【本章阅读】

1. 张维迎:《经济学原理》，西北大学出版社，2015，第 14 章。

2. 格里高利·曼昆:《经济学原理（第 7 版）》，梁小民、梁砾译，北京大学出版社，2015，微观经济学分册第 33 章。

3. 保罗·海恩、彼得·勃特克、大卫·普雷契特科:《经济学的思维方式：经济学导论（第 11 版）》，马昕、陈宇译，世界图书出版公司，2008，第 14—15 章。

4. 威廉·J. 鲍莫尔、艾伦·S. 布林德:《经济学：原理与政策（第 11 版）（英文影印版）》，北京大学出版社，2014，第 22—27 章。

第十五章　宏观经济政策分析

本章将对有关宏观经济政策和经济危机的相关理论进行介绍。本章将讨论的问题包括：(1)宏观经济政策的目标；(2)货币政策；(3)财政政策；(4)宏观政策的有效性及政策的权衡。

【本章阅读】

1. 张维迎:《经济学原理》,西北大学出版社,2015,第 15 章。

2. 格里高利·曼昆:《经济学原理(第 7 版)》,梁小民、梁砾译,北京大学出版社,2015,微观经济学分册第 29、34 章。

3. 威廉·J. 鲍莫尔、艾伦·S. 布林德:《经济学:原理与政策(第 11 版)(英文影印版)》,北京大学出版社,2014,第 28—33 章。

第十六章　奥地利学派宏观经济理论

本章将对奥地利学派的宏观经济理论进行介绍。本章将讨论的问题包括:(1)经济周期的三大特征;(2)生产结构、企业家预期和货币;(3)加里森综合模型及其对增长和波动的分析;(4)奥地利学派宏观理论的启示。

【本章阅读】

1. 张维迎:《经济学原理》,西北大学出版社,2015,第 16 章。

2. 默里·罗斯巴德:《美国大萧条》,谢华育译,上海人民出版社,2009。

3. Roger W. Garrison, *Time and Money: The Macroeconomics of Capital Structure* (Routledge, 2000).

第十七章　中国的改革与发展

本章将应用前面讲述的经济学理论审视中国经济改革的整个过程。本章讨论的问题将包括:(1)1978—2003 年的改革;(2)2004 年以来的改革及当前遭遇的困难;(3)未来的发展和改革。

【本章阅读】

1. 张维迎:《市场的逻辑(增订版)》,上海人民出版社,2012。
2. 吴敬琏:《当代中国经济改革教程》,上海远东出版社,2016。

指定书目

一、教材

1. 张维迎:《经济学原理》,西北大学出版社,2015。
2. 格里高利·曼昆:《经济学原理(第 7 版)》,梁小民、梁砾译,北京大学出版社，2015。

3. 保罗·海恩、彼得·勃特克、大卫·普雷契特科:《经济学的思维方式：经济学导论（第 11 版）》，马昕、陈宇译，世界图书出版公司，2008。

Paul Heyne, Peter Boettke and David Prychitko, *The Economic Way of Thinking* (Pearson Education, 2006).

二、参考书目

1. 罗伯特·墨菲:《第一本经济学》，程晔译，上海财经大学出版社，2011。

Robert Murphy, *Lessons for the Young Economist* (the Ludwig von Mises Institute, 2010).

2. 布里安·P.辛普森:《市场没有失败》，齐安儒译，中央编译出版社，2012。

Brian P. Simpson, *Markets Don't Fall* (the Rowman & Littlefield Publishing Group, 2005).

3. 亚龙·布鲁克、唐·沃特金斯:《自由市场革命》，启蒙编译所译，上海译文出版社，2014。

4. 张维迎:《市场的逻辑（增订版）》，上海人民出版社，2012。

5. 张维迎、盛斌:《企业家：经济增长的国王》，上海人民出版社 2014。

6. 伊斯雷尔·柯兹纳:《竞争与企业家精神》，刘业进译，浙江大学出版社，2013。

7. 威廉·奥利佛·科尔曼:《经济学及其敌人：反经济学理论 200 年》，方钦、梁捷译，上海人民出版社，2007 。

William Oliver Coleman, *Economics and its Enemies* (Galgrave Macmillian, 2002).

8. 史蒂芬·列维特、史蒂芬·都伯纳:《魔鬼经济学：揭示隐藏在表象之下的真实世界》，刘祥亚译，广东经济出版社，2007。

9. 戴维·沃尔什:《知识与国家财富：经济学说探索的历程》，曹蓓译，中国人民大学出版社，2010。

David Warsh, *Knowledge and the Wealth of Nations*: *A Story of Economic Discovery* (W. W. Norton & Company, 2006).

10. 赫苏斯·韦尔塔·德索托:《社会主义:经济计算与企业家才能》,朱海就译,吉林出版集团有限公司,2011。

Jesus Huerta De Soto, *Socialism, Economic Calculation and Entrepeurship* (Edward Elgar, 2010).

11. 吴敬琏:《当代中国经济改革教程》,上海远东出版社,2016。

三、经典著作

1. 亚当·斯密:《国富论》,郭大力、王亚南译,商务印书馆,2015年。

2. 路德维希·冯·米塞斯:《人的行动:关于经济学的论文》,余晖译,上海世纪出版集团,2013。

Ludwig von Mises, *Human Action*: *A Treatise on Economics* (Liberty Fund, 2007).

3. 米尔顿·弗里德曼、罗斯·弗里德曼:《自由选择》,张琦译,机械工业出版社,2008。

4. Murray N. Rothbard, *Man, Economy and State* (the Ludwig Von Mises Institute, 2001).

5. 弗里德里希·哈耶克:《通往奴役之路》,王明毅、冯兴元等译,中国社会科学出版社,1997。

课程大纲
社会科学方法导论[①]

邱泽奇　严　洁　王洪喆　李晓明

教师介绍

邱泽奇，北京大学社会学系教授、博士生导师，北京大学中国社会与发展研究中心主任，重庆大学公共管理学院名誉院长；曾经创办北京大学中国社会科学调查中心并担任创办主任（2006—2011）。主要研究领域：组织研究、信息技术应用与社会变迁、社会调查与研究方法；主要讲授课程：组织社会学、社会调查与研究方法、人群与网络、社会项目评估。

严洁，北京大学政府管理学院副教授，政治学系副主任，政治学经验分析与量化分析方向的博士生导师。主要从事社会科学定量研究方法和中国政治方面的研究。主讲本科生基础课"应用统计学""社会调查的理论与方法"，研究生专业课"政治学定量测量方法""高级社会统计分析方法与应用""实证研究设计与数据分析"等。多次获得北京大学优秀教学奖。

王洪喆，北京大学新闻与传播学院研究员，研究兴趣涉及媒介史、冷战史、信息社会与劳工研究。近年的研究集中在理解20世纪信息技术发展路线的历史构造、知识类型与社会后果，特别是理解信息技术与中国社会主义道路的关系。即将出版《漫长的电子革命：计算机与红色中国的技术政治1955—1984》。

李晓明，北京大学信息科学技术学院教授、博士生导师，北京大学瑞声慕课讲席教授，中国计算机学会会士。研究工作聚焦在海量互联

[①] 开课院系：社会学系。

网信息处理领域，并积极倡导信息技术与社会科学的结合，先后获得过"CCF王选奖"和"CCF杰出教育奖"。

课程简介

这是一门针对社会科学（社会学、经济学、管理学、法学、政治学、行政学、新闻传播学、教育学、公共卫生管理等）本科一年级新生的入门级研究方法课程。任何对人类社会现象有兴趣的人，只要具备基本的逻辑思维能力和中学统计知识与运用能力，都可以修读这门课程。

课程旨在激发同学们对社会现象进行科学探索的好奇心和激情，破除大家从幼儿园到高中毕业养成的寻找"正确答案"思维，引导同学们了解甚至熟悉对社会现象进行科学探索的多种思维，获得对社会现象进行探索的基本能力，如研究设计、概念化、操作化、统计检验和计算检验的入门级能力。

在课程设计上，和以往的社会科学研究方法类课程不同，"社会科学方法导论"将更加注重培养社会科学研究的基础思维，即人类究竟"如何"了解社会事物。课程采用知识蜂巢结构，而非通常的知识树结构，包括4个模块：实验思维、测量思维、检验思维、计算思维。每个模块从案例入手，引出社会科学方法内容，模块之间在知识上既相互独立，又逻辑相连。在每个模块内部，每周的内容之间亦如是。

相信大家通过本门课的学习，将了解社会调查与研究的科学思维，同时掌握社会调查与研究的基本方法。我们希望通过数据搜集、分析与表达等知识与能力的传授，让大家获得对广义社会现象的观察与思考的科学能力，并从此告别茶余饭后人云亦云的状态，形成独立思考社会现象的能力。

基本信息

课程名称：社会科学方法导论
课程类型：本科生一年级必修课
学时学分：32学时，2学分
任课教师：邱泽奇、严洁、王洪喆、李晓明

先修要求：无

技术要求：会使用计算机和应用计算机网络，会应用电子文档阅读器。

教学方式：课堂讲授、课后作业、课外阅读、期末考试。

课程大纲

第一讲　课程介绍

一、课程的对象、内容

二、课程的组织、考试

三、课程主讲教师介绍

四、课堂实验："当下，您最关注的是……"（采用微信公众号调查）

五、案例：霍桑实验、小世界实验、回音壁实验

模块一　实验思维

第二讲　社会科学理论与数据

一、现实与理论

二、实证社会科学

三、科学与数据

第三讲　实验原理

一、科学实验

二、实验方法原理

三、社会现象中的差异性

第四讲　实验思维与社会科学方法

一、社会科学的难题

二、研究设计中的实验思维

三、数据搜集中的实验思维

四、分析与研究中的实验思维

模块二　测量思维

第五讲　测量的目的与对象
一、案例
二、目的：测量差异性
三、对象：社会现象的分析单位

第六讲　测量的内容与工具
一、理论假设与概念的操作化
二、测量工具

第七讲　数据质量
一、测量误差
二、测量质量评估

第八讲　数据搜集方法
一、数据的种类与采集方法概要
二、已公开的数据和二手数据
三、案例研究法
四、实验和准实验法
五、调查法
六、大数据

模块三　检验思维

第九讲　描述检验
一、案例
二、变量的定性与定量描述
三、集中趋势测量
四、离散趋势测量

第十讲　单变量检验
一、概率与正态分布
二、点估计

三、区间估计

四、均值间差异的显著性

第十一讲　从差异性到相关关系

一、相关的逻辑：差异检验

二、相关分析的特例：回归分析的逻辑

三、最小二乘法

四、非线性相关

五、非概率性的相关性

第十二讲　因果检验

一、从相关性到因果机制

二、对因果判断的干扰因素

模块四　计算思维

第十三讲　图论：表达互联的一种工具

一、案例

二、计算思维

三、图论基本概念

四、社会网络原理

第十四讲　博弈论：理解互动的一种途径

一、博弈论基本概念

二、计算：拍卖中的博弈

第十五讲　"大数据"：通过社会的数字化映像理解社会的技术

一、大数据中的社会规律

二、用计算检验社会规律

教学参考书

1. 艾尔·巴比:《社会研究方法（第13版）》，邱泽奇译，华夏出版社，2015。

2. 戴维·威勒、亨利·沃克:《实验设计原理：社会科学理论验证的一种路径》，杜伟宇、孟琦译，重庆大学出版社，2010。

3. 卢淑华:《社会统计学（第4版）》，北京大学出版社，2009。

4. 大卫·伊斯利、乔恩·克莱因伯格:《网络、群体与市场：揭示高度互联世界的行为原理与效应机制》，李晓明、王卫红、杨韫利译，清华大学出版社，2011。

5. 杰克·莱文、詹姆斯·艾伦·福克斯:《社会研究中的基础统计学（第9版）》，王卫东译，中国人民大学出版社，2008。

课程作业及考核

课堂考勤：课程设置课堂考勤，采用随机考勤方法。规则是：如果课堂提问被点名时学生不在课堂，无论之后是否到达课堂，均被记为旷课。每次旷课扣除期末总成绩2分；连续3次旷课或累计5次旷课，期末总成绩将被记为0分。

课后作业：

（1）每周课程讲授结束后，会布置与课程内容相关的作业。类型包括两小类，第一类为选择题，第二类为与课程内容相关的思考题，要求学生在下次上课当天0:00之前提交到北京大学教学网。

（2）每一个模块讲授结束后，在每周作业之外，还会布置与模块内容相关的思考题，要求每位学生在思考题范围内自主选题，写作一篇1000字以内的思考心得，于下次上课当天0:00之前自主提交到课程设置的新浪博客。助教将从中择优，发布到课程微信公众号。归纳起来说，每一位学生要做14次课后作业，提交4篇思考心得。

课外阅读：每周讲授结束后，教师会提供课外拓展阅读文献，供学生选择阅读。提醒：课外阅读文献有可能对思考心得的写作提供启发和帮助。

期末考试：第16周举行期末考试。期末考试为闭卷考试，考题类型不定，考试内容中超过90%的为课堂教授内容，课外阅读内容占比低于10%。

成绩评定：课后作业15%，思考心得15%，期末考试70%。在总成绩的基础上，课堂考勤依据"课堂考勤"约定，独立处理。

课程大纲
社会研究：经典与方法[①]

渠敬东

教师介绍

渠敬东，北京大学社会学系教授、博士生导师，研究方向为社会学理论、中国社会学史、组织社会学，著有《缺席与断裂：有关失范的社会学研究》《现代社会中的人性及教育：以涂尔干社会理论为视角》及《自由与教育：洛克与卢梭的教育哲学》（合著）等。

课程简介

"社会研究：经典与方法"是一门以阅读中外社会学领域的经典研究与文献为主体的课程。阅读书目既包括马克思、涂尔干、韦伯、莫斯等欧洲理论家所做的经验研究，也触及芝加哥学派城市研究的纲领性作品；既涵盖燕京学派在民国时期对传统社会之变迁的考察，也涉及国内学者对那些深刻影响着当代中国的制度、组织和结构所做的分析。

本课程旨在通过对经典的经验研究作品的研读，帮助同学们认识并理解经验问题与理论问题之间一体两面的关系，体会从个案中呈现社会整体的各种路径和可能性，以期引导同学们在拓宽和加深对文本内容理解的同时，达成对当下社会与个人处境的更好的关注和反思。

---

① 开课院系：社会学系。

教学方式

授课、自学与讨论相结合。

考核方式

期末提交一篇5000字左右的读书报告。

课程大纲

第一讲　导论：社会研究的经典案例与方法

一、西方经典研究

第二讲　马克思的《路易·波拿巴的雾月十八日》

【经典文献】

马克思：《路易·波拿巴的雾月十八日》，中共中央马克思列宁恩格斯斯大林著作编译局编译，人民出版社，2015。

第三、四讲　涂尔干的《自杀论》

【经典文献】

埃米尔·迪尔凯姆：《自杀论》，冯韵文译，商务印书馆，1996。

【参考文献】

埃米尔·迪尔凯姆：《社会学方法的准则》，狄玉明译，商务印书馆，2009。

埃米尔·涂尔干：《乱伦禁忌及其起源》，汲喆、付德根、渠东译，上海人民出版社，2006，"人性的二重性及其社会条件"。

第五、六讲　韦伯的《新教教派与资本主义精神》。

【经典文献】

韦伯：《新教教派与资本主义精神》，苏国勋等译，社会科学文献出版社，2010。

【参考文献】

韦伯：《社会科学方法论》，李秋零、田薇译，中国人民大学出版社，1999。

第七讲　莫斯的《礼物》
【经典文献】

莫斯：《礼物：古式社会中交换的形式与理由》，汲喆译，上海人民出版社，2002。

第八讲　芝加哥学派的社会研究
【经典文献】

罗伯特·E.帕克 等：《城市——有关城市环境中人类行为研究的建议》，杭苏红译，商务印书馆，2016。

二、中国经典研究

第九、十讲　燕京学派：林耀华
【经典文献】

林耀华：《金翼：一个中国家族的史记》，庄孔韶、方静文译，生活·读书·新知三联书店，2015。

【参考文献】

潘光旦：《潘光旦文集（第一卷）》，北京大学出版社，2000，"中国之家庭问题"。

第十一、十二讲　燕京学派：费孝通
【经典文献】

费孝通：《江村经济》，上海人民出版社，2006。

【参考文献】

费孝通：《乡土中国生育制度》，北京大学出版社，1998。

费孝通：《费孝通文集（第四卷）》，群言出版社，1999，"中国社会变迁中的文化结症""基层行政的僵化""乡土工业的新形式""乡土重建"。

三、当代中国的经验研究

第十三、十四讲　项目制研究

【经典文献】

折晓叶、陈婴婴:《项目制的分级运作机制和治理逻辑》,《中国社会科学》2011年第4期。

渠敬东:《项目制:一种新的国家治理体制》,《中国社会科学》2012年第5期。

陈家建:《项目制与基层政府动员》,《中国社会科学》2013年第2期。

第十五、十六讲　组织与结构研究

【经典文献】

刘世定:《嵌入性与关系合同》,载景天魁主编《中国社会学年鉴(1999—2002)》,社会科学文献出版社,2004。

折晓叶:《县域治理模式的新变化》,《中国社会科学》2014年第1期。

渠敬东、周飞舟、应星:《从总体支配到技术治理》,《中国社会科学》2009年第6期。

【参考文献】

周雪光:《中国国家治理的制度逻辑》,生活·读书·新知三联书店,2017。

刘世定:《占有制度的三个维度及占有认定机制——以乡镇企业为例》,华夏出版社,2003。

渠敬东:《占有、经营与治理:乡镇企业的三重分析概念》,《社会》2013年第2期。

周飞舟:《回归乡土与现实:乡镇企业研究路径的反思》,《社会》2013年第3期。

三、通识教与学

助教心得
从电影打开经验的空间和深度[1]

王 昕

戴锦华老师开设"影片精读"已经有三十多年的历史,从在北京电影学院参与创立中国第一个电影理论专业,到在北京大学建立中国第一个文化研究中心,"影片精读"这门不断被更新发展的课程始终是戴老师最为看重的一个窗口与平台。通过这门课程,她向同学们展示最为精妙的分析方法,分享最新的社会思考,同时也在同学的反馈与质疑中进一步倾听时代的变化。

我从本科开始学习的就是电影相关专业,硕士阶段在中国电影艺术研究中心进行了较多的电影批评实践,跟随戴老师读博以来视野上全面打开,之前在影片细读上受到的良好训练在一种历史化、情境化的社会政治维度中变得更具洞察力。2015—2016年度我就已经担任了戴老师为研究生开设的"影片精读"课程的助教,这次担任本科生课程的助教本以为会相对轻松,但事实证明远非如此。

首先,我们在课程之初大大低估了本科同学的听课热情,因为在预选课时来的同学并不是很多,我们没能预料到实际上课时竟然出现了人山人海的场面。选课与旁听的五百多位同学,使得教务处一开始安排的教室拥挤不堪,一度相当多同学只能站着听课。我们好不容易将教室换到全校最大的二教101,却又碰上地下室装修发出了巨大噪音,每次课前与施工方的交涉也成为工作的内容之一。

其次,因为入选核心通识课程的原因,"影片精读"终于有机会在三课时的时长中从容展开,这也让我们每周拥有了半个小时的课堂问答

---

[1] 课程名称:影片精读;本文作者所在院系:中国语言文学系。

环节。在偌大的教室中迅速地把话筒传递给同学，尽可能让课堂效率最大化也是我们每节课面临的挑战。然而，课堂的时间还是过于有限，而"影片精读"课程包罗万象的内容对于本科生来说确实需要更多的消化时间，我们因此建立了微信群以便答疑，但因为人数太多，五百人的微信群满了后还建立了一个近一百人的二群。在课后通过微信进行答疑的过程中，我才意识到，想要条分缕析、层次明确地回答问题是多么困难——既不能给出教条式的刻板回答，又不能给出过多的线索让同学陷入迷茫。在留有延展余地的同时，又要尽可能清晰准确，确实是一件非常富有挑战的工作。而因为博士阶段的学习，我们每天面对着不同理论方法的争鸣，所有标准答案的裂隙正是我们展开工作、发现问题的地方，此时面对正在尝试建立知识体系的本科生，如何能给出恰如其分的指引，需要考量的层面可谓不计其数。从另一方面来说，这也显露出我对于自身专业还是无法做到一种融通式的把握。每次课堂问答时，当我现场感觉戴老师将同学的问题层层展开，"入乎其内又出乎其外"地进行剖析，总是有一种见证奇迹的感觉。课上半小时问答完全不能满足同学们的求知欲，课下总会有大批同学将老师包围并至少提问半小时，但五百人的问题依然不可能靠老师来全部回答。在微信群里回答问题的过程中，我也逐步总结出了一些经验，一方面是将同学们含糊的问题明晰化，发现他们真正想问的是什么，另一方面在回答时要围绕主要方面，主要的回答与拓展的内容之间要有清晰的界限。此外，很多同学不好意思在群里直接问问题，想通过私人方式提问，这客观上造成了我和另一名助教王雨童的更大负担（不断重复回答太耗时了）。这些现象一定程度上都是由于学期之初缺乏经验导致的。

　　尽管学期之初缺乏经验产生了一些问题，但同学们都很快被课程吸引，在上半学期可谓热情高涨。期中的时候我们布置了一个比较技术化/专业化的作业，绝大部分同学都以远超网络影评人的水准完成了镜头的描述与分析。但在接近期末的阶段，同学们上课的积极性有所下降，这一点也体现在期末更讲究综合分析的作业中，他们的平均水平和期中作业有一定差距。当然，不可否认的是，我们也看到了一些极富创见的文章，对于第一次学习电影，通过电影去思考社会、历史、文化的本科生，能写出这样的文章，还是非常令人赞叹的。

当然，这也是"影片精读"作为通识课程的题中应有之义。与其他以内容、年代来划分类别的课程有所不同，"影片精读"实际上强调的是媒介之维，是透过电影的媒介之窗去观察历史、文化与社会。在这个移动互联网络笼罩全球、影像无处不在的数码转型时代，"影片精读"实际上已经是那些想要理解世界的个体的必备技能。而亲历了80年代至今中国社会全部重要变化的戴锦华老师，在三四十年中所进行的各类批评和预警，正展现了这一技能所能打开的空间和所能抵达的深度。

当我看到医学院、法学院、化学学院、外语学院、中文系等不同专业的本科生，都能通过这一学期的学习，将自身对影像文化的理解提高到一个新的水平，总会有无限感慨。而让戴老师的讲课能够发挥出最大的效力，其思想在课后继续在同学们的心中蔓延与展开，则是我们助教还需要努力的方向。想让一堂课不仅留下美好的回忆，而且还能成为始终流动的智慧源泉，乃至某种通识人生的起点，我们所要做、所能做的应该还有很多很多。

助教心得
追寻历史深处的那些身影[1]

宫志翀

一、大书与大问题：通识教育的使命

在接受"通识联播"采访时，干春松老师指出了通识教育的两个重要面向——大书与大问题，对此我深表服膺。这两"大"关涉着的是更为深处的文明问题。大书，也就是文明开端处的经典，源初性的奠定或者说形塑了文明的骨骼与面貌。毋庸置疑，文明的品性与经典的品格有着直接而深刻的关联。大问题，恰恰也是文明开端与转折处发生的问题，对大问题回应的成功与否，同样会对文明的形态有着根本性的影响。而在大书与大问题之间，大书可视作对根本性问题的成熟回应，新的大问题的出现也呼唤着新经典文本的出世。故而，通识教育的眼光在于一种文明的抱负，舍二"大"而谁归？

当然，通识教育的推行也出于一种现实的焦虑。一则，现代生活已经决定将文明的经典丢进故纸堆。我们在进步、日新的快车上"骑虎难下"，连一路上的美景都无暇观赏，更何况一座座斑驳的文明的基石与界碑。无聊、戾气与恐惧是现代生活的主调，这样的氛围中我们又怎能期待敦重典雅的灵魂？二则，现代大学的体制，即使像北大、清华、复旦、中大等，也日益将自己的使命矮化为职业技术学院和进入社会熔炉前的演练场。教育很少再将自己的目的聚焦在培养明辨是非、勇毅审重的个体，或引导这些干净的灵魂去思索何为美好生活的问题。

当然，通识教育也并未单薄地将自身局限在反现代性或反学术分科的形象中，毋宁说，它更多的是在思考古典文明与现代生活的洽接问

---

[1] 课程名称：现代中国的建立：制度、思潮与人物；本文作者所在院系：哲学系。

题，是在古今中西的缝隙间，人类存在悬而未决的时刻前，重审人类美好生活的努力与尝试。是故，通识教育仔细触摸文明在古今中西各个向度上的形态、脉络与细节。而在我看来，"现代中国的建立：人物、制度与思潮"面对的恰恰是这四个向度交汇、激荡的场景，观察风云际会的思想交锋及其背后丰富的背景与复杂的纽结，每一步都带着深重的历史感和现实关怀。

二、追寻历史深处的那些身影

个人认为，"现代中国的建立"这门课程旨在考察建国过程中的种种方案，成功的与未成功的，实现的与未实现的，在各个方案中体会历史深处的那些人物的考虑与忧思，借助他们的思考和努力，以更丰富的视角和审慎的态度面对中国近代以来延续到今天的文化、政制、伦理秩序等问题。所以说，课程的设置并不是为任何一个方案与人物正名或翻案，它一直是问题导向的，这些方案的意义在于为我们认清和反思相关问题提供了视角、资源和着力点。

一直以来，我们的近现代史叙述是以革命为导向的，其明确的解释框架和丰富的理论创造搭建起了一套完整而稳定的革命史观。这套历史叙述的模式，为新中国的建立及其后六十余年的发展提供了基本的历史观和思想形态。然而，伴随一种解释被普遍接受并主流化的是其他解释方案的暗淡与暗默，自鸦片战争以来乃至到新中国成立（以下有时也用"建国"这一表述，指代"建立新中国"）初期一百余年的忧思与深虑慢慢地淡出了人们的视野，隐入历史的深处。与此同时，革命的方案与革命史观也会面临一定的困难甚至挑战。

是故，我们有必要点亮思想的灯塔，照看历史深处的那些场景，将它们从流言、误解与沉寂中取出，铺平展开，抱着审慎的敬意和同情的理解，一点一点地勾勒出先哲的身影。康有为、张之洞、章太炎、遗民群体、孙中山、国民政府、梁漱溟、毛泽东，沿着历史的脉络，我们一次次的与这些人物对谈。

既然讨论现代中国的建立，建国和立国就是两个最基本的问题，这也是本门课程的核心关怀。所谓"建国"，就是建立起一个现代民族国家，这是近代中国被抛入西方文明主导的"新世界"时所面临的最紧要的难题。古典中国，虽然有家国天下的秩序层次，但并非是在现代国家意义上理解"国"，就自身定位来说，中国一直将自己理解为"天下"，更通俗地说，是一个最高也最广大的文明体。而建立一个现代民族国家，是近乎无中生有的努力，本身就需要很多的理论创造来应对这一问题。建立一个什么样的国家？幅员有多辽阔？人口有多少？如何处理与朝贡体系中周边国家的领土划分？种种问题，无不是全新的与关系重大的。况且，问题不是一个个地来，而是一下子涌到中国的面前，左支右绌、焦头烂额也是难免。康有为对《春秋》大义的某些挖掘，清末对确立宪政、刑律等虽然虚情假意但毕竟有所尝试，孙中山的《建国方略》，毛泽东对新民主主义革命任务的清楚理解，都是对这一问题的把握与回应。当然，更不用说在行动方面，20世纪以来难以计数的为建国、保国而开展的运动、革命与战争。

建国使得中国保存了领土、主权和人民等基本因素，但问题并未就此解决。以人为喻，建国仅仅是赋予了人一副骨架或者一身皮囊，而真正的俊朗英姿还在于健美的体魄和勇毅深邃的灵魂。立国之道，如国家的政教形态、根本原则等，是更深层的问题。康有为建立以六经为核心的孔教，并主张立孔教为国教的努力，张之洞及其学人圈在中西体用问题上的辨析，章太炎对历史民族的建构，孙中山对三民主义的阐发及戴季陶关联三民主义与儒家传统的努力，梁漱溟在《理性之国》中的思索，乃至毛泽东对人民民主专政的经典论述，无不是对立国问题的回答。

以建国和立国两个角度切入近现代中国的思想世界，那些前行者的身影与方案也有机会被重新排列到一起。通过重新比较这些方案对同一问题的不同处理，或者对各个问题间主次关系的不同认识，均有助于我们更准确地看清自近代以来一直困扰着我们的处境。同时，为重新解答这些方案打开了可能。

三、体验、收获与期待

在担任本门课程的助教之前，我已经有两次带学生研讨班的助教经验。因为之前在中国人民大学国学院读书，课程就是以经典研读为主，故自己读书时感觉还不太明显，直到开始扮演小老师的角色，才日益理解引导本科生学习经典文本和思考大问题的关键意义。

因为，对大部分本科同学来说，他们之前的教育环节中，甚至即使是本科阶段的课程，如没有通识教育的补充，经典教育都是付之阙如的。北大的同学头脑活跃，也非常有激情和担当，但他们思考问题的深入程度却是不足的。灵魂的深度和厚度需要经典的滋养与问题的催促，本科阶段在这一方面恐怕还是有些苍白的。

当然，通过这门课程，能够有机会引导同学们一步步地深入阅读经典文本，学会细致地思考问题的各个角度，对我来说也是莫大的乐趣。孟子说，得天下英才而育之是最大的快乐，在担任助教的过程中，我每每能体会到这一点。教学相长，引导同学们思考本身就是敦促我学会更好地表达学术观点、梳理研究脉络等的过程。更何况，每每有同学提出让我措手不及的问题，便会促使我课后做好功课，再仔细查阅相关材料、掌握研究现状。更有同学提出过相当新颖的观点，在与他的交流甚至辩难中，我进一步地认识到问题的复杂性，打开了新的研究空间。这些都是我们优秀活跃的同学们赠予我的财富。

对于之后的课程工作，我希望能够再多组织一些讨论活动，更近距离和深入地围绕具体话题和同学们进行探讨。也愿意带领同学们一起阅读经学注疏、史论等古典学术的菁华，为他们更好地理解和把握自己的时代，理解古今中西各个向度上的问题，提供一个经典的维度。最后，我愿意把胡瑗的话"致天下之治者在人才，成天下之才者在教化，教化之所本者在学校"送给同学们，以及为通识教育做出贡献的各位助教。与大家共勉。

学生感言
历史的层累①

房　幸

一、关于现代中国与中华文明的连续性

上大学之前,我也像周围的人一样坚信中国是四大文明古国中唯一延续下来的,并为中华文明无与伦比的兼容并包与生命力而骄傲。直到上大学后选修了一些通选课,才意识到中华文化从来都是不一样的,经历了那么多次被动融合与主动吸收,它已经完全不同于过去的自己。在与同学讨论中华文化大改变是什么时候时,我深深地认识到,到底什么时候是重大转折,或者到底它是否真的一直延续,很大程度上取决于对中华文化的定义——到底怎样的才是中国的。而这样的思考,正如同人思考自己为什么要存在,政权为自己找合法的理由,既深深吸引着我,或者说是迫切推动着我,又让我从当初的毫无疑问的自豪变得怀疑、迷茫和困扰。

在课堂上讲正统的思考时,我对司马光和顾炎武生出了由衷的敬佩。关于元朝,上大学后在我心里已经从高中"中国版图最大时期"的观念转换成了"短暂的被统治时期"的观念。但是我突然意识到,从满族统治者的角度思考,清朝和中国的概念将完全不同。此时,我陷入了一种完全迷茫的状态,我疑惑:我们所认为的华夏五千年是真实的,或者只是一种自以为是的优越感?但是顾先生的天下观给我拨开了迷雾。而司马光先生也早就有另类视角的关于中国的思考。我忽然意识到,我陷入了"一定要下结论,并且是让自己感到舒适的结论"的怪圈。我一方面想当然地认为中国是纯粹的,另一方面又想当然地认为它是处于主

---

① 课程名称:现代中国的建立:制度、思潮与人物;本文作者所在院系:光华管理学院。

导地位地吸收、吞并其他。但是当两种文化相互融合，从彼此没有交集，到彼此学习以至于它们的人民都彼此认同，认同两者的共同体时，到底能算谁吸收了谁呢？

正如老师最后的总结，当中国的典章制度一代代相传，如进化一般继续保留并吸收上一代的优点，产生政治连续性，当中国的人民在生活的选择中留下宗教、礼乐、语言和风俗的习惯并且不断为其添加新内容以适应时代，产生了一贯性时，我们的国家就存在着某种程度上的连续。它历经风雨，但侵略面前可以不屈不挠、火种犹存，威胁之下可以适应转变、历久弥新。正是这种不断改变自己的特点，才让它不至于灭亡在绝境，而总是以新的姿态复兴。正如许多生物演化到今天，已经与祖先非常不同，但就是这种不同才让它们没有灭绝，如果不把中国看得那么纯粹，那么它作为一种"伪装成国家的文明"，是五千年生生不息的。

二、关于康有为

在课程结束之后，我对之前未了解过的康有为的远见感到了佩服。在大家普遍抱有蛮夷之人不如我天朝的固有印象时，他能够看到西方文化的背后支撑，意识到自己原有文化核心需要重新发掘。正如消灭一个国家，最主要是替代它的文化，而新建一个国家，最主要的是找到文化与身份认同感，这样的认识是远远跑在时代前边的。他提倡孔教，并且对之神秘化，虽然所谓的伪经说法未免太过武断不考虑影响，但是这种"文化中国"的思想，与现在我们在做的不谋而合。而随着交通与通讯的发达，人们越发流动起来，许多人在血统、出生地、国籍和成长的环境上完全不同，当我们问他们来自哪里时，我想，最有信息含量的不是血统与国籍，而是文化认同与习俗，这才是能够帮助我们更好地认识一个人的背景信息……老师讲到1913年是一个分水岭，康有为从超越时代走向落后时代。而在每个节点的分岔口上，到底选择什么样的道路和未来更是难以判断。能够成为历史的试错者之一，康有为已经为我们的发展作出了极大的贡献。他的许多至今仍然适用的思想，更是值得我们去深思，去实践。

三、关于张之洞

就如同所有的政府官员一样,张之洞虽然主张西式改革,但是他本身的一言一行,他的利益角度都在于现任政府,他的改变是为了挽救清政府,他也必须坚持清政府的根本利益。张之洞代表了政府的风向,他必须坚持保国也即保清政府为根本,坚持维护封建统治的三纲五常,坚持旧的阶层固化。否则,且不说他自己的利益受损,他失去了政府的支持也难以改革。但是如果不变,在可见范围内确会更快地通向灭亡,所以他又不得不变。面对这样一个生死选择情况,以及旧阶层内反对改变的思想,他创造出了"中体西用"以协调两种矛盾。

但是这种解释并不能真的协调两种矛盾。就如严复所说,有什么样的文化思想就会发展出什么样的体制,有什么样的体制就会制定出什么样的政策,有什么样的政策才能促进什么样的发展。强行要求发展什么,却没有激励它发展的环境,没有鼓励它发展的思想,那么就没有发展的动力。一个政府,一方面强调阶级固化,打压科技和资本发展,阻止其获得应有回报,以维护自己的既得利益,另一方面则寄希望于资产和技术来支持自己的工业发展,从逻辑上看完全没有可行之处。它本身不是一个自洽的理论,那么可以预见,这样的措施与发展也会由于其内在矛盾而走向失败。

助教心得
"育人"而非"教学"[①]

沈仲凯

转眼间，一学期的助教工作已经进入了尾声。我在担任助教的过程中有很多的感受。此处将一些心得体会诉诸笔端，希望与各位助教与教务同仁分享与讨论。

一、通识教育的使命

近年来，通识教育的说法愈发在高校，特别是北大、清华等国内顶尖高校内流行。而这一教育模式的提出，也引发了国内教育界对于人才培养模式、教育资源分配等问题的关注。我认为，表面上看，通识教育与专业教育是对于施教模式的不同选择；而本质上，两者的分野在于深层次理念的不同。下面是我对于"通识教育"这一议题的一些思考。

通识教育重在"育人"而非"教学"。通识教育，并不要求专业领域的划分，它提供的选择是多样化、普适性的，其受众也是最广大的大学生群体。而学生们通过多样化的自由选择，得到了自由的、顺乎个性的成长。所以，我们可以说，通识教育不同于专业教育的地方在于，它超越了功利性与实用性，而这也正是通识教育的终极追求。教育不是车间里机械化的生产流水线，制造出来的"产品"都具有同一个模式、同一样的思维；而是因材施教，开发、挖掘、培养出不同个体身上的潜质与能力。通识教育是要"孕育"出真正的"人"而非"产品"。在我的认识中，这也是通识教育最核心的使命。

[①] 课程名称：中国经济改革与发展；本文作者所在院系：国家发展研究院。

二、课程设计

我担任助教的"中国经济改革与发展"既是北大通识核心课,也是国家发展研究院经济学双学位的本科生课程。其前身是姚洋老师的MBA课程"中国经济专题"。正如前文所说,通识教育与专业教育不同,作为通识教育的经济学课程与专业学生的课程要求自然也不一样;再则,"中国经济改革与发展"是一个宏伟壮阔、包罗万象的议题,如何在有限的学时内帮助学生掌握中国经济改革与发展当中最为核心的内容、观点并且学到相应的分析框架就成为课程设计中最大的挑战。

首先,课程内容方面需要考虑到中国近现代经济改革与发展所遇到的重大问题。姚洋老师在内容的安排上正是考虑了这一点。在第一讲中,姚洋老师从宏观、历史的角度,讲授历史长镜头之下的中国经济增长:先从最权威的经济史数据当中获得中国长期的经济增长趋势以及历史尺度下中国与其他国家增长绩效的跨国比较,再结合近现代中国经济发展的关键节点进行总括性的介绍,包括:(1)重工业优先发展战略,(2)人民公社的得失,(3)改革开放之后的经济增长。这一讲的目的是让大家对于中国经济改革与发展的宏伟图景有一个最直观的把握。在第二讲中,姚老师则深入到国家体制内部,讨论经济分权和地方官员行为:先讲授中国现代财政史的重要事件——财政分权改革及其全方位的影响,再提纲挈领式地对中国集权与分权相结合的经济、政治体制做介绍,最后指出未来相关领域制度的发展方向。在第三讲中,姚老师介绍了改革开放以来影响中国社会发展的最重要的三个因素:人口、劳动力与城市化。先从经济学最经典的理论——剩余劳动力与刘易斯拐点入手,开始介绍中国改革开放之后所经历的巨大的人口与结构转型;紧接着在这样的转型经历之下,介绍中国的城市化问题以及与宏观经济表现之间的关系。在第四讲中,姚老师着重介绍中国宏观经济的三驾马车之一——出口,以及中国经济腾飞所依仗的出口导向发展模式:先进行综述性的概览,让学生对于这一经济模式的理论与现实有着全面的把握,再具体探究出口模式的成因及其对社会、经济等多层次、多方面的影响;最后再介绍目前经济学研究中的热门问题,也是姚洋老师自己的研究兴趣:人口与产业结构双转型。在第五讲中,姚老师对于中国经济的国际经济学问题进行了进一步的讨论：（1）首先介绍了目前中国与世界经济最为显著的问题，即全球失衡；（2）接下来对国内经济学研究的热点问题——居民储蓄率问题做出了精彩的诠释，即探究为何中国居民家庭储蓄率如此之高，而这一现象又有何影响。（3）然后介绍汇率制度与经济增长的理论及经验研究，并展示了自身研究中的很多数据、图表的工作成果；（4）最后则介绍了当下最热门的经济问题，即中美经贸关系：中国与美国两个世界上的大国如何进行经济博弈？这一博弈对于全球宏观经济大背景又要产生怎样的影响？这些问题姚老师在课堂上一一进行了分析。在第六讲中，姚老师对之前的内容做出了总结，并对中国经济增长的前景进行了前瞻性的分析：其一，姚老师阐述了时下的热门学术争论，即中国是否进入了中等收入陷阱；其二，姚老师批判了近年来流行的一些关于中国经济增长前景的观点；其三，姚老师再从自身研究的角度出发，分析了中国经济目前的长处与短处，并相应给出了中国经济增长前景的预测。第七讲、第八讲则是姚老师目前个人研究的介绍。第七讲关心不平等和社会公正问题，涉及了姚老师对于政治哲学的分析讨论。而第八讲讲述了中国经济增长的政治经济学。这也是姚老师目前的主要研究，我也在这一领域当中有所参与，也完成了一些学术论文，如：从中国煤矿安全事故时间、空间分布的视角讨论中国政治体系内的相对绩效考核及其政策效果；从跨国经验分析的角度讨论国家领导人的人力资本对于国家的增长绩效有何影响。

其次，教学方法方面，课程主要包括课堂讲授与课后论文两个部分。课堂讲授主要是想通过老师的讲授梳理中国经济改革与发展的框架，呈现最为核心的东西，同时立足于学术前沿，注重对不同学术观点的介绍。与此同时，每两周我们都会布置一篇小论文，并要求大家结合课堂讲授内容与自己的观察理解，对中国的经济改革与发展内容进行分析讨论。另外，每次助教也会对同学们的论文进行仔细的阅读与评价，并挑选出优秀的、有代表性的论文，让作者当堂进行朗读、分享。这也是我们课程的亮点之一。

助教心得
通识之"通"[1]

左雯敏

我是"中国社会：结构与变迁"的助教，是社会学专业的硕士研究生，也是这门课的授课老师周飞舟教授的学生。以下感受仅代表我个人的粗浅认识。

在上这门通识课前后，我对通识教育的认识有一个显著的变化。以前，我认为通识教育似乎仅仅是一种使人与众不同的精英人格的塑造机制，学生通过学习一些古今中外的高古艰深的文化知识，使自己言谈举止之间便透露出与下里巴人不同的阳春白雪，特别是嘴里吐出来的那些看似与众不同的古雅词汇和动辄上下五千年的惊人之语。对于这些知识的积累，我向来不否认其重要作用。去认识和理解对中西文明有突出贡献的知识，对个人有相当重要的作用。但是我们需要警惕的是，以接受了通识教育的精英自居而人为制造了一个文化的藩篱，将自己与真实生活在社会空间中的普通人隔离起来，产生拒绝理解众生的傲慢心态。与众不同的同时也导致了与众不通。这并不是必然会出现的结果，却是通识教育潜在的一个重要风险。若无，则是我杞人忧天了。

通识教育，打破了现代高等教育之专业化的区隔，转而对"常识"进行补课，意在培养学生的完整人格。从这一点上看，通识教育的效果是显著的。从北大设置通识教育的课程中便可以看出，其五大板块遍及人文、自然、社会等基础学科，每一门通识课都是基于某学科或某领域而对人类社会进行总体性理解的一次尝试，在这个意义上通识教育似乎更具有"通"的意义。然而学生的修课时间是有限的，上了这门课就暂

---

[1] 课程名称：中国社会：结构与变迁；本文作者所在院系：社会学系。

时无法上那门课，以后是否有机会上也不一定。所以，每一门通识课都应该给学生一把一通百通的钥匙，教授一些一通百通的不二法门。说实话，这本身对通识课的设计者特别是通识课的授课者提出了极高的要求。授课老师需要对本学科和本领域相当熟悉，特别需要明确本学科或本领域在整个人类文明体系中的位置和作用、功劳和局限、历史与趋势，这些以小见大的努力似乎就包含在每一门课的授受之间。

"中国社会：结构与变迁"这门课，在我看来，意在整理中国传统社会思想的大传统与现代中国社会之间的关系。它以社会学的基本理论和研究视角，带领学生阅读、理解关于中国社会的社会学研究成果和经典文献，使学生形成对中国社会的基本认识。这种基本认识包括：对中国意识形态和文化精神的总体性了解，对中国社会结构和变迁特征的总体性把握，对中国社会中社会行动者的行动逻辑能够进行实证性的社会学分析。从授课内容来看，主要分四个部分，第一，谈社会学的基本概念和视角，谈社会行动与社会结构的关系，以及对中国社会的基本理解。第二，谈古代中国社会的伦理、家庭与政治。第三，谈近代社会的结构与变迁。第四，谈现代中国社会的结构与特点，涉及央地关系、城乡关系、土地、劳动力、企业、家庭、国家、抗争与治理等，展示了一幅中国社会的壮阔图景。从其内容上看，便不难看出授课者的良苦用心，尤为难得的是，上课的学生都能在一种严肃活泼的氛围中去触摸中国社会。学生们和我一样，肯定能够感受到授课老师在这门课上付出的心血，每一堂课的讲稿都是经过精心雕琢的，所以每一次讲课其实都像在读一篇思路清晰逻辑严密的论文。

尤为难能可贵的是，授课者试图用科学的方式讲出非科学的理解方式。周老师在这门课上试图强调的一个理解方式是，将心比心的中国社会的理解方式。人是生物性与社会性的统一体，对人的理解不能仅仅依靠科学的东西，而且需要人文的东西，也就是那些将心比心的同情和体会，而这些东西不是条分缕析的科学所能彻底分析出所以然和一二三的。非常有意思的是，周老师却分所以然和一二三给我们讲述如何理解中国社会特别是理解中国社会中的行动者——他不是解剖麻雀，而是将心比心，能近取譬。这并不是一个吊诡的事情，反而说明了科学与人文都是理解人与社会的方式，从不同的角度都可以做到实事求是，只是二者在理解的角度和方式上确实有一些差异。"中国社会"这门通识课所通者何在？其博古通今、旁征中西的知识当然令学生叹为观止，其所通者又不仅止步于知识之通，而其在理解态度和理解方式上的调整，我认为恰恰是通识之通的核心所在：一个接受过高等教育的人应当以一种开放包容的态度，投入同情和理解去看待自己与社会、自己与文化、自己与历史，而不是将通识教育作为文化符号来标榜自己的高人一等和与众不同。事实上，深度理解人与社会，人与历史，并不是一件容易的事情，更不用说改造社会了。假如认识与事实远，那么实践与事实怎么可能近呢？

也许正是由于一些理解方式发生了转变，当我们去争论一些中国社会的问题时，往往陷入了心领神会却百口莫辩的窘境。同学们在争辩一些问题时，也往往将问题归诸人的内心，从而将社会问题消解掉了。其实这反倒可能是一种理解上的陷阱。因为归诸人心的目的是将心比心，而不是最终将所有问题的症结都归结为每个人内心的想法是难以捉摸的。问题的解决有待于对个人内心的想法进行一个规定，如果没有这个规定作为前提，那么讨论社会问题总是会沦为空谈。我认为，这种空谈恰恰是一种错误的理解方式。归诸人心并不是要将人心作为一个万能的无法证伪的要素纳入社会事实的解释系统，而是作为一把理解中国社会的钥匙而进入方法论的层面。归诸人心的目的是将心比心，而将心比心的前提是两点：第一点是承认人与人之间有相同的东西，包括人性本善，性之四端，还有耳目口鼻之欲，以及每一个人都有自己的差序格局和精神世界；第二点是个体能够理解自己，而理解自己的方式也不是纯科学主义的，还有很多感觉、习惯等方面的问题。把这两点结合在一起才能将心比心。个体通过理解自己而达到了理解别人的目的，在此基础上更加现实、更加勇敢地理解自己。正所谓"己欲立而立人，己欲达而达人"。如果将立己和立人、达己和达人对立起来，则理解似乎很难实现。每个人都有其自身的发展经历，每一种社会和文化也都存在着自身的结构与变迁，只有在理解人所处的社会、文化与历史的基础上，才能更好地理解人。在此意义上，人与社会、文化、历史都是需要理解的，只有这样，才能理解自己。也只有这样，才能让自己生活得更好，同时也让世界更美好。

"中国社会"这门通识课打掉了我身上的两个傲慢。一个是不应视通识教育为与众不同的文化标签，而应该开放包容、和而不同地去理解不同的人、事、物，这破除了理解态度上的傲慢。另一个是应将心比心，而不是条分缕析过多、同情体会过少的纯科学主义的理解方式，这破除了理解方式上的傲慢。作为一个社会学的学生，通过"中国社会"这门通识课，我似乎对中国的文化传统与现代演变有了一个更加深刻的把握，这种把握源于一种更加具体、有效的理解方式，并在中国社会思想的大传统中找寻到了这种理解的理论根源，更重要的是，这些理解与我跳动着的心如有呼应。现实中的中国社会和历史中的中国社会，原来是这样的。从此，我们似乎自觉到了自己所处的社会、历史、文化原来是这样的一个存在，也更能理解自己，甚至是找寻到了自己在现代社会中合理合法合情地行动的底气。如果你也有心想要一探究竟，不妨来听这门课。

　　作为一名助教，我最后想谈一谈通识课运行中的一些问题，主要有三点。第一，通识课成功与否的关键在于授课老师，授课老师的水平和态度决定了通识课的成功程度。第二，助教在承担事务性辅助工作之外，还需认真收集学生的问题和建议，反馈给授课老师和通识教育中心。第三，小班讨论形式和机制还需探索完善，通识教育中心可将优秀案例加以推广。

　　期待我们的通识教育越办越好！

学生感言
社会学分析问题的两个维度[①]

张昆贤

一开始选这门课完全是出于兴趣,因为自己本身也是学习社会学的,对中国社会的结构和行动者行动动机挺感兴趣,再加上这学期我们同时学习"中国社会思想史"课程,所以我想通过这门课的知识来与思想史的课程做一个参考和拓展,同时也想初步涉猎中国社会结构与变迁的内容,丰富自己的学科视野。经过一个学期,也证明了修读这门课程的必要性,从中收获到了很多以前不了解、没有深入思考的问题的答案。

这门课给我留下最深印象的是两个内容,一是社会学分析问题的两个维度,即结构和历史,从结构维度我们可以更深入地探讨社会现象背后的运作机制,也能更好地理解生活在结构中的行动者的行动动机和行动意义;从历史维度我们能更好地把传统与当下结合起来。这个思考的角度给了我很大的帮助,尤其体现在这学期一门课程的论文上。另一方面是有关课程最后提到的"三位一体"的城市结构。在听这节课的时候因为自己知识积累有限,所以听得有点懵,后来询问了助教哥哥并查阅了部分文献,觉得自己已经渐渐能理解土地、金融与财政的关系,对中国当下的城市化有了更深入的思考,不再仅仅停留在人口迁入、城市面积扩大这些表面问题上。除了这两方面,通过阅读相关文献和书籍,在有关乡村的传统伦理、士绅的演变、企业与劳动者、中央与地方、国家与阶级等方面也有了更进一步的理解。

课程采用的老师讲授结合小组讨论的方式,有利于我们和不同专业

[①] 课程名称:中国社会:结构与变迁;本文作者所在院系:社会学系。

的同学交流思想，体会不同学科看待社会学问题的不同视角。考核采取读书报告与期末考试相结合的办法，则鼓励了我们真正去阅读经典书籍和文献，与此同时，周老师丰富的田野调查经验和社会学人看待问题的深刻视角也能帮助大家真正学到知识。

总而言之，这是一门令我们受益匪浅的课程！

助教心得
走进伊斯兰——了解熟悉的陌生人[①]

董 雨

转眼间,这已经是我第五次担任"伊斯兰教与现代世界"这门通选课的助教了。但担任核心通识课程的助教却是第一次,对此我感到非常荣幸。我的导师,也是本门课的主讲教师昝涛先生一直致力于让更多的学生了解伊斯兰文明,他总是强调我们目前对伊斯兰的了解与伊斯兰在世界上的体量不相匹配,与我们作为一个世界大国应有的知识结构也不对等。因此,当学校公布第一批核心通识课程的名单时,看到昝涛老师的"伊斯兰教与现代世界"榜上有名,我在兴奋之余亦觉得自己作为助教的责任更重了。

通识教育作为这些年中国大学中特别提倡的一项概念,其重要性不需赘言。香港城市大学的前校长、著名教育家张信刚先生是通识教育的大力推广人,他曾说:"通识教育可以使人更好地把握人生之多,有自信心和判断力去应对不同的潮流和风向,心中总有'一把尺',而非随波逐流。我不敢说它是培养现代公民的不二法门,但却绝对是一个好的养成条件。"伊斯兰文明作为世界文明的重要组成部分,本应成为通识教育的重要内容,更何况目前大多数学生对伊斯兰的了解连常识水平都不能保证。昝涛老师说,我们这门课主要是引起大家对伊斯兰文明的关注与兴趣,有基本的了解,面对一些新闻能有相对独立的判断。这种定位既是源于通识课程有别于专业课的要求,也是目前社会对于伊斯兰文明普遍缺乏了解的尴尬现实所迫。因此,老师在设置今年的参考书目

[①] 课程名称:伊斯兰教与现代世界;本文作者所在院系:历史学系。

时，更加突出了通史性、趣味性，降低了难度，扩大了广度。作为助教，根据课下与同学们的交流，我能非常明显地感觉到，与往年开课时的同学比起来，他们能更主动地阅读，他们不仅较好地读完了参考书目中所列文献，而且有相当多的同学还会另找相关资料阅读学习并在课下和老师交流。

同一门课听了五遍，但丝毫不会觉得无聊，因为伊斯兰文明博大精深，更因其与现代世界的关系瞬息万变，昝涛老师每学期的讲解都会随着实事发展以及他本人对伊斯兰文明认识的不断加深而增补许多内容，因此总有不一样的精彩。这半年来，土耳其安卡拉恐怖爆炸案、叙利亚难民问题、巴黎暴恐事件、土耳其击落俄军战机等事件接二连三，中东和伊斯兰本身就是全球热点，这半年来更是备受全世界的关注。从上课的专注程度到课下与老师讨论问题的积极性中，我能明显地感受到本学期选课同学对中东和伊斯兰前所未有的兴趣和关注。由这些热点引发开来，越来越多的同学秉持刨根问底的精神，自然而然地对伊斯兰教历史和教义教法等一系列更深层次知识产生了好奇与探究之中。

此外，虽然每次开课都有穆斯林同学选修，但本次选修的穆斯林少数民族同学和外国同学尤其多。中国有两千多万穆斯林，对于大多数非穆斯林同学来说，他们都是"熟悉的陌生人"。其实对于许多穆斯林同学来说，如果不是专门学相关专业，其实也不甚了解自己的宗教。这在以往本门课的阅卷中有明显的反映。但这学期课程纳入核心通识课之后，穆斯林同学的提问变得多了，非穆斯林同学提出疑问的时候，穆斯林同学也会主动尽己所能加以解释。他们的读书报告和期末试卷中反映出了独特的关注，其成绩比往年这门课穆斯林选课同学还要优秀。加强对伊斯兰文明和全球近17亿穆斯林的了解，既是分析当下热点的现实需要，又是作为一个有良好人文修养的现代公民的基本素质，更是对自己同胞的关心，对中国国情的深入了解和把握。

总之，昝涛老师为了"伊斯兰教与现代世界"能够起到这样的作用，花费了相当大的心血，相信选课的同学也从这门课中获得了他们需要的知识和观念。而我作为助教，在旁听和搜集课程资料的过程中也获得了新的知识，此外也因为亲身的参与而明白了通识教育在我国高等学校中开展的必要性和个中艰难。

真心希望通识教育能够更加成熟，也希望越来越多的同学能通过通识教育了解伊斯兰文明，理解我们身边这些"熟悉的陌生人"！

助教心得
注重引导交流，驱动内在因果[①]

庞嘉伟

自从2013—2014学年春季学期开始，我便开始担任张维迎老师的助教，包括"经济学原理"和"博弈与社会"两门课。每次做助教，不仅能够帮助老师完成教学工作、帮助学生梳理课堂内容，更重要的是能让我再一次认识到自己的不足，促使自己进步。总体上来说，我的工作包括：整理课程大纲、答疑、设计讨论话题、出平时作业题与期末考试题、批改作业试卷以及期末论文，以及一些其他和教务相关的工作。在助教工作中，确有一些经验或心得可以拿来分享。

"经济学原理"是同时面向经济学双学位一年级学生与全体北大本科生的，主要目的是让学生建立一种经济学的思维方式、理解市场的运作机制，为今后学习高级课程培养良好的经济学直觉。当然，我们也希望为学有余力的同学找到一些可以继续研究的话题，这就是设立微信讨论和课程论文的目的。

在这门本科课程之外，我还担任过研究生课程的助教。两种助教工作进行的侧重点是不一样的。

首先就是故事导向。在答疑或出题时，面对本科生，应多讲故事以及故事背后的逻辑，而技术细节反而并不重要。因为技术只是完善逻辑的一种方式，随着课程的深入学习它是不难掌握的，而驱动一门学科行进的内在因果关系，才是一门课程或者一个学科最重要的东西。比如，在期末考试题中，我出了一道和二胎生育有关的题，其目的就是让大家分析消费者决策的时候，哪些因素影响着他们的行为。再如，我们微信中讨论的一个话题——"供给侧改革"——就是当下很流行的话题。

[①] 课程名称：经济学原理；本文作者所在院系：光华管理学院。

这个话题鼓励大家在关注时事的同时，可以梳理学说发展的脉络，对理论学习和实际分析都有很大的帮助。

其次，本科生和研究生的自学能力是不一样的。本科生由于步入大学不久，其学习能力尚待开发，因此如何引导就是一个很重要的问题。我在帮助同学们分析问题的时候，往往侧重于深入挖掘经济学理论背后的假设与逻辑。比如在最低工资与最高限价问题上，学习到的理论认为这两种管制模式不好。而简单地记住结论是不够的，我常常会让他们思考，得出这样结论的前提是什么，那现实生活中是否满足这些前提，如果不满足，那这些结论是否还是正确的。通过这样一种激励，可以帮助同学们建立一种科学的思维范式，这对他们今后的学习和研究是有帮助的。

整体上看，本科生的求知欲还是很强的，尤其可以体现在课后答疑环节。其实，课后答疑对助教和学生双方都是有帮助的。同学们的疑问可以得到回答，助教也强化或者补充了自己的知识体系。很多同学的问题都会引发我的思考，比如这门课程上学到的知识和大家高中时学到的政治经济学对有些问题的解释是从不同角度出发的，如"价值"的概念，这就使大家产生疑问。而大家问我这些问题的时候，又促使我重新思考这些名词的内在联系，并试图把它们统一起来。这一思考过程对我思维的健全是大有裨益的。

同时，频繁的交流容易使助教和同学们建立起很好的关系。我认为这也是一件好事。助教的认可，有的时候比老师的认可更能鼓舞同学们，这绝对能促进他们的学习。同时，助教也可以在交流过程中了解到教学中的问题有哪些，积极接受反馈对教学质量的提升也大有帮助。就我自己而言，我并不觉得和同学们建立朋友关系会对公平性产生什么影响，我相信其他助教也是这样的。

由于这门课选课同学较多，难免在管理上会有很多问题。几个学期以来，让我最头痛的就是首发作业时的混乱。当然，由于助教数量有限，每个人批改的作业份数很多，加之总有很多同学对自己的作业不负责任，导致发作业时常常有同学找不到自己的那一份，或者有同学从来不拿走自己的作业。我也一直在探索一个更合适的管理方法，但仿佛都没有效。

总之，做"经济学原理"助教，既服务了老师的教学工作和同学的学习过程，也巩固了自己的专业知识，是很有收获的。

助教心得
课程的结束恰恰是开始[①]

解鸿宇

渠敬东老师开设"社会研究：经典与方法"这门课的初衷，是想要破除掉社会学的初学者们对于"理论"与"经验"之间的对立或二分的刻板印象。这门课以经典文本作为课程的主要内容和分析对象，意在通过对中外社会学大家所做的经验研究，经由具体的文本和分析过程来体会他们是如何将自己的理论关怀与经验问题糅合在一起的。老师想要告诉同学们的是：研究者首先应当关心的是人及其处境，经验问题本身就是一个理论问题，二者从来不是截然分开的。而经验问题的呈现，则要以整体的世界作为目的，就事论事仅仅是研究的第一步。但即使是这第一步，也应以朴素的态度去切身地理解和体会研究对象在意的是什么，以及未能达到其目的的困难在哪里。与此同时，本课程作为一门通识核心课的意义就在于，上述道理不仅对于社会学的学生而言是有意义的，对于每个人用以理解自身与周遭世界，也应当是受用颇深的。

那么，如何能够使由课程的本身诉求出发与由通识核心课的课程定位出发这两个目的同时实现，是作为助教的我必须要面对和努力解决的问题。"通识教育"无疑是个舶来品，一般而言，它力图给学生提供在多元的境况中理解和处理问题的知识和能力。幸运的是，社会学正是一门既能观照个体，又能帮助个体理解其处境与更为宏大的结构的学科，它所要求的"理解"，既是对外部世界的结构性理解，更是对自己、对身边人和周遭生活处境的体会性理解。

无论是作为助教，还是作为社会学专业的学生，每当面对他人提出

[①] 课程名称：社会研究：经典与方法；本文作者所在院系：社会学系。

"社会学研究什么"这一问题的时候,我总是一时语塞说不出话。如果用米尔斯的表述来解这个困境,也许这不是我的"个人困扰",而是有志于社会学的共同体在中国所面对的一项"公众议题"。至今我仍能够清晰地记住大学第一节"社会学概论"课上老师说过的那句话:"世界上所有的事情都不是你想的那样简单。"在我看来,社会学能够让人透视到现象背后诸多的因果联系,却不会给它的追随者们绝对正确的唯一答案。

　　普遍的共识是,社会学滥觞于法国大革命时期,早期的社会理论家在反思大革命时期的诸多社会现象之时,提出了诸多关于"重建社会秩序"的见解。社会学随后的发展,与资本主义工业社会的兴起相伴而生,马克思、弗洛伊德、斯宾塞、韦伯、涂尔干、齐美尔等人在整个19世纪对于"社会"与"个人"展开了不同面向的讨论和阐释,他们的共同困扰是:现代社会的本质是什么?它的精神气质如何?个人在其中的困境是什么,如何自处?人与人之间的关系如何?等等。也许他们会从不同的理论关怀来面对工业社会和资本主义的到来,但是他们秉持的学术气质是相似的,那就是:"反思当下人的处境,并尝试对其进行解释。"如果说社会学切实地为人们提供了什么,我想首先就是这种"直面当下生活处境"的勇气和从不同思路来理解同一现象的开阔的思维方式。此二者时刻提醒着我们,研究者不能脱离社会现实去讨论问题,但是也不能仅仅囿于个体的生活经验与知识库存来理解他人与世界,而是要充满好奇心地、开放地看待周围的一切,寻找那些与自己相亲和的部分,将历史上的伟大学者们讨论的问题与我们的社会现实并置起来——大多数时候我们会惊奇地发现:他们纵使与我们相隔百年,却比那些在空间和时间上都离我们更近的人更能够让我们感到亲切,仿佛他们才是我们的同时代人。那么,如何能够让选课的同学们也能体会到这种状态?要义就在于切身地、仔细地去阅读经典文本,将自己的遭遇和处境带入阅读的体验。这也是课上渠敬东老师一直在强调的。不是弄清某个概念、学会舞弄某类话术就学好了社会学,毋宁是阅读能否帮我们打开自己的视野和激发好奇心,是否促使我们去关心周围的人和世界正在发生什么。

　　兰德尔·柯林斯在《发现社会》这本书中,对于社会学的努力做出了精辟的概括。在他看来:"社会学致力于揭示那些隐藏在背后的或人们以为理所当然的事物:那些我们不知道其存在的事物——处于遥远的空间与时间中的社会,它们的生活方式促使我们开始思考我们自己生活的本质;那些被我们曲解了的事物,它们有别于我们自身的社会阶级与文化的体验;那些处于我们社会结构边缘地带的各种现实;那些我们不加反思地接受的身边事物——由各种看不见的规则与机制组成的系统,它控制我们的行为并操纵我们的思想,它似乎如自然景观一般永远不变,但实际上它像孩子的动作一样变化不定。在所有事务中,最令人困惑的是我们自己的情感、行动、思想和自我意象……所有的这些事情是隐藏在我们通常的意识界限之下的。"书中,柯林斯提出的另一个重要的议题,便是马克思对于意识形态的剖析使得"关于'事实'与'价值'区分开来"的讨论,成为社会科学无法回避的一个争论焦点。具体而言,从事社会学这类的社会科学研究,无法回避"知识的客观性"的问题。对此,我的理解是:社会学所要追寻的并非是确然的关于社会和人的知识,而是给出各种可被检验甚至证伪的解释路径,这些解释应当是基于一定程度的理论积累,同时佐以历史和经验的材料作为注脚。社会学研究的种类大致可分为理论研究与经验研究,而经验研究又可粗分为定性研究和定量研究。社会学所面对的"客观性"问题,不是流于表面的技术改进即可达致的,因为这种改进只能对可操作化的现象进行最大程度的还原,而描述性的研究最终无法为因果关联提供解释。与此同时,研究者自身所"背负"的历史、知识与社会结构,使其无法成为超然独立的旁观者。因此,无论是从研究者自身还是研究对象出发,社会学研究无法排除"人的影响"。如何理解社会科学的"客观性",于我而言就意味着,更多的阅读思考和田野实践才能够有更丰富的理解。因此,尽管本课程每个学期末都会结束,但对于选课的同学们来说,其实思考与理解的路才刚刚开始,他们需要更多的田野经验去帮助拓宽他们的感官及感受力的边界,而这是在课堂上无法完成的。

如果说社会学能够为个人在知识上破除诸多的幻象与成见,从而在学术研究中保持一定的客观性,去探求社会的规律,那么,社会学在个人生活上的影响,则很可能会不同程度上"重塑"每个人。米德告诉我们，"自我"不是一种任意的状态，个性也不等同于与所有人都不同，此二者毋宁指的是一种拥有稳定边界的生存状态。自我是在与他人、与社会的互动中得以生成的，换言之，在某种程度，是每个人遭遇的人，以及每个人与他人的互动方式塑造了个体。我们知道，社会学家总是审慎地看待社会，力图以一种韦伯式的"理智清明"来分析和阐释各种现象，但与此同时，我们也不应该忘记社会学是一门丰富的、温情的学问，而这个侧面则只有研究者在与活生生的人的接触中才能体会。在学校里，有一群真正以学术为志业的老师们，同学们在读书和讨论问题的过程中，才真正理解了什么叫作"温暖的共同体"。而在学校外的调研和田野中，同学们才可能遭遇那些与其生活完全不同的人群，与他们打交道，才能更深刻地体会到一些道理，比如要走进最真实的底层，接触最普通的人们，知识才会富有温情，人才会变得有温度。没见过残酷的生活，书本也只是让人多了些理所当然的想法。因此，课程的结束恰恰是开始。作为助教，今后应该要更加注意让同学们意识到这种书本与现实之间的连续性。

  作为一门以阅读经典书目为主的通识课的助教，面对不同专业的同学们，经常会遇到一些问题。其中比较典型的就是所谓的"鱼牛寓言"的问题，即老师讲述的东西虽然是一样的，但是每个同学各自的知识背景和储备是不同的，因而所理解的和接收到的信息也就存在分化的情况。且由于旁听人数众多，老师尽管每节课后都会多在教室停留一会儿给同学们答疑，然而还是不能解决全部同学的问题，这时就需要助教发挥作用。

  一般而言，当同学们对文本本身或老师上课讲解时所举的例子有疑问时，可以让他们先澄清自己的问题究竟是什么，帮他们找出困惑的要点在哪里——是文本没理解，没能把握老师讲课时所举例子中的延伸与文本的关系，还是将自己的经验带入后引发了将"作者根植于他自身的社会和历史传统而提出的概念"与"同学自身的经验"间建立直接联系的困难呢？从同学的角度出发来帮助他们定位问题的来处之后，作为助教，就可以根据"为何会有某种困惑"这一问题来努力给出不同的解决方案和办法，比如如果是文本的问题，可以和同学一起来讨论文本中作者原本的意思；如果是对经验例子有疑惑，就尝试从老师举例的角度，结合同学可能产生歧义的方面，帮助老师更准确地向同学传达其意思；如果是在现实经验结合概念或理论中产生的困惑，则可以先澄清作者的问题意识、概念生发的传统，再和同学一起分析其经验所植根的社会历史的背景，然后尝试弥合二者之间的"断裂"。

四、优秀作业

优秀作业
矛盾的并置与被唤醒的"民族"史
——《赛德克·巴莱》重构历史的意义①

冯子涵

同时具有艺术和媒介两种属性的电影,在叙述历史时,存在着史实、意识形态、社会现状、导演个人意识等多方的复杂角力。电影对历史的重构,在一方面使观众重温了历史,或填补了对某一史实的认知的空缺,另一方面也代表了当下历史的空缺与表意的需要。"每一部影片,除影像本身所展现的事实外,都还能帮助我们触动历史上某些迄今仍然深藏不露的区域。……当事人眼中的历史和历史真相存在差距,此外它还展示了一个统治阶级被历史淘汰的过程。"②2012年上映的《赛德克·巴莱》正是这样一部重构历史的作品。筹备超过十年,斥巨资拍摄,这部以原住民抗击日本殖民者的"雾社事件"为背景而形成的作品,正是当代台湾新新电影人对历史的一次回溯,对日据时期台湾历史的重构。两次雾社事件中赛德克人几乎惨遭灭族,因而在之前众多的关于这段历史的叙述中,赛德克人实际成了这一事件的"他者"。对雾社事件的"还原"的决心,大量的实景拍摄和好莱坞模式的嫁接,都体现着他再现这段隐秘的"民族史志",并将其以一种易被接受和感知的方式唤醒大众的野心。

但正如他个人所言,"很多攻击都是在矛盾中找答案"③,《赛德克·巴莱》完整影片的时长和许多细碎的情节描写都体现了导演旺盛的

---

① 课程名称:影片精读;本文作者所在院系:中国语言文学系。
② 马克·费罗:《电影和历史》,彭姝祎译,北京大学出版社,2008,第34页。
③ 柴静:纪录片《野蛮的骄傲——专访魏德圣》。

表达欲和不甚明晰的价值判断。这一点从当时网友两极化的评论中便可见得。在"从被压迫走向反抗"的单线顺叙中，魏德圣用情节推进间隔中集中的二人对话、重复出现的象征物和大量的原住民歌舞，展现着他对用电影重构的历史的更多重的思考。因为答案不明确，影片在整体上呈现出了矛盾的并置。一方面，从故事本身来看，殖民新秩序下传统的消泯、压迫与反抗、野蛮与现代文明的优劣等殖民叙述中常被提及的问题都以杂糅的方式在不同的段落交错出现；另一方面，对于原住民抗日史的叙述在届时所可能激起的浪花，可能有适应大众心理的"文化猎奇"，也可能包含对现代社会信仰消泯的反思，但对于当代台湾或许还有着"本土"的再度追寻的特殊意涵。建立在历史事件的基础之上，《赛德克·巴莱》出现在电影市场的方式与反响，都足以证明，这是一场有着更为复杂的意义的历史新书写。

一、殖民史的重现：全球化语境下的分与合

殖民，作为20世纪在全球范围内广泛存在着的一段刻骨铭心的记忆，伴随着工业革命和帝国主义的扩张而生，其侵略性不可否认，但殖民史对弱势民族的现代化进程的推动与文化传统的强制性泯灭一直是作为矛盾而交错存在的难以厘清的问题。魏德圣在21世纪后殖民时代重新审视殖民的历史，在台湾文化十分深刻的殖民时代的遗存中再度叙述殖民时期的民族冲突，并将大的殖民冲突与小的部族冲突融合在同一部影片中，呈现出的是较为全面的多数地区的民族危机的前因。

对于冲突背后的本质矛盾，魏德圣采取的是反好莱坞西部电影里对原住民印第安人的呈现方式，他对野蛮凶悍的原住民在面对枪炮、飞机等现代文明时落后、弱势、力量匮乏的本质做了呈现；同时也通过原始部族中以信仰和血缘关系所引发的历史性对话，展现出了殖民时期弱势民族的对抗方式。父子两代人之间的新旧较量，在二人对话密集的台词和镜头转化间，展现了对于"民族信仰"这一"人的伴生符号"之意义的最大化的理解。现代化的、追求发展的年轻人，和老一辈固守民族信仰的民族头目，在对话中传递出了赛德克民族的精神内核——"野蛮的骄傲"。从头目莫那鲁道口中发出的赛德克族人的代表性宣言，与子一代图腾与身份认同的缺失，形成了很好的照应。魏德圣在影片中运用

"父权"将这种精神力量加强了。紧接着莫那鲁道与典型的游离者后辈二郎的论争之后出现的莫那鲁道与父亲的虚像共歌的场景,是代际维度上对赛德克人精神信仰的加强,营造了时间上的绵延性与持久性。也正因如此,《赛德克·巴莱》中悲剧性的抗争,更像是一首信仰和灵魂的升华与赞歌。

也许与台湾复杂的族群构成相关,在描写殖民历史的电影中,《赛德克·巴莱》是难得的一部避免了许多民族主义的主观情绪的、克制的历史叙述。"魏德圣并没有简单地判断对错是非,而是以平视的角度,尽可能完整地呈现出历史本身的多向度与复杂性。"[①]导演魏德圣是台南人,在进入电影行业时又受到另一位外省人杨德昌的深刻影响,因而他对于"雾社事件"的重构也是基于一个"他者"的想象。在这样的想象中,有赛德克族人违背现代道德的对妇孺的野蛮杀戮,女性在赛德克精神信仰里始终作为男权的附属品,族群间未开化的仇恨,也明确指出了殖民者所带来的"邮局""学校"等先进的因子。这种"他者"的想象和魏德圣作为台湾当地导演的在地性一起,既合乎现代人对原始文明的想象,又契合于台湾本土文化意识的历史重现,导演的人道主义关怀也在这被搁置的历史态度中得到了另一种解读的可能。

同时,在影片结尾,残酷的杀戮和抗争背后,魏德圣也提出了一种文化和解的可能性。在全球化的语境中,文化多元性论断一直强调民族精神和民族信仰的独立性和重要性。但是,不同民族的精神力量并非有着割裂的或者对抗式的差异,而更多的是以一种同异共存的形式而存在。各民族在不同的历史发展阶段也会经历信仰和精神的转型,而现实的惨痛就在于,正因为这些先进与落后的交织,民族间才会产生融合与对抗、入侵与剿灭。电影结尾,对这种民族精神上可能存在的同构性进行了点到即止的解读。赛德克人身上"野蛮的骄傲",对于祖灵的坚守,与日本传统武士道精神也许有吻合,精神上的相似性或许带来族际融合的可能,情感上的"怀旧"取向,在带来对现代文明的反思时,也带来了对全球化背景下民族精神的同构性的思考。

[①] 颜浩:《〈赛德克·巴莱〉:历史题材电影的新高度》,《创作与评论》2012 年第 10 期,第 98 页。

二、少数族群史里的"本土意识"：台湾电影的国族想象

值得注意的是，这段历史的主体——原住民在当今台湾仅占人口总数的2%左右，雾社事件更是在台湾教科书上也鲜少提及的历史。对少数族群历史的重提，大篇幅的歌舞、音乐、庆典、刺青等民俗的全方面展现，也是魏德圣所代表的"新新台湾电影"导演"本土意识"的又一次觉醒："可以在多样化的混合过程中容纳边缘化的乡村、少数族群和族裔、异同的语言以及外来的人口。……台湾电影中新的'本土'概念已超越以往'乡土'所谓的在地性，而更多地强调全球化语境中'地点'本身的跨越性和多地性，即某一地点与其他诸多地点的联系和包容。"① 在当下这个移民人口占绝大多数，移民时间各有差异，且各族群有着不同文化根基的台湾，原住民文化无疑是对全球化语境中这个无一脉可定的台湾的"本土意识"的又一次勾连。

与内地电影差异显著的一点是，魏德圣在《赛德克·巴莱》中对殖民史的叙述，呈现出"国家"概念的缺失。赛德克人为族群的信仰与自由而战，或说脱离殖民语境，他们针对殖民者的反抗与一次族际冲突并无差别。"在台湾电影建构起新的国族想象的过程中，产生了有别于传统的'大中华意识'的本土意识。其核心就是强调台湾身份的主体性，并把台湾地区和中国大陆和日本的历史关系重新思考。"② 在英雄主义设定、镜头美学强化的视觉观感的冲击力和集中冲突的叙事模式下，枯燥的历史化成了可看性极强的电影，其最终票房也证明，电影本身在台湾本土的广泛受众，也引发了对于"台日关系"的再思考。在台湾本土意识觉醒的当下，日据时期的文化遗产是台湾获取其"文化特殊性"尤其是与大陆不同的文化特质时必然的挖掘渠道，而"原住民"文化作为台湾本土文化的重要组成部分，虽是少数族群文化，却有着台湾对"本土"的再发现的价值。这种价值，一方面对传统"台日"关系的论断产生了冲击，另一方面也在试图弥合台湾所构建的新的"族群想象"的拼图。在对原住民权力和文化进行保护和重视的当今国际社会，也只有少

---

① 张英进：《超越悲情：文化创意产业视野中的台湾电影》，载陈旭光主编：《华语电影》，北京大学出版社，2012，第287页。
② 陈犀禾：《论台湾电影的国族想象》，载陈旭光主编：《华语电影》，北京大学出版社，2012，第303页。

数族裔的文化拼图完整之后，才有进一步发现其核心价值的可能。

当然，虽然影片全程贯穿原住民语和日语，且并无"中国"（或说"华夏"）的身影在其中，对于传统信仰的重拾也超越了族群或地域的限制，使得世界范围内的被侵略的国家和地域的人们，尤其是对日有仇恨情绪的中国人产生了深深的共鸣，因而在一定程度上也获得了大陆观众的认同。事实上，电影本身的复杂内涵，使它在本土有特殊的价值和多重解构的可能，而脱离本土后所引发的普通观众的共鸣，大多是对殖民史创伤记忆的一次症候性发作，其中更为琐屑的细节和原住民文化本身仅能满足现代人对原始文明的"猎奇"，而难以让现代人产生进一步认同的可能。这也是《赛德克·巴莱》商业输出所必然面临的困境。

优秀作业
当代中国的法治和礼治[①]

邱昱程

题目：你如何理解费孝通先生在《乡土中国》中提到的"法治秩序的好处未得，而破坏礼治秩序的弊病已经发生"？

一、礼和法

本质上说，礼和法都是行为规范。"行为规范的目的是配合人们的行为以完成社会的任务"[②]，无论是礼还是法，都产生于一定的社会秩序和社会结构，在其中安排个体的行为。这些规则一旦产生，就是保守的，为人们提供了一个大致可以确定的预期，"在许多领域（并不是一切领域）保证着这个世界不会突然改变模样，不会失去我们赋予其的意义"[③]。总之，借用康芒斯和科斯的概念，礼和法的功用在于降低了一定社会秩序中的交易费用。

但礼毕竟不同于法。礼是"社会公认的合式的规范"[④]，礼治是"对传统规则的服膺"[⑤]。维持礼的力量是传统，是个人在社会生活中对传统主动的服膺。

更进一步地说，礼在本质上是维持贵贱、尊卑、长幼、亲疏这种社会差异的工具，它的目的是使得"人皆载其事而各得其分"[⑥]。费

[①] 课程名称：中国当代法律与社会；本文作者所在院系：经济学院。
[②] 费孝通：《乡土中国·生育制度·乡土重建》，商务印书馆，2011，第53页。
[③] 苏力：《法治及其本土资源》，中国政法大学出版社，1996，第7页。
[④] 费孝通：《乡土中国·生育制度·乡土重建》，商务印书馆，2011，第53页。
[⑤] 费孝通：《乡土中国·生育制度·乡土重建》，商务印书馆，2011，第58页。
[⑥] 瞿同祖：《中国法律与中国社会》，商务印书馆，2010，第314页。

孝通先生把这种个人在群体中皆载其事而各得其分的礼的关系译作"Sportmanship"，即礼类似于一支足球队中球员间的行为规范①。

因此本质上，礼是产生于差序格局的习惯和惯例，它生于这种以差异为基础的社会，并且要维持这种社会差异。荀子说："故人道莫不有辨。辨莫大于分，分莫大于礼。"

法是习惯的延伸，是生产和交换扩大的结果。当市场范围扩大时，狭隘的习惯反而会增加交易费用，此时便需要国家来制定法律，其中最为重要的是产权和契约的规定。恩格斯说，人在经济活动中的行为规则"首先表现为习惯，后来是法律"。因而法律离不开习惯和传统，一方面，法律不能规定一切，需要各种习惯惯例才能起作用，另一方面许多法律又是对这些习惯和惯例的总结、概括和升华。

二、"法治秩序的好处未得，而破坏礼治秩序的弊病已经发生"

近代以来，中国仿照西方逐渐建立现代法律制度。但当这些法律推行下去时，尤其在乡村，却常常与传统的礼冲突，"它破坏了原有的礼治秩序，但并不能建立起有效的法治秩序"②。那么，问题出在哪儿呢？

一个答案是，现有的法律体系很大程度上是由西方移植过来的。苏力先生指出，中国法律制度的变迁大多数是一种强制性的制度变迁。这些法律由于与中国人的习惯背离较大或没有系统的习惯惯例的辅助，不易甚至根本不能为人们所接受，不能成为他们的行为规范。新法带来的不便反而增加了交易费用，于是人们为了降低交易费用，往往会规避法律而借助一些习惯解决纠纷，结果是国家制定法的普遍无效和无力。③但法律毕竟需要被实行，去打官司的往往是礼所贬斥的"败类"。"乡间认为坏的行为却正可以是合法的行为，于是司法处在乡下人的眼光中成了一个包庇作恶的机构来。"④这个答案解释了法治秩序为何难以建立，以及尚未建立的法治秩序对礼治秩序的破坏。

但最根本的问题并不在此。礼治与法治在中国的矛盾，主要并不是

---

① 费孝通：《乡土中国·生育制度·乡土重建》，商务印书馆，2011，第58页。
② 费孝通：《乡土中国·生育制度·乡土重建》，商务印书馆，2011，第61页。
③ 苏力：《法治及其本土资源》，中国政法大学出版社，1996，第10页。
④ 费孝通：《乡土中国·生育制度·乡土重建》，商务印书馆，2011，第61页。

中西的矛盾，而是基于中国特殊的社会条件的传统与现代、古与今的矛盾，是中国从乡村社会中蜕变的矛盾。总之，礼治与法治的对立是传统中国在较短时间内集中地走上现代化进程而产生的不可避免的现象。

工业革命前后，人类社会出现的最大变化是高速发展的现代技术带来的对传统社会格局的巨大冲击。这种冲击带来了社会解组，破坏了传统社会的完整性。费孝通先生曾经用"匮乏经济"和"丰裕经济"两个概念来描述传统的农业处境和工业处境。①匮乏经济受限于土地的报酬递减，人口增长与技术停滞的恶性循环，带来的是一个技术停顿、社会静止的局面。在这样一种局面中，产生了知足安分的精神。处于匮乏经济的中国传统社会，形成了以亲属关系为纲目的社会结构以及与之密切相关的礼治秩序，即一种"人皆载其事而各得其分"的"安分"的秩序。这样的秩序经过许久的发展，形成了一个完整而又缓慢的农业社会。

但工业革命产生的现代技术冲击了这样的匮乏经济。资本主义的原始积累产生了大量脱离土地的无产者，雇佣关系的产生使这些无产者进入手工场成为工人。大机器的出现使工人成为机器的附属品，日益地依赖于工厂。这种现代技术带来的冲击破坏了乡村社会的完整性，产生了社会解组的过程。取而代之的是一个科学和技术良性循环、餍求无得的丰裕经济。

这一解组过程的重要特征在于日益扩大的商品经济取代了农业经济而成为主要的生产和交换关系。封建经济的基础是等级的差异，商品经济的基础是主体的平等。原有的维持社会差异的行为规范已经不再适用于新生的社会秩序，宗法、采邑、礼逐渐退出了人们的生活，规定着平等、契约精神、私有产权的法律走向了历史的前台。故而这样的社会解组是旧的、经过千百年发展而相对完整的社会秩序的解体，它必然导致主要行为规范的转变。

但既然西方和中国都经历了这样一个从匮乏经济到丰裕经济的过程，为什么中国会产生传统的习惯和惯例与现代法律的明显冲突和相互抵消，而西方却没有这样的危机呢？费孝通先生认为：西洋这种社会解

---

① 费孝通：《乡土中国·生育制度·乡土重建》，商务印书馆，2011，第341页。

组的趋势并没有很快地走向危机，因为现代技术虽则一方面打破了社会的完整性，但是另一方面却增进了一般人民的物质享受。而且他们有充分的时间逐步地用"法"把社会关系维持下去。"在中国，现代技术并没有带来物质生活的提高，相反的，在国际工业的竞争中，中国沦入了更穷困的地步。现代技术所具破坏社会完整性的力量却已在中国社会中开始发挥效果。未得其利，先蒙其弊，使得中国的人民对传统已失信任，对西洋的新秩序又难于接受，进入歧途。"①

可见，礼治与法治的冲击，是基于中国特定的社会处境。中国并不是逐渐地、自生地走向现代社会的，而是在西方的巨大冲击下被裹挟着卷入现代化进程的，在相对较短的时间里集中地面对现代技术及其产物带来的冲击。乡土社会在毫无准备的情况下被潮水般涌入的现代社会因素挤到边缘。此时，在现代社会，一方面市场经济中可以遵循的习惯和传统还远未形成，甚至还没开始生成，另一方面差序格局的乡土社会在突然的冲击下开始解体，但其中历史悠久的传统、习惯和惯例依旧占有很大地位。这些规范不得不面对与之相悖的现代化的趋势。

现代的法律体系是这个短时间的巨大冲击的产物之一，它的目的必须且只能是促进现代经济的发展和现代生活方式的形成，或说是"位育"工业社会。故而，在这样的大变局中，在近现代很长一段时间里法律移植就必然是不得已的选择。传统的礼维护的是农业社会的差序，移入的法要建立工业社会的自由、平等、契约精神等等。于是，冲突便不可避免，相互抵消的矛盾也难以规避。于是，便出现了"法治的好处未得，而礼治的好处已被破坏"的两难局面。

最后，要看到的是，近代中国这样一个"三千年未有之大变局"里，城头变幻大王旗的局面本已没有可以确定的预期可言。那是一个变革而非保守的时代，法律的主要意义是一种变革的社会力量，而不是"保持稳定"的一种"保守的社会力量"②。此时法治的目的是引导社会的变迁，法治与传统的礼治的关系不是法治主动地适应礼治，而是法治主动、引导性地，甚至强制性地变革礼治和它背后的社会秩序。此时的

---

① 费孝通：《乡土中国·生育制度·乡土重建》，商务印书馆，2011，第351页。
② 苏力：《法治及其本土资源》，中国政法大学出版社，1996，第307页。

法律主要是一种变革的手段。因此，法治就必然与礼治产生冲突。

三、当代中国的法治和礼治

中国发展到今天，许多方面已经相对成型，法律作为一种保守的、提供可确定预期的社会力量愈发重要。同时，我们也积累了许多关于社会主义建设、市场经济的经验、习惯和传统。我们也有相对长的时间实现习惯和惯例的演替，以及法律对习惯惯例的确认。利用这些本土资源推动法治建设，在兼顾法律变革力量的同时，更多地注重法律稳定社会、提供预期的作用，同时引导新的礼治规范的形成是有必要的。

优秀作业
摄影、绘画与真实世界
——读苏珊·桑塔格的《论摄影》有感[①]

古力纳扎·阿尔斯兰

苏珊·桑塔格（Susan Sontag）的《论摄影》没有主题，也没有结论。但她抽丝剥茧的论述、冷静而锋利的解剖使众多思想闪光点构成了令人惊诧的整体，这些闪光的思想震撼、启发了我。

当照片已成为生活中唾手可得的事物，没有人再会像原始人一样对摄影感到恐惧，巴尔扎克对影像剥夺一层现实或身体的想法成为一种"妄想"。对于照片这样普遍的事物，人们已习惯了——习惯了创造它的欲望和过程，习惯了注视、触摸它。摄影成为一种"文艺的时尚"，拥有一台单反成为"文艺小资青年"的标配，越来越多的人在拍照、谈论摄影，谈论怎样构图，怎样调整光圈快门，怎样后期处理。然而，这样的关注却是浮于摄影之表面的、浮躁的，人人可谈。而真正对摄影深入的思考，尤其是非技术方面的，我们少之又少。或者说，我们对常见事物的态度一向如此，它在这儿，仿佛是理所当然，以至于我们认为所有的前因后果都不重要了。在摄影热的同时，我们对摄影却存在一种冷漠。

桑塔格在书中写到了她在圣莫尼卡一家书店看到了卑尔根—贝尔森集中营和达豪集中营的照片。桑塔格说："当我看着这些照片，有什么破裂了，去到某种限度了，而这不是恐怖的限度；我感到不可治愈的悲痛、受伤，但我的一部分感情开始收紧；有些东西死去了；有些东西

[①] 课程名称：影像与社会；本文作者所在院系：新闻与传播学院。

还在哭泣。"这是摄影带给桑塔格的震撼，这种震撼使她思考。她的震撼使我们反省自己对待摄影的态度。在自以为对摄影、对照片了如指掌的年代，我们缺乏震撼感，也缺乏思考。（桑塔格也说，摄影带来的冷漠不亚于其所引发的同情）。桑塔格没有局限在这被照片所引发的强烈主观感受中，她由此出发，思考摄影的本质，摄影与真实世界的关系，与历史、与艺术的关系，谈论摄影作为社会控制的工具，对社会关系的建构产生的影像。这些思考清晰而深入，使我对我所知的影像世界有了新的认识，使我在与摄影接触时有了不一样的态度。

在此，我想围绕摄影与绘画和真实世界的关系，展开谈论我的阅读收获和感受。

一、摄影与绘画

在达盖尔（Louis-Jacques-Mande Daguerre）摄影术发明之初，波德莱尔（Charles Pierre Baudelaire）激烈批判摄影，把摄影视作"恶魔"，认为它是绘画的死敌。波德莱尔鄙视摄影对自然的精确复制，他认为这必然使艺术走向堕落。然而，摄影并没有侵蚀绘画这门公认的艺术。摄影被认为是绘画的解放者。"摄影把绘画从忠实表现的苦差中解放出来，使绘画可以追求更高的目标：抽象"。

绘画曾以逼真作为标准之一，但无论技艺如何高超的画家，都无法像摄影那样捕捉现实。摄影与绘画的这个差别可以引申出它们在很多方面的不同。一些人认为摄影的这个特点意味着它带有侵略性，拍摄则带有捕食意味。我认为这一点或许可以解释我们对"拍照"的上瘾——美景、美食、有趣的东西。当我们面对一个场景，举起相机，按下快门捕捉此时此刻，便产生一种拥有它的权利感。摄影定格瞬间，把此时此刻的场景在另一个介质上永存，然而时间本身依然如流水，拥有事物的复制件似乎是一种自我安慰，按下快门意味着拥有的权利，这权利几乎是令人上瘾的。相比而言，画家"捕食的权利"则很微小了，绘画被视为画家自己的创作，画作从未被认为是现实的复制，且绘画过程是长时间的，侵略意义极小，因而绘画无疑是更正典的艺术，它考验画家的技艺、心智，也给了画家更大的自我表达空间。

摄影捕捉的对象是什么，比画中的东西究竟是什么要重要很多。对于一张照片，人们最关注的是"照的是什么"，这让一张照片变得有趣。桑塔格认同的这个观点，我以前从未认真思考过。一张照片最吸引我们的究竟是什么？但当发现阿杰顿拍摄的像皇冠似的东西——竟是牛奶溅起时的瞬间，我确实觉得它极其有趣。我设想，如果它是画，那么它是什么就不重要了，因为无论多么稀奇古怪，都可以由画家创造出来，人们不会因为这样的事物在画面上存在而感到奇怪，风格、形式、色彩等，在绘画中则比在摄影中更重要。然而我认为，把"照的是什么"放在所有照片最重要的位置是值得商榷的。有一些摄影作品，吸引我们而我们不追究"那是什么"，却仍从形态、颜色感受到美，这种照片，带有很多绘画的特质，多是抽象主义的作品。究竟什么在摄影中是最重要的，我倒认为不必太纠结和较真。

摄影所独具的"捕捉"特点，也使摄影和绘画在历史的作用下产生不同的效果。"拍照就是参与另一个人（或物）的必死性、脆弱性、可变性"，这个参与过程，是在时间流动中的。历史赋予摄影以意义。无论是日常生活中的快照，还是结婚照、家庭合影、毕业照等仪式性摄影，都是有"纪念"意义的，这暗示着是在其成为历史之后来翻看它们获得的意义，这便是怀旧。"此时此刻"因变为"那时那刻"而充满了感染力。桑塔格因此说："摄影是一门挽歌艺术，是一门黄昏艺术。"我十分欣赏桑塔格在这一点上的分析。人们似乎有一种怀旧的天性和欲望，或愉悦或伤感，都充满吸引力，照片作为怀旧的物件吸引我们。我们按下快门，既有一种仿佛留住了什么的权利感，又有创造了怀旧物件的满足感。怀旧的心态，也在影响拍摄题材和角度。正在被吞噬的、脆弱的大自然；逃脱不了消失命运的印第安人……是19世纪怀旧的经典题材。而绘画在内容上的怀旧则淡很多，绘画相对于摄影更主观，它没有权威使人们把画中的场面当作历史中某一瞬间的定格。儿时的肖像可能并不会引发成年后的他多少怀旧之情，因为画中的他并不是他生命里的一刻；而照片，却被认为是。历史同样使某些画作变得珍贵，在著名画家过世后，他的画的价值可能会上升很多，他的画也会引发人们一些怀旧的情绪，但这是由于画作的独一无二性，由于原作和复制件的价值差异而赋予原作以独特的价值。由于无法再出现该画家所画而引发的怀旧，与历史赋予"定格瞬间"的摄影的意义不同。

摄影捕捉现实的特点还导致摄影与绘画另一些方面的不同：摄影向未在场者证明不同于眼前现实的存在，"使我们参与，同时确认疏离"；而绘画所创造的世界是相对独立的，它既不会使人感受到他看到的是真实世界的面貌，使人参与，而由于非真实，也不存在"不在场证明"的说法了。追星族们把明星的海报贴满墙壁，以拥有照片的复制件作为一种参与方式，同时贴海报也是一个"偶像化"的过程，证明了距离的存在；我们在看灾难照片时产生的痛苦感受是一种参与，同时也庆幸我们不在那里。显然，明星的肖像和关于灾难的画作，是没有这种效果的。此外，摄影在社会控制方面所起的功能也非绘画所能提供，摄影与现实的亲密关系服务于权利，绘画与权利却是逐渐疏远的。

与绘画相比，摄影是更民主的。摄影向观众保证艺术不难，对期待摄影又畏难的民众说："你按快门，其余的交给我们。"简单易操作促使摄影工业化，亦是民主化；而绘画，无论是观赏还是作画，都要求比较高的能力，科学技术的发展并不会简化这精致的艺术。摄影具有可复制性，因而拍摄者是受忽略的；美术作品具有独一无二性，并且归属于某个画家。这些也是摄影的民主性和美术的精英性的对比。传统美术在内容上也体现出强烈的精英特点，"它们暗示着一种题材的等级制，由一个人创造；它们暗示着一种题材的等级制，有些表现对象被认为是重要、深刻、高贵的，另一些是不重要、琐碎、卑劣的"，而摄影在题材上无等级之分，甚至更偏爱琐碎的以表现其民主性。现代社会标榜为"摄影爱好者"的人一定远比"绘画爱好者"多。然而，民主的摄影与精英的绘画并非各自为政，固守自己的特点，而是互相影响。

摄影从绘画中汲取有益的养分。摄影师在美术作品中学习构图、色彩等等，早期的人物摄影，很多都在模仿肖像画的布置。绘画也在学习摄影，摄影对琐碎卑微事物的关注启发了绘画，拓宽了绘画题材。在摄影影响下，绘画更关注光的布置，研究透视……摄影与绘画虽然有许多差异，但它们作为图像，作为艺术的可能，又有大量相通之处。

二、摄影与真实世界

"艺术源于生活，又高于生活"，摄影并不完全符合这种对艺术的描述。而这也是摄影与艺术模棱两可关系形成的原因之一。摄影与生活,即真实世界的关系,并非这句话所能概括。

摄影与真实世界的关系,桑塔格开篇即开始探讨。柏拉图的洞穴是对这一关系很妙的隐喻:"人类无可救赎地留在柏拉图的洞穴里,老习惯未改,依然在并非真实而仅是真实的影像中陶醉。"我们通过照片接触现实,把世界转换成图像集储存在我们中,通过影像接触现实。这样的观点初读是带有几分荒谬的,聪明的人类竟会无法识别真实与否吗?然而事实上,理智的我们在很大程度上难逃柏拉图洞穴。"每逢人们经历过一次剧烈的事件——坠机、枪击、恐怖主义炸弹爆炸——就形容它'像电影',这已变成老生常谈。"桑塔格所举的例子几乎让人无法反驳,我们习惯于把影像作为描述真实程度和震撼程度的评判标准。费尔巴哈(Ludwig Andreas Feuerbach)曾谈到"我们的时代",他说,"重影像而轻实在,重副本而轻原件,重表现而轻现实,重外表而轻本质",人们把影像作为与真实世界接触时的参照,这是值得怀疑的。摄影从未把自己定义为典型的艺术,摄影的纪实功能试图暗示人们以摄影所记录的影像来理解世界,然而大量的记录却停留在表层。不过,"真正的理解意味着透过事物表层,不把表面上的世界当作世界来接受"。当我们企图利用影像来揭示、记录现实的某些东西时,影像的威力却使我们无形中接受了影像所展示的世界。女人们沉迷于自拍,以寻找最合适的拍照角度,从照片中的自己来确认,从什么角度看,自己是最美的。桑塔格常提到的旅游摄影的流行——人们通过拍照,来确认经验。她所提及的经验样式"停下来,拍张照,然后继续走",与生活中人们常调侃的旅游模式"上车睡觉,下车拍照"如出一辙。人们对现实中的经历和感受缺乏信任,以摄影作为参与的佐证,甚至把摄影等同于经验的获得。以更时髦的事物来讲,我们几乎不会相信某个朋友圈没有更新照片的人进行了一次精彩的旅游。拍照、展示照片,被认可为"不虚此行",成为核实经验的最佳方式。影像已渗入真实世界,塑造我们对世界的理解,改变经验获得的方式。

摄影与现实的关系,从影像产生的动机,到观看影像,始终充满争议。"摄影史可以概括为两种不同迫切需要之间的斗争:一是美化,它源自美术;一是讲真话,它不仅须接受不含价值判断的真理——源自科学的影响——这一标准的检验,而且须接受一种要求讲真话的道德化标准的检验——既源自十九世界的文学典范，也源自（当时）独立新闻主义这一崭新的专业。"摄影产生之时，人们感到惊异甚至恐惧——现实竟能永久地固定下来，现代主义文化下对科学的推崇寄希望于摄影，使摄影无比自然且无法逃脱地承担了纪实功能，"capture the moment"，忠实地记录。技术在发展，相机越来越强大，速度更快、取景更广，我们得以更精准地记录细节。此功能使相机可被当作工具使用，服务于生活、权利（作为一种有效的控制工具）；同时，摄影师也试图把相机当作精明的眼睛，去观察。"亚当斯还促请我们不要再说我们'拍照片'，而要说我们'做照片'"，即表达了摄影师试图成为一名冷静的、超脱的、不带个人情感和偏见的观察者、记录者的职业理想。

然而摄影意味着选取、裁剪、构图……机器背后的人，使纯粹的记录成为理想化的，这意味着要实现"自我泯灭"。即便是纪实的典型——新闻摄影，也包含了摄影师的意志和判断。此外，碎片构成的图像集必然不同于整体。在《论摄影》的最后一章，桑塔格以安东尼奥尼（Michelangelo Antonioni）的影片《中国》受到中国人批判为例，谈论摄影在中国受到的限制。然而，她也无法否认，安东尼奥尼的作品的确受到了意识形态的影响，"田野里奔驰的大小拖拉机他不拍，却专门去拍毛驴拉石碾"。这拍到的影像是真实的，是现实的一部分，却也是经摄影师费心选取的现实的片段，借此污化、讽刺、恭维。摄影师清楚，远离这片真实世界的人们愿意把他所记录的片段当作真实世界来接受。我认为，桑塔格借此批评中国对摄影的不接受是值得商榷的，毕竟国家有义务维护自己的形象，对这种"污化"做出反应。而那些并未刻意舍去一部分现实，选取理想现实的摄影师们，他们仍然带有说教态度。桑塔格举例，"在拍摄任何一个佃农的正面照片时……捕捉到最合适的镜头——抓住他们的拍摄对象的准确的脸部表情，所谓准确就是符合他们自己对贫困、光感、尊严、质感、剥削和结构的观念"，准确地说明了摄影师自然而然地把摄影对象理想化，这个过程实际上是把自己的标准强加在拍摄对象身上。一个技术精妙的摄影师通过对相机的操作在既定环境中创造出不同的效果，从而带有不同的意义。即使是不带感情的冷酷摄影师桑德尔，在拍摄任务肖像时也会"不自觉地调整自己的风格，使其吻合他拍摄的人物的社会阶层"。记录现实，意味着以相机迎接各种变化，是与现实的"邂逅"，但他们的拍摄不是偶然的邂逅，而是胸有成竹——在拍摄之前在心中已有理想形象，并向我们解释：现实是这样的。再现现实是一种诠释。

然而，主观意志的强加也意味着摄影是富有创造力的活动。在"摄影信条"一章中，桑塔格提及迈纳·怀特的摄影信仰："摄影师把自己投射到他所见的每样东西上，认同每样东西，以便更深地认识它们和感受它们。"这样地自我投入，是一位艺术家的态度，而相机则使摄影师有机会表达自己——照片是他内心的风景。创造力阻碍"忠实地记录"，但实现了"真实地表达"。这使摄影有机会被认可为艺术。对于现代人而言，"拍照"通常都意味着利用相机的工具性，照片有某种辅助记忆信息的功能；而"摄影"则通常要求是美的、有趣的和讲究的。好的摄影被认为比现实更美，要"玩出花样"。在某种意义上，除新闻摄影外，摄影与真实的关系并不重要了。熟悉的事物在照片中可以呈现为陌生、遥远的；庸俗、粗鄙的事物可以被拍出特别的美。正是无法实现"自我泯灭"的"缺陷"，使摄影有了更广的发展空间，例如，发展为"本土性的超现实艺术"，有了更多艺术层面的讨论。

现代社会的重要特征之一即是影像充斥在我们生活的每一个角落，对影像的讨论，是具有文化意义的。桑塔格的《论摄影》无疑是一部探讨影像的深度作品，这本书带给我看摄影的新视角，启发我从更深的层面去关注、思考摄影和影像。

优秀作业
吸南烟就是不讲纪律？
——论烟草业地方政府保护主义 ①

张晓华

"与君初相识，犹如故人归。天涯明月新，朝暮最相思。"

第一次看见这两句诗，的的确确被惊艳到了。作者湮没不彰，只知它出自云南一种烟——"茶花"的烟盒上的。很多人因为这两句话，而迷恋上这种烟。也难怪，如此清丽优雅的自白，往往让人一见如故。

我也曾经试图在货架上寻找这样的烟盒，可是未曾如愿。身在山东，所接触的、所看到的都是诸如"泰山""将军"等山东著名的系列烟。光是"泰山"一系，就分儒风、乐章、望岳、八喜等多个品种，公务接待、饭局、婚宴，频频出现的都是山东本地烟草的身影，直至此时我才隐隐约约察觉到烟草的地方保护。

由于烟草是高税收行业，牵涉了很大比例的地方财税。长期以来，烟草行业的地方保护主义盛行。其中，两湖（湖南湖北）的香烟之争曾一度受到广泛的关注。我们不妨以此为例，一窥烟草行业地方保护的手段。

湖北对于本地香烟的地方保护由来已久。早在2006年，洪湖市就有这样的宣传标语："湖北人抽湖北的烟，湖北人赚湖北的钱！"湖南通往湖北的107国道上还曾设有对湖南香烟的检查关卡。

2007年《南方周末》曾发表一篇题为"湖北荆州：吸烟就吸省产烟！"的报道，其缘由是一份地方政府的红头文件，让湖北荆州市一些

---

① 课程名称：中国经济改革与发展；本文作者所在院系：城市与环境学院。

地方"百官倡烟"景象浮出水面。2007年3月15日，湖北荆州下辖的洪湖市政府下发红头文件，将全年15900条公务用烟指标分解至114家县直机关和基层乡镇，实行摊派消费，并且奖惩分明。依照文件规定，完成目标者将获销售额8%—20%不等的返还。未完成任务者，机构属垂直管理，将情况通报其上级主管部门；属地方管理，根据所欠数目按每条170元标准扣减其财政经费。且不独洪湖，荆州下辖石首、监利等县市，此前均有此类分解公务用烟指标的红头文件存在。

在荆州，党员干部对烟草的选择被要求服从统一安排，湖北省产"黄鹤楼"和"红金龙"系列成为重点推荐名牌。在监利县容城镇的办公大楼门前，杜绝吸食"南烟"（湖南烟）的标牌成为干部上班的第一道警示。而在整栋大楼几乎所有办公室的大门上，都贴着一句顺口溜："最好不吸烟，吸烟就吸省产烟。"一位市领导就曾在全市的烟草会议上公布过类似禁令：凡是单位公务活动用烟，一律使用省产烟；凡是党员干部抽烟，一律抽汉烟，等等。对于违反上述规定的，单位要追究主要负责人的责任，并扣减或停拨财政经费；党员干部要进行曝光，并给予通报批评。

2006年，荆州市还曾启动对所辖县市261个公务机关抽烟情况的摸底调查，调查人员深入基层，捡烟头、翻纸篓，最终共采集了5003个烟头标本，根据烟头品牌数量进行了科学的量化统计，实行县市排名。该排名最终成为领导问责的重要参考。

而在"百官倡烟"被曝光之后两年，2009年，湖北公安县仍以"红头文件"的形式，规定了该县各单位2009年度公务用烟指导性计划。在公安县政府网站上，一位县领导甚至强调，吸"芙蓉王"（湖南烟）就是"不讲政治，不讲纪律，在认识上不能与县委、县政府的要求保持高度一致"。

但诸多地方官员对此却很释然，甚至表示理解政府的"良苦用心"。洪湖县烟草局一副局长称，"公务用烟的表率作用明显，可以引导市场消费，可以提升烟草销售的结构和档次，进而增加地方政府的烟草税收，为地方经济作贡献"。作为吃政府财政饭、拿纳税人工资的公务人员，主动消费纳税烟，也是在为自己的收入做贡献。

两湖之间对于烟草行业如此大动干戈，甚至不惜以红头文件进行强制约束，原因何在？

在中国 M 型的经济结构下，分权化的经济制度可向地方政府提供市场化的经济激励，地方政府间的竞争会保持和促进市场化进程，这形成了所谓的财政联邦制度。为吸引内外资以促进本地经济增长，地方政府之间展开了竞争。与此同时，中央政府对地方官员的政绩考核以地方 GDP 为主，且在政治上拥有任命地方官员的绝对权威，这些都以政治激励的形式强化了地方政府间竞争的程度。地方政府在经济和政治上的双重激励带来了地方发展的动力，但是，财政分权体制同时也在产生负面影响。

地方政府为了本地经济和财政收入的考虑，倾向于发展一些高收入高回报的战略性产业。而这些产业由于不符合比较优势，在市场中若没有政府的强制性保护，将因缺乏竞争力而被淘汰。为了本地 GDP 的增长，政府会开始选择保护这些本应被市场淘汰的本地产业。更何况烟草产业作为各地税收的重要来源，在各地拥有举足轻重的地位。比如洪湖，2006 年烟草税收成为全市纳税第一，对地方财税的贡献达到了八分之一。在基层招商引资艰辛异常且见效慢的情形下，烟草税收更显得便捷和可靠。在这种情况下，烟草产业自然成为地方政府的重点保护对象。

虽然国家烟草专卖局一再重申，不得以各种形式和手段进行地方保护，但收效甚微。地方保护主义屡禁不止的原因何在呢？

其一，地方政府是推行地方保护主义的主体。发展地方经济是其首要职能。某些地方政府往往陷于狭隘的地方利益观，只考虑自身利益和眼前利益，无法从长远角度看到地方保护主义对本地的危害以及由此引起的对其他地区的影响。在相关地方各自为政的情况下，很多"区域合作"仅仅停留在口头上，难以形成真正的利益共同体。

其二，制止地方保护主义的规定大多并未明确具体的处罚方式和对象，因此约束力稍显不足。

在地方保护主义做法无法被杜绝时，地方政府往往围绕自身利益进行"精致的"逻辑推理：其他地区选择不保护，我们保护本地企业就会增进利益；其他地区选择保护，我们不保护就会利益受损。因此无论其他地区如何选择，本地最佳选择就是保护本地企业。这就是地方保护主义的"囚徒困境"。

而近年来,烟草行业无疑是进入了寒冬。

2008年12月,因为一包"南京九五之尊"香烟,原南京市江宁区房产局局长周久耕在遭"人肉"之后落马。"天价烟局长"首次将天价烟带入公众视野。2012年"八项规定"一出,国家烟草专卖局在春节后一个月内连续两次下发紧急通知加强"天价烟"管理,核心是卷烟价格控制在每条1000元以内。对于烟草行业,1000元正是天价烟和普通烟的分界线。

国务院一些部门率先做出了响应,财务严格控制公款消费烟草。国务院部委办公厅工作人员曾透露:"如果开的是购烟的发票,那是报销不了的。"此后,全国各地纷纷响应。以长沙为例,2012年9月,长沙市物价局、长沙市烟草专卖局联合下发文件,称卷烟标价或实际零售价不得超过1000元一条或100元一包;连续3次以上违规的,湖南省长沙市烟草部门可取消该零售户卷烟统一货源供应。享誉天价烟市场的主流品牌"黄鹤楼1916"2011年每条价格在1800元左右,后来跌到1200元,如今几乎被腰斩。

从今年(2016年)第一季度国民经济与烟草行业的运行数据对比来看,卷烟产销量增长目前已基本进入停滞状态,而市场价值总量的增长速度也大大放缓。全国烟草行业卷烟产销量、销售额的增长已经降至了个位数。"八项规定"出来之后,基本上没有公务接待,烟酒自然销不起来。

烟草系统已经开始主动寻变。烟草专卖法规定,烟草的零售计划和品种的投放由各级烟草专卖局统一制定。在这样的情况下,山东、河南、河北、湖北、福建、广西等各省仍旧纷纷选择针对部分省外烟展开更高强度的调控,要求优先订购本地烟,落实后再由省外烟进行补充,对和本地烟产生竞争关系的省外烟设置新品进入及宣传促销壁垒。烟草行业的地方保护依然没有消失。

不过,这样"迫不得已"的转变也可能是打开新局面的一个契机。长期以来,公款消费带动了中国高档烟酒行业的繁荣,但也助长了该行业的不健康发展。在"高端""公务"和"国字号"成为部分品牌极力宣传的招牌之际,"八项规定"等中央条规促使中国高档烟酒生产商调整自身定位，更多去满足大众需求，这有利于烟酒行业的长期发展。

当前，宏观经济下行压力仍然存在，地方政府发展经济的重点应放在为企业跨地区扩张创造良好的氛围并促进企业区域合作上。一味走地方保护主义的老路，将"抽南烟"视为"不讲政治""不讲纪律"，必然会导致本土品牌自身竞争力的下降，在市场的选择中最终被大众淘汰。

参考文献

1. 马光荣、杨恩艳、周敏倩：《财政分权、地方保护与中国的地区专业化》，《南方经济》2010年第1期，第15-27页。

2. 马越：《论我国烟草行业地方保护现象的体制原因与消解对策》，《南京工业大学学报（社会科学版）》2009年第1期，第26-29页。

3. 田舒斌、李自良、徐云波：《烟草地方保护"变脸"》，《瞭望》2007年第40期，第17页。

4. 谭鹏：《财政分权对地方保护、地方政府效率的影响研究》，山东大学博士学位论文，2010。

5. 朱红军、李思德：《湖北荆州：吸烟就吸省产烟》，《南方周末》2007年11月15日。

优秀作业
《东方学》读书报告①

马金元

引 言

爱德华·沃第尔·萨义德（Edward Waefie Said）是当今西方知识界公认的最具影响力的文学和文化批评家之一，后殖民主义文化理论的开创者。他于1935年出生于耶路撒冷的一个富裕阿拉伯家庭，在埃及和巴勒斯坦受到良好的教育，之后他移民美国，先后在普林斯顿和哈佛大学获得学位，是一个在阿拉伯世界出生又在西方式文化教育下成长起来的学者。之后他一直在哥伦比亚大学任教，主讲英语和比较文学。特殊的个人身世和经历为萨义德的思想理论和观点奠定了基调。一方面，他出生于阿拉伯世界，对那里有着极为深厚的感情；另一方面，美国是他得以扬名的第二故乡。因此萨义德一生都处在东、西方两个地域文化的认同与矛盾之中而难以挣脱。正是多重的身份和复杂的人生经历，造就了他独特的文学艺术风格。

工业革命以来，西方国家的资本主义经济迅速发展，自身实力不断壮大。由于资本主义经济自身的扩张性，为了获得更多的原料和市场，西方资本主义国家借助自身强大的军事实力，对东方国家进行殖民侵略活动。落后的东方国家抵挡不了西方国家的先进武器，自此门户洞开，成为西方国家的政治经济附庸。为了加强对东方国家的全方位控制，西方国家试图对东方建立话语霸权。在这个背景下，东方学应运而生。东方学描述了一个作为西方文化附属物的、被建构的东方，一个被

---

① 课程名称：伊斯兰教与现代社会；本文作者所在院系：政府管理学院。

"东方化"的东方。帝国主义国家将东方学这种文学理论与西方对东方的殖民活动联系在一起，极力说明西方对东方进行殖民活动的合理性、正当性，试图让他们的做法顺理成章。作为对东方世界怀有深厚感情、支持巴勒斯坦建国的文学批评家萨义德，他当然不能容忍东方学"胡作非为"，于是在1978年出版了《东方学》一书。在这本书中，他详细梳理了东方学的理论体系，试图从西方的视角出发塑造一个西方文学艺术中的东方形象，揭露西方中心主义霸权的实质，解构东方学的叙事策略，从而开创了后殖民主义理论的新时代。本文从《东方学》的内容出发，分为三个部分。第一部分解读《东方学》的主要内容及作者对东方学理论的解构，描述其对西方中心主义霸权的揭露；第二部分探索作者理论观点背后的学术渊源，更深层次地探究作者的思想及其产生的理论基础；在第三部分中，我将列举一些我在阅读过程中觉得作者的论证有些"问题"的地方，即不足和漏洞。当然，这只是笔者个人的想法和观点，仅供参考。

一、《东方学》内容解读

（一）东方主义话语系统

1. 东方主义的含义

东方主义是与殖民主义同时产生并且同步发展的，自18世纪初开始到第二次世界大战结束为止，法国和英国垄断着东方主义的中心。第二次世界大战结束后，美国作为一个新兴的资本主义强国强势崛起并取代了英法两国的位置。萨义德为了强调东方主义作为西方的一种话语霸权是如何操控和支配东方的，特意区分了东方主义所隐含的三种含义，并指出它们是相互依存的。萨义德用"东方主义"这一术语概括地表述了西方世界与东方世界之间的后殖民关系。在《东方学》一书的绪论部分，萨义德区分了"东方学"的三种含义。第一个含义是指知识性的学科即系统的对东方的研究和表述。作为学术的东方主义，又称东方学，它是一个学术研究的门类，是关于东方的研究工作及其成果。东方学包含的内容极为庞杂，涉及所有与东方相关的领域。如关于东方的哲学、地理、军事、宗教、艺术等方方面面。第二个含义是指从本体论和认识论意义出发的一种思维方式。作为一种思维方式的东方主义，指的是一个更宽泛意义上的东方学，具有想象的特质。它是以在"东方"和"西方"之间所作的一种本体论和认识论的区别为基础的思维方式，它把"西方"与"东方"的二元对立作为认识东方的基点。这些对立包括作为理性、文明、进步、高级的西方与非理性、野蛮、落后、低级的东方等。第三个含义是指从历史的和物质的角度界定的一种权力话语系统。作为话语系统的东方主义，介于学术的和想象的两种含义之间。用萨义德的话说，东方学就是"通过做出与东方有关的陈述，对有关东方的观点进行权威裁断，对东方进行描述、教授、殖民、统治等方式来处理东方的一种机制，简言之，将东方学视为西方用以控制、重建和君临东方的一种方式"。

2. 东方主义话语系统的形成

萨义德将《东方学》一书的出发点定义为："东方并非一种自然的存在。"并且进一步引用维柯关于"人创造了历史"的观点来论述东方是一种话语符号，这种符号是西方人为构建出来的。这种构建并非西方对东方的纯粹虚构或奇想，而是一种人为创造出来的理论和实践体系。这套理论和实践体系就是"东方主义"的话语系统，关于它的形成过程的探究，对于理解知识是如何转变为话语权力的这一过程至关重要。对此，萨义德本人也表示："我本人相信，将东方学视为欧洲和大西洋诸国在与东方的关系中所处强势地位的符号比将其视为关于东方的真实话语更有价值。"萨义德从两方面论述了"东方主义"话语系统的形成，首先体现在"他者"与"自我"关系的形成，其次体现在东方"无法表述"自己与"被表述"的后殖民关系中，这两种关系的相互作用共同形成了"东方主义"的话语系统。

3. 东方主义话语的精神实质

为了揭示东方主义传统、话语和机制是如何形成的，萨义德介绍了一个重要的概念："想象的地域"。萨义德通过解读东方主义话语的想象本质，揭露了帝国主义的霸权主义文化对东方施加的影响。首先是想象的地域及其表述。在萨义德看来，东、西方所谓的地域划分完全是想象的，与真实的东方相去甚远，并且由于人们往往宁愿求助于图示化的权威而不愿意与现实直接接触，这就使得所谓权威的文本"不仅能够创造知识，而且能够创造它们似乎想描写的那种现实"。这就意味着东方主义话语所赖以立足的东方形象并非来源于真实的经验和证据，而是来源于文本所创造的东方。其次是西方人对东方的东方化。东方学所探讨的东方，不是历史地理意义上的东方，也不是真正的东方，而是西方权力思想下想象中的东方，即一种观念形态上的东方。"这些地区一旦被冠以'东方'，那么，说明它已经不可避免地进入人们的视野——主要是那些将自己定位为'西方'的西方人的视野。如此，现实地存在着的东方就从地理相对意义进入到观念相对意义的视野，就成了西方的东方学家'想'起来的时候目光远远地投向的那片神秘、荒蛮、可怜之地。"最后是现代东方参与了自身的东方化。在对东方主义话语的分析过程中，萨义德重点分析了西方人对东方的东方化，即对东方的想象和歪曲。同时，萨义德又指出："现代东方，参与了其自身的东方化。"参与意味着两种不同的表现形式：接受和抵抗。

（二）对西方中心主义霸权实质的解读

1. 东方学形成过程中权力的运作方式

东方学的形成，在萨义德看来是由若干代的若干个东方学家共同建构的。萨义德通过对早期的东方学家萨西和赫南的考察，试图表明植根于东方学家关于自身、关于东方、关于东方学学科的观念中重构的潜在欲望，这是东方学话语中根深蒂固的本性。随着东方在地域上的进一步东扩和时间上的进一步后溯，逐渐形成了现代东方学特定的知识结构和体制结构。东方学家自己认为，"现代东方学家……是将东方从他认定的默默无闻、孤立隔绝和奇特怪异中拯救出来的英雄。他的研究将东方已经失去的语言、风俗甚至心性重新建构起来。在此过程中，东方和东方学学科都发生了变化——二者都打上了权力的烙印"。也就是说，权力实际上创造了东方，这种权力建立在这一领域的学者所共同拥有的话语和惯例以及一套普遍接受的观念体系的基础之上。

2. 东西方世界之间的后殖民关系

在后殖民主义批评理论中，对二元对立论的批判都占了一个重要席位。批评者认为，对于很多理念，如男性和女性，文明与野蛮，白人与有色人种的二分，为西方白种"文明人"的霸权提供了借口。萨义德在本书中揭示出,在东西方的后殖民关系中,东方一直被视作遥远、奇特、陌生的异域,伊斯兰更是被视作欧洲基督教难以驯服的敌手;为了征服东方,必须先认识东方,然后占领并加以改造。按照后殖民主义的观点,只有西方先进国家和民族的文化才是世界文化的中心和楷模,而非西方的"落后"的民族的文化则是边缘文化或者愚昧文化。为此,东方的形象被涂抹得越来越黑。越是这样,殖民者就越是像救世主一样,把东方从所谓的黑暗中拯救出来,将其带入现代性之中。因此,东方学的发展与西方殖民帝国对东方的殖民统治是分不开的,两者相辅相成。萨义德对殖民历史及东、西方殖民关系的考察,意在通过揭露西方殖民者对东方文化传统的扭曲,来强调建立多元文化共存机制的重要性。

3.《东方学》的叙事策略

《东方学》第二章中,萨义德分析了18、19世纪英国、法国关于东方的叙事,尤其是经典小说中所体现出的东方主义,并进一步指出关于帝国和殖民地的叙事在经典文学中已经形成了一个东方主义传统,这种传统主要体现在以"想象"为基础的叙事策略上。通过对福楼拜、内瓦尔的经典作品中"关于东方主题"的分析,萨义德考察了这些经典作家及其作品中的叙事策略:以想象为主,通过想象构建一个人为的、主观认同的东方世界。想象又以作家的个人经历、对东方的兴趣或者描写东方的一些著作为基础,作者将其仅有的东方之旅与之联系起来,于是就形成了想象中关于东方的片段,这就是东方学家在其作品中展现东方世界面貌的方式。

二、《东方学》的理论来源

(一)福柯的"知识—权力"话语理论的影响

相较而言,福柯是萨义德最为重要的理论来源。福柯的《规训与惩罚》《知识考古学》《事物的秩序》是对萨义德产生影响的关键性文本。萨义德运用福柯在《知识考古学》和《规训与惩罚》中所描述的话语观念,将东方学视为一种话语来考察,从而得出了"东方学是西方用以控制、重建和君临东方的一种方式"。其中,"控制""重建"和"君临"就是借助福柯的话语观念来进行陈述的具有权力色彩的词汇。另外，福柯认为，对话语形成和知识谱系进行分析不应该根据意识的种类、感知的方式和思想的形态来进行，而应该从权力的战略和战术的角度出发。萨义德正是借助福柯的"权力分析法"，通过边缘话题的分析，去揭露宗主国文化政治霸权的实质。福柯将知识与权力的运作联系起来，致力于反思现代性的话语系统所隐喻的知识与权力的联结。萨义德则考察了东方学话语传统所暗含的霸权本质。此外，萨义德对东方主义的阐释，是将福柯的"知识—权力"关系理论具体应用于考察西方中心主义知识话语体系下的东、西方关系问题。福柯揭示了知识与权力的关系，萨义德则将其具体应用于分析东方学的话语系统：西方通过社会制度和话语实践重构了一套知识谱系，实现了对东方的统治，使东方成为帝国主义知识话语体制的控制对象。虽然在关于话语、权力、再现、知识和客观性这些关键的概念问题上，萨义德和福柯的关系是复杂的、充满矛盾的，但是福柯的思想对萨义德的重要影响和启迪毋庸置疑。

（二）葛兰西的"文化霸权"理论的启示

霸权的本义是国与国之间的政治统治和垄断关系。意大利思想家葛兰西在其著作中赋予了霸权更为广泛的意义，霸权作为一个文化理论术语渐渐淡化了其暴力和强制的含义。在当代文化理论中，霸权指西方发达国家凭借其经济、政治优势将自己的意识形态或文化价值观推行为其他国家普遍接受的准则。萨义德借用葛兰西关于文化霸权的思想，将东方主义界定为西方世界对东方世界的宰割、重建和话语权力压迫。萨义德通过对东方学的研究发现，纯粹知识是不可能的，因为所有知识的产生都有着严密秩序的政治情境，与此同时，所有文化都对原始事实进行修正，将其由自由存在的物体转变为连贯的知识体。另外，萨义德对"东方学"的解构和批判所依据的理论之一就是葛兰西的文化霸权主义，萨义德在《东方学》中谈到了葛兰西的"文化霸权主义"对他的影响，并将这种影响运用到了对东方学的研究之中，从而揭示出西方文化对东方文化的霸权、控制与歪曲。

三、《东方学》的局限

首先，本书的不足体现在研究的地理范围、研究文本的复杂性方面。此书名为"东方学"，但我们在阅读过程中不难发现，在萨义德这里，"东方"的地理范围虽然在广义上包含了欧洲以外的非基督教地区，但实际上它的界限仅仅划到近东和中东的阿拉伯地区。众所周知，真正地理学上的"东方"并非只是书中提到的近东和中东的阿拉伯地区，而是包括范围更广的亚洲、非洲和大洋洲地区。书中对于广大的东南亚地区以及诸如中国、日本和印度这样一些重要的东方国家很少或基本没有提及，那么就难以保证萨义德对"东方学"的解释是否可以适用于中国、日本这些真正意义上的东方国家；作者在本书中所涉及和论证的文本基本上都是英文文学作品，很少涉及其他语种的文本，学术基础比较薄弱，这是作者在论证过程中的一大缺陷，降低了论证过程的说服力，让读者质疑这本书是不是一部严格意义上的历史学作品。

其次，本书中存在的一些矛盾和漏洞遭到了其他文学家的批评。举个例子，霍米·巴巴批评这本书将东、西方之间的问题简单化了。他认为，东方主义并不是单一的同质性结构，其中蕴含了双向的运作过程。一方面，它是百科全书似的知识和帝国的权力；另一方面，它也是他者（即东方）的狂迷想法，其中寄托了东方的理想和追求。

最后，霸权最重要的特征是它意味着历史的过程，而萨义德在这本书中并没有表达出这一层含义，他并没有将霸权作为一个过程来思考，因此也导致他对西方文学著作中的反霸权思想视而不见。这一点丹尼斯·波特曾经指出过。

结　语

这部后殖民主义著作带给我们对于东方学的全新思考方式，向我们表达了一种新的理论和观点，能够帮助我们进入后殖民主义研究的神奇世界。当然，上面也提到，这本书中还存在着一些问题、矛盾和漏洞留给文学家们批评改正，留给读者们思考。相信这部著作会在不断完善中变得更加科学、更加符合真实的历史，帮助历史学家更好地研究殖民历史。

参考文献

1. 爱德华·萨义德:《东方学》，王宇根译，生活·读书·新知三联书店，2007。

2. 王平:《后殖民主义视野中的东方学》,《上海交通大学学报（哲学社会科学版）》，2005年第1期。

3. 罗刚、刘象愚主编:《后殖民主义文化理论》，中国社会科学出版社，1999。

优秀作业
治理与抗争的博弈
——读《大河移民上访的故事》有感[①]

张昆贤

本书所描写的是发生在20世纪70年代以来大河县移民由于受到新建成的电站影响不得已搬迁到其他地区后的上访运动。70年代，政府为了落实重工业优先发展的战略，在全国各地大兴土木，开展了各式各样的工程建设，这就导致农民耕地和宅基地被破坏，农民为了争取自身的合法财产起身反抗。正是在这样的历史背景下，国家各地发展出了一套与以往乡村完全不同的治理措施。《大河移民上访的故事》反映的正是这一现象。作者利用在平县当副县长的契机，开展了持久的田野调查。下面我将以三个主体为分类标准，分别从普通群众、精英和政府各自的行动逻辑出发，来探查权力控制技术的运用。

一、"温顺"的小绵羊

在平县，关于上访这一行为，存在着三种声音，一是"大闹大好处，小闹小好处，不闹无好处"的错误观念，认为受了委屈只要"死缠烂打"就可以享受到实惠；一是由一些地痞流氓组织农民，胁迫政府，妄图使基层政府妥协；还有一种是认为，上访都不是无理取闹，而是群众真正遇到了生活上的困难，是相信政府的。前两种主要是支持采取消极的、耍无赖的方法，而后一种较为客观地评价了农民的行为。正是在这三种观念的错综影响下，平县的乡镇开始纷纷兴起了上访运动。

---
① 课程名称：中国社会：结构与变迁；本文作者所在院系：社会学系。

作者在书的开头回应了这三种观念，对最后一种表明了支持的态度。他认为，其实这些移民本身并不是问题，真正的问题是出在人民与人民政府保持联系的中介上，也就是说，政府与人民的传输带出现了问题。这些普通的移民群众是一群没有受过较高水平教育的、甚至连普通话都不会讲的村民，他们没有办法也没有渠道去质疑政府的政策法规，他们追求的其实只是一种类似于吴飞所说的，能安稳地"过日子"的生活。面对国家下达的命令，移民在意的不是如何推翻这种强制力量，他们仅仅是试图求得足以恢复原来生活水平的补偿。移民在遭受这种缺失后普遍感到的不满和委屈，并不是缺失本身所损害到的他们的生活权利，而是既有的生活水平受到危及，是自己与外在世界的关系平衡遭到破坏。但就是这种极其简单的愿望也变成了奢求。移民问题一开始是没有受到中央重视的，因为他们总认为农民之间的问题早晚能得到解决。中央政府下放的福利资源是在命令不断往下传递的过程中逐级递减的，所以基层人民自然就无法享受到足够维持生计的补贴。而农民阶级自身的脆弱性造就了他们这种被动的境况。当移民的选择成为强制的、非自愿的时候，集体上访就成为移民唯一能解决问题的办法了。当然，我们需要认识到，移民们想争取的只是一种公道，是对政府工作人员办事过程中的行为是否合适、是否恰当的判断，是为了求得某种差序性的位置和既得利益，而不同于地痞们那种"闹事"的逻辑，因此我们不能简单地否认这种行为。

　　传统中国一直存在着强调等级与追求均平的张力，虽然极力凸显上下、贵贱、内外、亲疏，但同时又强调在同一序列上的均平，强调在维持差等大秩序下的平等对待。同样，当农民与国家力量之间的这种权力关系通过各种制度加以定型后，农民也许仍会在痛苦的研磨中逐渐找到一种"常识性的平衡感觉"。只有连这种感觉也由于突如其来的强力而遭到破坏时，只有当现有的不平等关系还有可能进一步加剧时，他们中的一些人才可能生发出强烈的不公感，才会对自己的生活状态产生不满。然而正如上面所讲，即使有上访的心和对国家政府的不满，普通群众也只能把命运寄托给其他外来物，因为他们心里很清楚，以他们的实际能力，他们在上访的过程中无疑处在劣势地位，不仅可能上访失败，更糟糕的还可能威胁到自身甚至是整个家族的命运。所以普通群众的行事逻辑十分简单:他们"心有余而力不足",因此渴望带头人的出现,渴望克里斯玛式的权威。一旦出现了能够指挥他们抗争的人,他们会无条件地顺从,但若缺乏领导者,那么他们宁愿忍气吞声,也不愿奋起反抗。

二、作为"上访代表"的精英群体

正如上面提及的,普通群众要想与国家政权对抗,仅仅依靠自身的力量是难以持续下去的,甚至不大可能为自己争取到利益,因此自然而然需要有一个代表群体来为他们提供帮助。这些上访群体其实也是普通群众中的一员,只不过可能是因为受过良好的教育,或者是因为在省、市、区政府部门有熟人,所以不自觉地担起了这份责任,他们也是利益的享有者,理应为争取自身的利益斗争。担任上访代表使他们能在乡村社区享有更高的声望和名誉,但同时也需要背负随时可能遭遇到地方政权报复的风险。这样一个群体同时拥有不同的角色,因此必然带有不同的行事逻辑,应教授在书中将他们称为"抽象农民"与"具体农民"的集合体,一旦上访活动形成,就意味着精英与群众之间的分离,因此在精英内部便形成了一套新的逻辑,这套逻辑与普通群众的行事逻辑间存在着张力。晋军(1998)就指出,精英逻辑与群众参加上访的行动逻辑具有根本差别。他认为,后者的出发点是追求移民自身利益的最大化,而前者的首要目的则表现为不惜一切代价,将上访进行下去,直到把可能对他们实施报复的地方官员彻底告倒为止。群众仅仅是以达致公平为目的,而精英们更看重的则是与官员之间智力和策略上的较量的结果。

围绕着上访精英的活动,我总结出了他们的两种技巧:一是"闹事",即开始向政府反映自己的诉求,这是上访行动的开始;另一种是"缠",一般当政府一而再再而三地推诿而没有履行应有的承诺时,精英们会采用"缠字诀",目的是引起政府对其问题的重视。"缠"的程度取决于政府政策的落实程度,这是上访行动的高潮部分。与"闹"不同,"缠"是理性与情感交织配合的技术,是"问题化技术的深化",它以政策法律为反抗武器。但使用这种技术是有前提的,对运用者的文化水平有较高的要求,要同时兼顾精通国家法律条文政策和不顾面子

（"厚脸皮"）的能力。他们往往懂得如何在合法与非法、合理与无理之间广阔的中间模糊地带灵活地穿梭。所以一般能运用这种技术的人往往都为政府所畏惧，也是最能制约政府拖延推诿行为的。精英们经常将这两种技巧配合起来使用，以提高上访的成功率。他们其实也意识到，如果仅仅采用诉苦的方式，是很难换来政府对移民补贴的支持的，所以只有在向政府诉苦的同时恰当运用"闹事"手段，把事情闹大，大到关系到政府的切身利益，才能将工程建设中的"枝节问题"转换为涉及一方安定的社会秩序问题，将移民补偿这类普通的经济问题转化为政府自身运转的要害问题，从而将政府可推诿、拖延和敷衍的问题转化为政府必须真正重视和即刻着手去解决的问题。但这种行动还必须要有一个合适的度，既不能过之，也不能不及。移民与国家在围绕"上访"的互动中存在着一条隐秘的话语和行动边界，这条边界由于不具有成文的形式，所以有很大的弹性，随着互动进程的发展而不断伸缩。

上文已经提及，精英上访是出于维护群众自身利益考虑，但我们也知道，其实在拆迁的问题上，中央一直以来也都是站在群众的角度，之所以出现补偿过少甚至没有补偿，在很大程度上要归因于资源往下发放过程中出现的"调包"现象，即在传递的过程中出现了官员贪污的现象。精英们开始意识到只有打倒贪官才能保证国家的补贴落实到村民手里，于是在之前对事不对人的准则下，发展出了另外一套行事准则，即对人不对事。精英们开始把矛头对准区、乡的贪官，试图要把贪官拉下马，因为在他们看来，和贪官的斗争就是"你死我活"，如果不打击贪官的利益，到头来损伤的还是整个区、乡的利益。争取补偿和打倒贪官最终一起构成了精英上访的目的。

精英内部的行动基本上是围绕着上述两个目的展开的，由于精英内部不可避免地存在阶层差异，所以在具体采取的措施上难免会出现不同。他们内部也存在不同的行事逻辑，这些不同的行事逻辑之间的张力构成了精英行动的弹性。这种弹性表现在上访者可以根据各种需要在一个"集体行动的剧目单"中进行挑选。不过，这个剧目单本身仍是在国家认可、默许、特批或暂时容忍的演奏曲目范围内的，亦即上文提到的"度"之内的。

虽然精英是群众选举出来的、代表群众利益的，但他们十分清楚，如果要想开展自己的斗争，最主要的是要与政府争夺更多数的民众，让普通群众认识到贪官的存在，让他们相信与政府的斗争是一场维护正义的、反贪污的斗争。只有以掌握大多数群众为根本原则开展活动，才能达到凝聚群众、威慑政府的效果。

上访技术在运用的过程中存在着许多模糊的地方和断点，所以充满了诸多不确定感和弹性。如此一来，就需要上访精英准确把握事态，对总体大局和政府的态度有较好的判断，这样才能更好地与国家力量抗争。然而，即使移民上访取得成功，也并不意味着就一定能享受到应有的补贴待遇，在补贴下放的过程中还有可能遇到基层政权的干预。这又牵涉到乡村权力中有选择的庇护关系和复杂的派系斗争。下文我将从政府的角度阐述上访的问题。

三、"两头倒"的政府

在上访的过程中，关涉的另外一个利益主体就是政府。政府内部的关系是十分复杂的，它关涉到不同层级政府之间对内的庇护机制和对外的"正义"形象，因此对于政府来说，如何在不伤害"人民公仆"形象的前提下摆平基层群众，是平县乃至地区政府长期以来一直致力达到的目标。

在科层体制内，所谓某级政府"知道"还是"不知道"某事，并不是以官员个人是否知道该事为依据，而是以下级是否有书面报告为标准。当官员以私人身份获得关于该事的信息时，并不必然表示该官员所在的政府会正式承认"知道"了这件事。这种公私角色的模糊性带来了政府官员的推诿和拖延。各个行政单位构造成了一张"程序技术发育不良、组织垄断性却极高"的网络，这张网络极力排斥其他社会力量参与问题的解决，而自身又无力及时、彻底地化解矛盾。简单来说，各级部门之间会互相推卸责任，但始终缺乏核实问题及判断问题严重性的渠道，因此不愿、也无法提出解决问题的措施。下面我们可以看看基层政府、地区政府以及中央政府在上访事件中分别扮演着什么样的角色，以及他们彼此之间存在着的内隐联系。

基层政府是与群众直接对峙的单位，他们在群众中的形象往往是"贪官""污吏"，最容易与群众激起冲突。但通过对基层干部的访谈，我们可以了解到他们其实也是处在困境之中的。基层地区的事务往往繁重而又具体，一方面民众要求其有良好的官员作风，要保持良好的形象，稍有不慎就会颠覆其所建构的良好形象；另一方面，自己实际得到的利益却又不足以维持基本生计，所以对于他们来说，如果不为自己打点小算盘，心理是难以平衡的，久而久之就会丧失办事的积极性。但是基层政府之所以能充当群众与国家力量的传输带，正是因为他们处在乡土社会中，拥有坚实的人伦关系基础，所以在与精英对抗的过程中，往往可以采用非正式的手段摆平理顺。对待集体行动，基层政府往往从"事本"转化为"人本"，把需要处理的问题转化为与带领者密切相关的人格问题，将代表关注的焦点由公共领域内的问题转为自身的安全问题，通过与带头者的私人关系来迫使其放弃抗争。因为在基层干部看来，正是他们眼中的这些"刁民"不断地挑起事端，给基层和县干部的治理带来了很大的困难。所以干部们都认为，对于这些人，必须采取一定的手段才能遏制他们的势头。新时期权力惩罚机制的变化主要集中在对"刁民"的打击上，强调打准、打狠。这是基层干部"摆平理顺"的基本功，也是解决上访问题最直接的手段，其根据就是传统伦理下的社会关系。这样一来，政府与群众的群体性矛盾就转化成了某些基层官员和上访代表之间的个人矛盾。基层政府就是这样一个矛盾体，但也正是因为它自身处在乡村社区中，为稳定基层社会秩序提供了良好的后盾。

  对于地区政府而言，他们处理纠纷的原则一向是以安抚、敷衍为主，因为他们试图最大限度地保持区、乡正常开展工作。但随着下派的工作组一次次调查和协调的受阻，他们开始渐渐认识到，仅仅依靠基层政府的人情关系更多时候没有办法很好地达到安抚群众的目的，甚至可能适得其反。如果最终导致基层干部与群众撕破脸皮，那就会给日后乡村治理带来极大的困难。所以地区政府针对上访问题也在不断总结处理的原则。他们认为，不能简单地处理闹事者，而要恩威并重，针对不同地方群众凝聚力的不同施以不同的解决措施，落实贯彻"处理要少而准，讲究文明，善于运用法律的武器"的原则。如此一来，就需要发展出一种全新的治理技术来配合基层政府开展工作。这套治理技术并非依靠暴力武器来解决问题的权力技术，而是充满了恩惠、人情和眼泪的弱武器，是通过抓住人民群众的心理需求来求得稳定，这套武器被称为"开口子"。依靠"开口子"和基层干部的关系网络，既能保护基层干部的积极性，又能消除群众怨气，从而妥善解决群众的问题。

进京上访是精英最后的"杀手锏"，因为中央政府在基层群众看来是大公无私的、真心实意为群众办事情的政府，所以当精英们通过地区政府也无法获得补偿时，他们往往会派选代表进京"诉苦"。然而，他们高估了中央政府回应的积极性，中央政府其实很少真正重视这些移民的问题，所以最后结果多是这些代表被当成流浪汉被收容进收容所，结局不尽人意。可以说，中央政府在对待移民的问题上其实是更为敷衍的，他们有些时候也仅仅是充当命令的发布者而已，而不去真正关心具体执行。

从上面不同等级政府对待移民问题的态度上，我们可以看到，政府之间其实是层层庇护的，当下级政府失去了控制局面的能力时，往往需要上一级的政府出面调解，一方面上级政府可以凭借群众对自身的信任来稳定事态，另一方面也可以以此来庇护手下。但这种庇护并非一成不变，上级政府与基层政府之间存在着"庇护弹性"，上对下的庇护并非没有原则、无所规制，也不可能不受任何外在形势的限制，庇护的程度取决于上级在可能承担包庇犯错误者的风险与使下级失去工作积极性的风险之间，在政治大形势的要求、底层农民的反响与庇护自己人的影响之间作出的掂量，是一种权力与利益之间的权衡博弈。在这种不断博弈下，政府才能得以保全脸面、维持形象。当然，中央、地方、基层政府之间并非只是简单的互相包容、互相庇护的关系。由于权力处于不断博弈的过程，他们还各有一套应对彼此的手段，这些手段归根到底都是为了避免让自己这方承担责任，最大限度地争取自身利益的最大化。

无论是对于地区政府还是基层政府，他们扮演的都是联系群众与国家的角色，既要有一套表面的形式来应对上级的检查，又要防止利益分配不公而引发群众的愤慨，压制群众。对这群命令发布者和权力拥有者来说，考虑的问题永远是如何贯彻政策，最大限度地维持社会稳定、降低集体行动发生的频率。

四、小结：群体间博弈的后果——一个上访剧场的出现

在长期的上访中，山阳已被建构成一个剧场。剧场这个背景使精英逻辑和群众逻辑的张力进一步增大。有些时候，群众中对贪官污吏某种弥散的不满情绪可能在剧场中被收拢、凝聚在坚决要求与贪官污吏决一死战的某些行动者（他们可能是精英，也可能是群众）身上；而精英集团的核心人物为了避免由这些行动者的贸然越线而给精英带来被依法惩处的命运，就不能不对这些危险的行动进行约束，或是将这种不惜一切代价的推波助澜从实际的行动逻辑改造成某种行动的姿态或表现仪式。更多的时候，剧场中观众的哈欠、木然、私语、口哨、喝倒彩都会侵蚀精英的行动基础和支配权威；而精英集团势必要发展出激动人心的剧情来吸引观众，炮制出强敌压境的局势来达成同仇敌忾的效果，从而把上访的戏剧从一个高潮不断推向另一个高潮。

当然，由于政府对资源的更多掌控和软硬兼施的灵活性，精英集团常常会面临被分化、"招安"的可能。要想既把剧场中越线行动及时地吸纳、改造为与精英逻辑相互补充的仪式行为，又能在移民内部发生裂痕时果断地把"叛徒"排斥出去，既能分工明确，又能协同良好，就需要精英具有十分清醒的头脑和异常坚定的意志。这样的精英行动者在农村社区中是罕见的。即使有，也很少从农民中产生。无论是白杨村16组、驯鹿乡还是白龙县开溪乡的移民精英，都与既争取到了粮食补偿又使自己全身而退、灵活自如的上5组精英构成了鲜明的对照。①

在文章的前面部分我们可以看到，从上而下和从下而上的两套权力技术的逐步发育和相互耦合使国家权力的合法性和有效性在这种矛盾中、在重重困难中不断地再生产出来，在这种"双轨政治"并行的政治体制下，三者的权力博弈促成了某种上访剧场的出现。移民上访的根本目的是讨个公道，大多数时候不公正待遇往往是由于资源在往下发放的过程中出现了信息不对称、监管不力，导致官员贪污腐败。上级如何既能应对上访群众，又能同时保持官僚体系内部的团结一致，在应教授这里就是以一种剧场表演式的治理逻辑来行事，通过在公众面前的表演吸

---

① 应星：《大河移民上访的故事：从讨个说法到摆平理顺》，生活·读书·新知三联书店，2001，第323页。

引社会成员的注意，同时通过浮华的仪式来展示支配关系的符号力量的。上级政府与基层群众就是在这样互相表演的剧场中处在不断妥协又不断对峙的状态。

建设大河电站这样浩大的水利工程其实不仅仅是解决粮食和能源问题，进而迅速完成工业化的重要一环，最重要的是，国家想通过这种基础设施的建设运动对乡土社会逐渐渗透权力。治水社会的架构蕴藏着的既是中国社会政治秩序的合法性的再生产机制，也是中央和地方、地方和地方、国家和社会之间的利益平衡机制。在这种机制下，政府与群众的行动边界都具有很强的弹性，可以随意变更。这种边界既不是单方面决定的，也不是完全由各种政策法规条文所决定的、一成不变的，而是在双方的互动中不断发生着伸缩回旋。

回到一种理论的视角来重新审视生活在这个上访剧场中的所有主体，我们就可以看到，从某种意义上说，大河电站"遗留问题"的反复出现、移民上访呈现出周期性、"贪污"的被揭露并非仅仅由政府主观上的不重视、财力上的不足和偶然的技术失误所致，也不仅仅是基于"移民精英"对"缠""闹"等问题化技术的运用，而是已经被制度化了的现象，即上访与平息上访的不断交替，是格尔兹所说的那种"剧场国家"中权力运作的基本形式，是既有权力支配秩序的合法性的不断再生产的过程，是国家治理基层社会的隐秘需求。这三类群体间的不断博弈带来的是剧场国家的出现，在这种机制下，所有的政治手段都被当成了仪式性的、戏剧性的展示，移民通过问题化的技术在舞台上表演着自己的苦衷，政府则在前台极力维持良好的形象，而在后台却孕育出了互相推诿却又互相包庇的难以割裂的情结。

当然，这篇读书报告的基调基本是延续着应教授的那种客观性的分析视角，把移民群众和政府当成两个互相博弈的群体，在大的社会背景下来看待他们的行为。但我认为，我们不应该仅仅局限在这个层面，因为这样一来就会导致对他们的客观评价变成一种纯粹对原子化个体的解读，而丧失了人文关怀的维度。我们应该清楚，无论我们怎样把这些个体描述得多么具有斗争的智慧，我们都无法真正体会到他们行动背后的意义动机，我们能做的仅仅是从一个外来人的视角去解读他们的行为，站在我们的立场上给他们贯以"理性人"的称号，而很少去关注这种生活模式的变动究竟给他们带来了哪些影响,因为我们缺乏与他们一样的人生经历。这是当下由于受到宏观的结构空间的约束,个体主观能动性暂时被抛出我们的分析脉络之中。因此,尽管社会学人的分析往往一针见血,但我们始终都不应该把对研究对象的评述上升为一种无上的权威,不能把我们的研究对象变成代表我们声音的工具。这是社会学方法与人类学方法相比最大的不足之一,尤其是在对农村农民的研究中。

参考文献

1. 格尔兹:《尼加拉:19世纪巴厘剧场国家》,赵丙祥译,上海人民出版社,1999。

2. 晋军:《精英逻辑和灾民逻辑——对大河电站农民长期集体上访的个案研究》,北京大学社会学系硕士学位论文,1998。

3. 秦晖、苏文:《田园诗与狂想曲:关中模式与前近代社会的再认识》,中央编译出版社,1996。

4. 孙立平、郭于华:《"软硬兼施":正式权力非正式运作的过程分析》,载应星、周飞舟、渠敬东编《中国社会学文选(下)》,中国人民大学出版社,2011,第638-657页。

5. 应星:《大河移民上访的故事》,读书·生活·新知三联书店,2001。

6. 应星、晋军:《集体上访中的"问题化"过程》,载应星、周飞舟、渠敬东编《中国社会学文选(下)》,中国人民大学出版社,2011,第682-704页。

优秀作业
《金翼》读书报告[①]

秦 沅

《金翼》一书通篇以一种平实、质朴的语言写就，令读者备感亲近。然而，其中却有一句略显抽象的话，并不容易理解。这便是在第三章"官司"接近末尾处，作者所写下的："现在，我们将老天爷理解为人本身，而将命运理解为人类社会。"

在常识性的理解中，"老天爷"和"命运"，乃是高于人，或至少外在于人的某种力量或安排；而"人本身"与"人类社会"，则是生活中最亲切、最具体、最日常的部分。那么，该如何理解这句将这四个要素精心排列在一起的话呢？本文希望通过对书中几个关键事件与段落的分析，达到这一目的。

一、黄家的命运

首先，可以从这句话本身所处的位置出发。它出现在"官司"一章接近末尾的地方，前情便是黄家与欧家之间围绕木材展开的漫长的官司。

黄家的树种在欧家的山上，本是当年的欧氏族长疼爱外甥的表现，却在多年之后成为两家人或两族人冲突的来源。欧氏现族长阿水不满于东林的日益发迹，在木材一事上存心刁难，以为东林必定会示弱、屈服。但东林却没有这样做，在愤怒与激动中，他立誓要让所有人知道真相，要揭穿阿水的不实和不公。他将案件闹上了公堂，这却为他带来了莫大的麻烦。一审中，阿水被收监，只因官吏有意勒索；新官上任，案

[①] 课程名称：社会研究：经典与方法；本文作者所在院系：元培学院。

情未改，东林却被判进了监狱。祸不单行，继之而来的是族人背叛、店铺被劫、账房被绑，事情看起来已经灰暗到了极点。关键时刻，拯救他们的是三哥。他从中学回到家，将案件呈送高等法院。山地租约和土地转让契约，这两份关键的证据证明了东林一方占理。官司打赢了，东林重见天日，回想起在福州城时算命先生的预言，他告诉朋友和乡亲，这场灾祸是老天爷的安排，是他命中注定的。

叙述至此，作者跳出了东林的视角，不再单纯地描绘，而加入了自己的评论。这便是那句话的出处：

现在，我们将老天爷理解为人本身，而将命运理解为人类社会。虽然要摸索会犯错，虽然可能要将他们的困难归咎于命运或者神，但是无论我们现在如何解读，东林和他的乡亲们知道如何经营他们自己的生活。

打赢官司的东林想到的是算命先生的预言。预言中说，五年之内他将面临一场大难，若能大难不死，往后的生活便会平静如海面。由此，东林将这场灾祸的发生归之于老天爷和命运，某种人无法掌控的外在力量的作用，这是作者所谓"将他们的困难归咎于命运或者神"。但这里的重点显然不在于此，而是在最后一个分句——"东林和他的乡亲们知道如何经营他们自己的生活"。面对生活的困难和危机，人并非全然无助，而有着应对的方法。无论困难从哪里来，无论对困难的解决是否一帆风顺，人可以实现对自己生活的某种经营，其中体现出一种主动性。这意味着，人不完全受外在命运的支配，一定程度上，他们同样能够实现对自身命运的某种书写。

那么，在官司事件中，这种主动性如何体现呢？

前文已述，当东林入狱后，又有一连串的变故继而发生，家庭和店铺都陷入了彻底的混乱，可谓是黄家最灰暗的时刻。作者这样描绘当时的处境：

这种绝望的境地真的就没有出路了吗？若果真没有，那么东林，他的家庭以及他的店铺都注定陷于绝境，离倾家荡产不远了。唯有命运新的转折才能带来好日子，使他们得以做出新的调适。某种新的补偿性力量必须发挥作用以挽救至爱之人岌岌可危的平衡。

这一新的力量便是三哥。

三哥做了什么？不过是探望了父亲和叔祖，并将案件呈送到了高等法院。这看起来十分平常，却彻底改变了事情的局面。案件一到省法院，东林一家此前极度窘困、无助以至于绝望的境况就在画面中消失了。在事实面前，法院的判决结果就像是一件自然而然的事情。

三哥带来了从绝望到希望的转机，在事件的进程中有着举足轻重的作用。从中可以看到人与人的联结反过来对命运的走向所施加的影响。如果东林一家与三哥之间没有家庭与亲属关系的联结，如果三哥没有在这一特殊时期挑起家中的大梁、积极行动，这一转机便无由发生。

与之相关，作者将人的生活看作在平衡、危机、调适与再调适之间轮回的过程。他提到，很多时候，生活中的危机仿佛取决于"风水"，但人类生活中有一种"弹性"，不为这不可控的风水所左右，它便来自人与人的联结。在官司事件中，黄家与三哥的联结是最关键的因素；在更早之前因东明去世而带来的生活的困窘中，一家人齐心协力，东林继续着生意的经营，女人们承担起更多的责任，两个侄子逐渐长大并能够帮得上忙，新雇的长工南明也一起协助……经过十年左右的调适，黄家终于得以形成一种新的平衡。

细分这一"轮回"的过程，可以说，在由平衡到危机的转折中，或许有更多偶然性和不可控力；而从危机出发的调适与再调适，则是人与人的联结发挥作用的场所，也是"主动性"得以体现的地方。作者说："我们日常交往的圈子就好比一个由竹竿构成的保持微妙平衡的网络，用橡皮带紧紧地绑在一起。"在这个比喻中，人如同竹竿，人与人的联结是其间牢固的纽带，面对生活的波动和起伏，人能够从生活之网中汲取力量来应对。

具体来看，这里所说的困难或危机可以划分为两层。一种情况下，危机是一些外在的损失，譬如当东林已经成为店铺的掌柜时，运米的帆船曾发生事故，米袋沉入江中。于店铺，这是重大的损失，但人与人的联结关系并未明显改变。因此，在齐心协力中，这样的危机更易度过。另一种危机则会导致"关系之网"本身发生巨大的断裂，如同东明之死使黄家陷入长达多年的窘迫，其原因便是这一家庭的联结的中心失去了，各种纽带也相应断裂。自那以后，东林将分开的两家再行合并，担负起一家之主的责任，用漫长的时间重新建立起不同于过去的"关系之网",则是更难做到的。

但在作者看来,不同的危机虽程度有别,应对的方式却相似。在后一种危机中,"当生活之网中某些联结被危机肢解失效时,另一些联结会全力发挥作用"。虽然网络本身被重创,但只要还存有部分联结,某种新的平衡态势总能由此建立。

二、张家的命运

但若仅有这样的解释,能否为黄家与张家截然不同的命运给出恰当的原因呢?

在与东林合伙开店后,芬洲以及张家同样经历过一段时期的繁荣。在张家茂德与王家惠兰成婚后,芬洲的人际关系网络与东林的同样强大、有力。然而,在黄家一路发展之时,张家却隐没在读者的视线之外,再出现时已经呈现败落之势。如何解释张家的命运、芬洲的命运?

从表面上看,张家的败落来自偶然和不幸。芬洲的长子茂魁原本接替了东林先前的职位,在福州为店铺活动,却突然染上疫病死去。自此,芬洲变得懒散、悲伤。东林同情其处境,同意他退休,担起了店铺所有的责任。之后,芬洲的三子茂德突发心脏病而死,惠兰不愿守寡,在家中闹个不休,使芬洲不得宁日。为求解脱,他重返店铺,却发现失去了自己的位置——东林作为掌柜,已经指点着伙计、账房、店员和学徒,使店铺成为一个协调运转的整体。接着,芬洲的妻子也死去了。对芬洲而言,"他一生的纽带被摧毁了,现在他孑然一身,日渐消瘦"。

疫病与心脏病,都是极其偶然的、无法预料的不幸。自此,芬洲与张家的命运便开始一路下行。到最后,芬洲与亲人的联结断裂了很大一部分,这使他感到孤独,并愈发与外界相疏离。可以说,这一个家的衰落有许多"命定"因素的作用,然而这是否是全部?

正如前文所说,危机的到来总令人难以预料,但人并非全无办法。人与人之间的联结是度过危机、建立新的平衡的关键。但在芬洲的遭际中,破损的"生活之网"却从未重建。他并非没有相应的条件,他有次子茂衡,也有与东林、与黄家的关系,但他选择了进一步封闭自己。

因此，仅有联结的存在，还不能使人真正把握一种对命运的主动。面对困难，人是否持有一种积极的态度，也是同样关键的。在这一点上，东林与芬洲有显著的差别。当家庭陷入窘境，当店铺面临危机，东林总会选择承担并积极面对。有天灾亦有人祸，但东林"从未想过放弃生意。相反，他认为这些灾难的发生是生活和事业的正常轨迹。他努力谋划、准备，在灾难降临的时候直面它们"。芬洲则并未选择以类似的态度经营自己的生活。在种种打击过后，他开始怀疑他原先所憧憬的"龙吐珠"的风水是否遭到了恶神的诅咒。这表明，他希望依靠风水实现自身的发达，这一希望仅仅在虚空中漂浮，而没有落回自己日复一日的行动中。

这里的启示似乎是，人无法通过外在的东西实现自身的拯救，而必须依靠自己，来突破生活中的种种偶然和不幸。在这个意义上，人本身是自己的"老天爷"，而人类社会才是"命运"真正定型的场所。命运不在人之外，而在人对自己的生活方式的选择之中。

三、总结

为何东林能够始终如一地持有一种积极的生命态度，而芬洲却在挫折后变得颓废、消沉呢？对这一问题，文本中或许有一些线索。

在书的后半部分，东林遭遇共产党，大病一场。然而病愈之后，他又继续投入生意中，勤勉地奋斗。为什么到了老年，依然要为这些身外之物而操劳？作者说：

他想到的不是自己，而是他的儿子、孙子和将来的后代，在他的想象中，他们都将有赖于他的支持和庇护，并会从他开始的这一世系绵延下去。

一种对于祖辈和后代的责任，一种代际之间的联结关系，使东林获得了不竭的动力。他并未为自己一人活着，生活在方方面面的联结里，他始终有更宽广也更长远的考虑。这使他始终不忘"把种子埋进土里"。

再看张家。芬洲死去后，其子茂衡成了张家的主事者。曾有一段时期，他将张家带入了更好的境地，有了再次发达的希望。但由于他自己的轻率举动，他最终葬送了这一光明的前景。曾经的伙伴方扬毁了他的生活。最后，茂衡卧病在床，咒骂方扬"是葬送自己的生活、财富和亲人的魔鬼。倘若没有他，张家将会和黄家一样有钱有势，因为黄家和张家是一起白手起家的"。

在生命的末尾，在失败潦倒的处境中，茂衡与芬洲的情绪与态度别无二致。芬洲怀疑"龙吐珠"的风水被诅咒，茂衡则将张家的落败尽数归咎于方扬。茂衡与芬洲的相似，或许能从另一个角度再次揭示"联结"的作用。人对于困境的态度与所做出的生活方式的选择，受到其成长过程中所处的联结关系的深刻影响。芬洲的心理影响着茂衡的心理，也使他们最终有类似的结局。

而东林，从其祖父的正直品格中，从其宗族的延续中，从各种各样的祭祀与仪式活动里，感受到了宽广的联结，同时也形成了自己内在的品格。或许这确实是一种"耳濡目染"的结果。在这个意义上，"将老天爷理解为人本身，而将命运理解为人类社会"又有了一层含义，这便是：在人的生命的最初的成长阶段，方方面面的既有的联结——与父母长辈的联结、与宗族的联结甚至与仪式活动中的神明的联结，便深刻地影响了这个人对待生活的根本态度，也就决定了他的命运遭际。

优秀作业
实验思维在研究中的应用
——以水稻和小麦产区的文化差异研究为例[1]

刘赞辉

一、引言

人们通常认为，生活在不同地区的人在性格特质上有着显著的差异。就全球范围来看，东西之别明显：整体来说，西方人更偏向于分析性思维，更善于运用逻辑思辨且更加独立，而东方人更偏向于整体性思维，更善于运用直觉体悟且与团体中的其他成员相互依赖。当我们把视野缩小到中国国内时，人们普遍认为，这种差别仍然存在：北方人更像"西方人"，而南方人更像"东方人"。人们的这种观念究竟是否属实（即，是否真的存在性格特质上的差异）？如若属实，又是什么造成了这种差异？这便是 Large-Scale Psychological Differences Within China Explained by Rice Versus Wheat Agriculture[2] 这篇文章想要回答的问题。

在文章开头，作者回顾了几种不同的理论，这些理论从不同角度解释了这种差异的来源。理论之一是"现代化假说"（modernization hypothesis）：人民越富有，文化越兴盛，国家越发达，简而言之，社会越现代化，人们便会愈加独立、愈加理性。理论之二是"流行病理论"（pathogen prevalence theory）：越是流行病多发的地区，人们越不愿意与陌生人交流（害怕被传染），因此社会向外会愈加隔绝，向内便

---

[1] 课程名称：社会科学方法导论；本文作者所在院系：国家发展研究院。

[2] T. Talhelm, et al., "Large-Scale Psychological Differences Within China Explained by Rice Versus Wheat Agriculture," *Science*, (344) 2014: 603-608.

只能愈发"整体化",从而人们会相互依赖。理论之三是"谋生手段假说":不同地区的人群有着不同的谋生手段,如果这种谋生手段注重团队合作,则人们便会相互依赖;若否,人们便会更加独立。从上述理论出发,利用中国的数据,该文章逐一检验上述理论是否正确,并最终说明了是种植水稻与种植小麦的差别造成了南方人和北方人在性格上的差异(种植水稻需要密切的团队合作,而种植小麦对于团队合作的依赖较弱)。

二、研究设计

该研究大致通过如下方式进行。首先,该研究通过对人均GDP与性格做回归来检验"现代化假说"。根据该理论,越富裕的地区,人们的性格愈趋独立,但是回归表示,现实与此理论正相反。人均GDP在统计上较为显著地与性格的"依赖性"正相关。随后,该研究通过对不同地区历史上的疾病率与性格做回归来检验"流行病理论"。结果显示,疾病率与性格的"依赖性"呈负相关,即流行病越泛滥的地方,人们越独立,这直接与"流行病假说"矛盾。最后,该研究发现,只有"谋生手段假说"与现实吻合:拥有更高比例水稻种植的地区的人们思考更具"整体性",更加相互依赖。

如果该研究就此终止,那么其学术意义便大打折扣了。固然作者在前述回归中加入了如性别等控制变量,但是毫无疑问,我们可以提出无数未加控制的变量来质疑作者:气候会不会作为一个遗漏变量,既影响当地的作物种类,亦影响人们的性格?文化上的差异会不会也是一个遗漏变量? …… 这种列举无法穷尽。作为对这种质疑的回应,该研究关注了邻近县城。在四川、重庆、湖北、安徽以及江苏,有些邻近县城的主要作物不同。作者在文中举了一个例子:在安徽,亳州市的水稻种植比例只占2%,而相邻的淮南则占67%。因为相邻县城在气候、政体、文化、习俗等一系列因素上是基本一致的,所以,如果相邻县城的人们有着不同的性格的话,我们可以较有把握地说:这种差异是由种植水稻与种植小麦的差异造成的。而事实上,"水稻"县城的人们的思维显著地更具"整体性",作者以此建立了主要作物与人民性格之间的因果关系。

在研究的最后，为了检验结论的稳健性并探索该理论的适用范围，作者以一些相关变量作为因变量，并重复了以上的研究过程。作者利用"社交网络测试"（sociogram task）、"忠诚测试"（loyalty and nepotism task）来反映研究者性格的"整体性"，得到了与前述研究相似的结论。同时，人们通常认为，性格更加独立的人群会面临更高的离婚率，同时更具分析性思维的人将更具创新力。因此，作者以离婚率与专利发表数（衡量创新力）为因变量进行了相同的研究，其结果支持了原有结论。

三、总结

该研究并不是一个严格意义上的实验，但是在该研究中实验思维的许多重点得到了展现（尤其是在对邻近县城的研究中）。这值得我们从实验设计的角度对该研究进行分析。

其一，在实验开始之前，实验设计不是凭空产生的：它要么来自既有理论（理论驱动），要么来自经验观察（经验驱动）。该研究是理论驱动的，它的想法来自经典理论，它的核心也紧紧围绕着对三个理论的有效性的检验。

其二，在选取研究对象时，实验思维的核心便是设立对照组与实验组，并通过随机化、配对等方式来使得对照组与实验组具有可比性（简而言之，这两组是完全相似的）且具有总体代表性（这一点关乎实验的外在效度：如果研究的对象无法代表总体，那么从该研究对象中得出的结论自然也不能推广到总体）。对于该研究，就可比性而言，以中国数据为研究依据就是一个很好的选择，因为中国各地向来处于相似的文化、政体之下。同时，回归中引入控制变量本身就是一种增加可比性的方式。另外，邻近县城的比较更是较为完美地达到了可比性的要求。就总体代表性而言，其实该研究无须特别关注总体代表性：该研究是理论驱动的，其关注点在于理论的检验。在该研究中得出的结论并不需要直接推广，其推广途径是其所检验的理论。对于理论驱动的研究而言，当其研究结束后，继续发挥作用的将是理论，而不是研究本身。

其三，在进行实验干预时，实验思维要求干预变量可测。在该研究中，我们可以将干预视为"自然干预"：一个地区种植的作物主要与气候有关，而气候差异是外生的。为了较为准确地反映性格的差异，作者运用了社交网络测试、忠诚测试等测试，并利用了离婚率、专利发表数等相关变量，较好地保证了测量的信度与效度，并在测量中突出了测量结果的差异性。同时，该测量方式也较大程度地避免了人为误差，尤其是需求特征和霍桑效应。

其四，在一次实验结束后，唯有通过进行重复实验才能保证实验结果的稳健性。在该研究中，作者利用不同但相互关联的指标来进行相似的分析，从不同的角度来看待同一结论，在很大程度上达到了重复性实验的效果。

编后记
静悄悄的革命

强世功

通识教育的话题在过去的十多年中获得了前所未有的关注。作为改革开放以来中国大学改革运动的有机组成部分,通识教育不仅是中国大学精神的自我探索和自我塑造的有机组成部分,更是中国经济崛起引发的文化自觉和文明复兴运动的有机组成部分。尽管人们对通识教育的理解不同,但关心大学通识教育的人不可避免地会关注两个话题:一是中国的大学究竟应当培养什么样的人以及如何培养出这样的人?二是中国大学教育究竟应当为中国崛起提供怎样的文化传承、思想滋养和精神引导?

然而,无论人们对通识教育秉持怎样的理念,要将这种理论落到实处,就必须尊重高等教育教学固有的规律,必须尊重每个学校特有的教学管理体制。北京大学的通识教育有一个漫长的发展过程,从全校通选课的设立到教学方针的逐步调整,从元培教学改革试点到自主选课制度和自由选择专业制度的建立,北京大学的通识教育是一个不断探索试错的过程,也是一个渐进的、累积的过程。因此,与北京大学过往改革的大刀阔斧与激辩不同,与其他高校声势浩大、不断升级的通识教育改革方案不同,北京大学的通识教育改革更像是一场静悄悄的革命。而这场静悄悄的革命恰恰在于遵循了一个基本的理念:在不打破现有强大专业教育传统的基础上慢慢叠加通识教育,从而将通识教育理念渗透到专业教育中,形成通识教育与专业教育相结合的思路。而这个改革思路秉持的恰恰是守正与创新相结合的理念。

正是基于这样的理念和思路,通识教育改革从大学教育的基石——课程——入手，开始改革通选课，建立通识核心课，将通识教育的理念贯穿到这些标杆性的课程中。正是透过通识核心课这个纽带来培养通识教育的生态环境，从而使教师、学生和学校管理者在专业院系主导的院校中逐渐接受通识教育的理念。因此，北京大学的通识教育改革从来不是自上而下的行政推动，而是在不改变学校现有教育教学体系的前提下，由一批支持通识教育理念的优秀教师通过课程建设在大学中塑造出通识教育的生态环境。可以说，通识核心课是北京大学推动通识教育最重要的平台，而通识核心课的老师们无疑是北京大学通识教育真正的灵魂人物。正是由于这些通识核心课在教学中树立了标杆典范作用，保持了相当高水平的课程质量，在全校学生、教师群体、学校和管理层乃至其他高校和整个社会中产生了积极正面的影响力，各院系才自然而然地接受了这些有真正育人效果的课程，在培养方案的调整中主动压缩专业学分、增加通识教育学分，接受学生自由选课制度、自主选专业等制度安排，并积极组织跨专业的本科生培养项目。

相较十年前，从通识教育理念到具体制度安排，从元培学院的改革到通识教育跨专业项目的发展，北京大学的通识教育都发生了革命性的变化。如果说当年元培实验班是一个通识教育改革试验田，那么今天北京大学就是一个扩大版本的元培学院。而今天的元培学院则要继续承担起新一轮的通识教育改革的探索重任，开展住宿学院制、新生讨论课等改革。然而，这场静悄悄的革命不是来自声势浩大的宣传或行政力量的强行推动，而是首先来自通识核心课身体力行的示范作用，让所有参与其中的人都理解了通识教育的意义，感受到通识教育的魅力，配套的行政改革措施更多是顺势而为。

关于如何建设通识核心课，我在以前的一篇访谈中已经讲过了（参见本书第一部分），这里不再赘述。现在呈现在读者面前的这五册著作大体展现了北京大学通识核心课的面貌。我们将通识课程划分为五类，每一册就是一类课程。这样的划分标准是为了和国内目前的学科与知识体系进行有效对接，而没有采用国内大学普遍流行的——但实际上是从西方大学模仿而来的——名目繁多的分布式课程分类。在这些课程中，每一个老师都结合课程阐述了自己对通识教育的理解。我们可以看到，不同专业、不同课程的老师对通识教育的理解有所不同，但这恰恰展现了通识教育理念的包容性和开放性。通识教育不是僵死的教条，而是对每个教师开放的多元空间。比如，在很多理工科的教师看来，如何让理工科学生逻辑清晰地表达一个完整的思想，哪怕是写一封合格的求职信，起草一份项目报告书，也是通识教育的一部分；而中文系的老师往往希望每个大学生都能够写出诗意盎然的小散文。因此，不少大学将写作课程看作是通识教育的基本要求，但每位老师对于写作课内涵的理解或许是不同的。实际上，我们只有将这些不同的理解放在一起，才能展现出通识教育的真意，即通过不同方式和途径达到不同层次的目的，而通识教育本身就是这个不断向上攀登的阶梯。从小时候的家庭教育到中小学教育，从大学教育到社会政治领域中的教育，从追随老师和经典的教育到自我教育，通识教育的理念贯穿人的一生，而大学阶段的通识教育就是为了打开迈向终身教育的阶梯。

  在这些通识教育理念的栏目中，我们分别收录了几篇经典的通识教育文献，包括北京大学原校长林建华教授、中山大学原校长黄达人教授、复旦大学校长许宁生教授、清华大学新雅书院院长甘阳教授和复旦大学通识教育中心主任孙向晨教授关于通识教育的文章。这四所大学在2015年共同发起成立大学通识教育联盟，依靠大学和教授们自发的力量来共同推动中国大学通识教育的发展。可以说，他们的通识教育理念或决定、或推动、或影响着北京大学的通识教育。林建华教授是北京大学目前通识教育方案的设计者和推动者，他率先提出了"通识教育与专业教育相结合"的理念，这个理念后来也出现在国家"十三五"规划中，而目前北京大学学生自由选课、自主选专业的制度，更是他全力推动的。黄达人教授关于通识教育的论述已经成为中国大学通识教育的必读文献，他在2015年"通识教育暑期班"上的讲话推动了大学通识教育联盟的成立。甘阳教授是中国大学通识教育最有影响力的倡导者和推动者。他组织的"通识教育暑期班"为众多学生和青年教师展示了通识核心课的典范，后来也成为北京大学推广通识教育理念的重要工作。他曾经在中山大学和重庆大学分别创办了博雅学院，为中国大学的通识教育提供了可以参考的样板，而他在清华大学主持的新雅书院与北京大学的元培学院相互促进，成为两校通识教育合作的典范。孙向晨教授是复旦大学通识教育的主持人，复旦大学与北京大学在通识核心课建设上分享了共同的理念，两校的通识核心课建设也相互借鉴、相互促进。

通识教育的理念只有通过课程才能落实到育人过程中。对于一门课程而言，教学大纲最能反映出授课的思路、理念。不同于传统的课堂讲授、学生做笔记、背诵考试，通识核心课始终将文献阅读和写作思考贯穿其中。因此，通识核心课要求教师在教学大纲中列出具体的阅读书目，最好是每个章节围绕授课内容提供必读文献和选读文献。在学生课前阅读文献的基础上，课堂讲授就变成了一场对话，即师生面对共同的问题，面对已经思考并回答这些问题的理论文献，共同思考我们如何理解这个问题，如何理解文献所提供的答案，我们自己又能给出怎样的理解和解答。恰恰是围绕这些问题和文献，我们将过去的思考与今天的思考、老师自己的思考和学生的思考构成了跨越时空的对话。在这个过程中，我们理解了问题的开放性和文献解读的开放性。

在课堂上，我经常听到学生说，听了老师的讲解，好像老师阅读的和学生自己阅读的不是同一个文献。其实，这种差异恰恰是老师和学生的差异，也恰恰是学生需要向老师学习的地方。如果教科书已经写得明明白白，老师照本宣读，即使讲得妙趣横生，满堂生彩，对学生的思考又有何益呢？因此，通识核心课从来不追求类似桑德尔的公开课所精心设计的那种剧场式的修辞效果或表演效果，相反，我们希望课堂更像是一个思想解剖的实验室，让学生理解一个具体的问题是如何在理论中建构出来的，这种理论建构又形成了怎样的传统，时代变化又如何推动后人对这种理论传统的革新，从而针对新的问题提出新的理论，并认真探究，在当下的语境中，我们究竟应当如何思考这些问题，从前人的思考中能汲取怎样的营养。这个过程实际上就是通过课堂将学生引入一个巨大的文明历史传统中进行思考。老师和学生对问题和文献的不同理解，首先在于思考问题的深度和广度有所不同，毕竟老师对相关问题的理论脉络比学生更清楚；也可能是由于不同的生活经验对问题的关注角度有所不同，毕竟对问题的理解会随着人生阅历而加深；也可能是解读文献的方法不同，毕竟老师受过严格的学术思想训练。学生从老师那里学习理解这些内容的过程，其实就是通识教育的过程，是通过老师和课程这个中介与经典文献直接对话的过程。尽管如此，我们并不能以老师的标准来说学生的思考和理解就是幼稚浅薄的，更不能说学生的思考就是错的。相反，可能学生恰恰看到了老师所忽略的问题，进而有可能开放出一个新的问题域，这有可能是学生未来超越老师的地方，也是老师需要向学生虚心学习的地方。教学相长恰恰体现在这个讨论、交流甚至辩难的过程中。因此，对于通识核心课而言，老师与学生的讨论交流、学生之间的讨论和交流非常重要，但这种讨论和交流面对共同的问题和文献才更具有针对性。因此，我们在通识核心课的设计中，阅读文献要求、小组讨论和师生交流是其中最重要的环节，而助教在这个环节中扮演了重要角色。助教在帮助老师查找相关文献、主持小组讨论、组织师生讨论的过程中成了师生沟通的桥梁。

通识核心课要求课程的成绩不能完全由最后的考试来决定，要求必须有平时成绩，包括小组讨论的成绩和课程作业或者小论文的成绩。这些作业或论文的写作也是通识教育的重要环节，通识教育中虽然有不少人主张开设写作课，但不小心就变成了公文写作的格式化要求。写作是阅读和思考的延伸，从这个意义上来说，写作必须是针对具体内容的写作。同样，逻辑思维也是针对具体问题的逻辑思考，学习形式逻辑并不是培养逻辑思维的必要条件。因此，对逻辑思维和写作能力的训练必须贯穿在具体的课程所关注的具体内容中，写作训练离不开对具体问题的思考，离不开对具体文献的阅读和讨论。而对于具体课程的写作，我们也是采取一种开放的态度。有些课程作业已经变成一种学术论文的写作，有些课程作业可能就是一种报告，另一些课程作业也可能是一篇随笔或者评论。不同的形式服务于不同的目标，但都展现了课程所带来的思考。我们把这些可能显得稚嫩的课程作业选登在这里，恰恰是怀着平常心来看待通识核心课。通识核心课真正的魅力正是在于这些日常教学活动中的阅读、讨论和写作本身。我们编辑这一套书就是为了记录通识教育核心课的点滴，以期进一步推动并完善北京大学的通识教育。

北京大学通识核心课虽然是由北京大学通识教育专家咨询委员会共同组织的，但整个通识教育的理念和方案都是由校长们构思、教务部具体推行的。从林建华校长到郝平校长，从高松常务副校长到龚旗煌常务副校长，北京大学通识教育工作始终坚持守正创新的原则，稳步扎实地推进，并进一步将通识核心课建设的经验运用到思政课建设中。而教务部作为通识教育的主责单位，从方新贵部长、董志勇部长到傅绥燕部长，每一位部长都着眼于北京大学的长远发展，以功成不必在我的精神，持续推动通识教育工作的顺利开展。在这个过程中，复旦大学高等教育研究所的陆一博士一直为我们提供第三方课程评估，并对课程的改进提出了非常中肯的建议。而"通识联播"公众号的所有编辑都是北京大学的学生，他们的积极参与有力地推动了通识核心课的建设，将课程承载的通识教育理念向课程之外更广阔的范围传播，为创造良好的通识教育生态环境发挥了巨大作用。

在此，我们要感谢所有北京大学通识教育工作的参与者、支持者、关注者和批评者，尤其要感谢郝平校长和傅绥燕部长，他们为这套书作序，指明了北京大学通识教育未来发展的方向。北京大学通识教育工作始终在路上，让我们共同努力，继续推动通识教育的发展，推动中国大学精神的复兴，推动中国文化的自觉与中国文明传统的重建。

2021 年 2 月 21 日